For Persistent Feminism : Survive Globalization and the "Second Modernity"

持続する
フェミニズムのために

グローバリゼーションと
「第二の近代」を生き抜く理論へ

江原由美子 著

有斐閣

はしがき

　本書は，グローバリゼーション（第3章参照）が強まった1990年代以降における「性の平等」を求める思想としてのフェミニズムの方向性を考えることを，主要な目的としている。

　21世紀に入って20年以上経つ今日において，ジェンダーに関する2つの現象が，先進国において，目につくようになってきた。1つは，「新たなフェミニズムの波」の到来である。第三波フェミニズム（1990〜2000年代の，多様性・インターセクショナリティ・個性等を求める，主として文化的な領域における運動）や，第四波フェミニズムなど（2010年代以降の，SNSを使った新しいフェミニズム，＃MeToo運動等），「新たなフェミニズムの波」の到来を論じる論者も多い。多くの先進国で，若い世代の女性たちが，さまざまな領域において女性の社会参加が進展している状況に関し，一定程度の評価を与えつつ，それにもかかわらず，巧妙に今なお続く性差別的な問題について，メディア等で音楽やファッションなどの文化的領域における活動を通じての主張やSNSの使用等さまざまな工夫を行いながら告発するようになっている。ジェンダー平等という価値観がこれだけ広まり当たり前のようになっているにもかかわらず，現実にはさまざまな性差別的な問題があり，性差別意識に基づく事件が起きる。そうした現実に対して告発し抵抗する女性が増えているのだ。その結果，主に1960〜80年代の第二波フェミニズムのような大規模動員の社会運動とは異なり，諸個人間の社会的ネットワークを中心としているけれども，同様に大きな影響力を行使できる社会運動になっているのである。

　次に目につく現象は，「反フェミニズム的言説の活発化」である。実際にはこの現象は，世界各国の文化的要因や社会構造的要因によってさまざまな形をとっている。なかでも，離婚・不倫・同性婚・避妊・人工妊娠中絶等のイシューに関する，宗教と結びついた「反フェミニズム的言説」は，アメリカにおけるキリスト教原理主義に見られるように，大きな政治的影響力をもつようになっている。また先進国では，移民問題等をきっかけに，排外主義的ナショナリズムが台頭し，リベラリズムを否定する論調が支持を集めている。この動きの

中で，旧来の家族観や地域社会の再建を主張する動きが強まっており，「個人の解放」をめざすフェミニズムの「行き過ぎ」を非難する傾向も見られる。また，こうした「反フェミニズム的言説」は，マイノリティに対するポジティブ・アクションに対する反感をも巻き込んでいる。

　一方において，「新たなフェミニズムの波」の到来と他方における「反フェミニズム的言説の活発化」が，相対立しながら同時的に現象している状況を，どのように見たらよいのだろうか。新たな波の出現の中に，（第二波）フェミニズムの存続の必要性を見るべきなのだろうか。その見方からすれば，「反フェミニズム的言説の活発化」は，旧来の家父長制社会が今もなおしっかり存在していることの証拠となるだろう。逆に「新たな波」の出現の中に，「第二波フェミニズムの限界」を見出すべきなのだろうか。もはや「第二波フェミニズム」的な主張では，現代社会には十分届かない，だから「新たな波」が起きたと考えるべきだろうか。その見方からすれば，「反フェミニズム的言説の活発化」は，家父長制社会の持続の証拠としてだけではなく，「第二波フェミニズム的主張の時代錯誤性」の証拠としても，位置づけられるべきだろう。

　いったい，このどちらの見方が正しいのだろう。いや，どちらか一方が正しいのではなく，そのどちらも一部は妥当なのだという考え方もあろう。おそらくこのような相対立する見方が錯綜していることが，多くのフェミニストを，「これからどのような方向に行くべきなのだろうか」という自問に駆り立てているのではなかろうか。本書の背景にあるのも，現在の状況に根差したそんな自問である。

　本書では，この問いに答えるために，グローバリゼーションによる先進国の社会変動を媒介項として，考えてみたい。グローバリゼーションという媒介項を置くことで，「第二波フェミニズム」が生まれた1960〜80年代の時代と現在とでは，社会がどのように変化したのか，ジェンダー平等をめぐる状況がどのように変わったのかを，考えたいと思うからである。そのような媒介項を置くことで，どのような点で「フェミニズムが今なお必要」であるのか，「どのような点で新しいフェミニズムが必要なのか」を，より具体的に考えたいと思うからである。おそらく，「フェミニズムの新たな波」と「反フェミニズム的言説の活発化」という一見対立する現象は，ともにグローバリゼーションによる

先進国の社会変動に大きく影響を受けて生じている。そうであるならば，先進国の社会変動に伴う社会問題の解決方向の中にこそ，2つの対立する主張を架橋する途があるかもしれない。

　本書の構成は以下のとおりである。まず第1章では，この半世紀で女性の状況がどのように変わったのかを，統計的数値に基づきながら考える。第2章では，近代市民社会とともに成立したフェミニズムが，これまでどのようなことを主張してきたのか，近代市民社会に対してどのような批判を行ってきたのかを概略する。第3章では，グローバリゼーションによって先進国に起きた社会変動を経済を中心に追いつつ，社会学における「第一の近代」と「第二の近代」論によりその社会生活に与える影響を考察する。第4章では，このような社会変動に対して「第二波フェミニズム」が十分に対応できたのかを，ナンシー・フレイザーの「第二波フェミニズム批判」を紹介しながら検討する。そして検討が必要な論点を，抽出する。第5章では，グローバリゼーションに対して，先進国はどのように対処したのかを，福祉資本主義システム論などに依拠しつつ検討する。第6章では，先進国政治における右翼ポピュリズムの台頭を，マイノリティの人権問題との関連で検討する。終章では，これらの考察に基づいて，フレイザーの第二波フェミニズム批判が妥当なのかどうか検討するとともに，「第二の近代」におけるフェミニズムのあり方を検討する。

目　次

第1章

この50年，何が変わり，
何が変わらなかったのか

▷1970 年代の女性の状況

　1970 年秋，私が大学に入学した年の直前，東京でウーマン・リブ運動が誕生した。2022 年である今年は，それから約半世紀経ったことになる。この半世紀で，女性の状況はどのくらい変わったのか。自分の記憶も交えて，この半世紀の変化を振り返ってみよう。

　当時を思い出すと，今とはかなり違う女性の状況があった。4 年制大学を出ても，女子には仕事がないと言われた時代だった。当時多くの企業は，男子の4 年制大学卒を幹部候補として多数採用していたが，女子の 4 年制大学卒の採用には及び腰だった。女は補助的仕事しかできないのだから，4 年制大学卒の女性を採用しても，やらせる仕事がないと思われていた。また女性は結婚までの短期しか就労しないものと考えられていた。実際，女子のみ 25 歳定年等の若年定年制や結婚退職制を明記している企業も，珍しくない時代だった。名古屋高等裁判所が，女性の若年定年制を無効とする判決を，日本で初めて出したのは，1974 年のことだった（井上・江原編 2005: 204）。

　当時の女性の平均初婚年齢は，24 歳。未婚女性がクリスマスケーキに喩えられた時代だった（25 過ぎれば売れ残り！）。22 歳で卒業する 4 年制大学を女性が出てしまうと，結婚まで 2〜3 年しかない。だから，「就職には短大のほうがよい。たとえ女性が 4 年制大学を卒業しても，待遇は短大卒と同じだ」と言われていた。そんな時代の若い女性の通常のライフコースは，「学校を出て数年会社に勤め，良縁を得て結婚。結婚退社あるいは妊娠・出産を機に退社。専業主婦になる」というものだった。仮に仕事をするとしても，夫や子どもの世話と両立できる短時間勤務がベスト。なので今会社で働いていても将来は結婚するのだから，結婚後に必要になる料理や家政の技術を身につけることが大事，それが有利な結婚への道だと言われていた。お茶やお花，料理学校など，習い事に励む女性がとても多かった。

　でも，私の同級生の女性の多くは，女性であるというだけで，職業継続，いや，そもそも就職すらおぼつかないこうした状況に，納得のいかなさを感じていた。時代の雰囲気もあっただろう。世は高度経済成長時代の末期，日本経済は日の出の勢い。確かに学生生活はまだまだ貧しかったが，経済の先行きに対する不安はほとんどなかった。また学生運動全盛時代の影響はいまだ学内に色

濃く残っていた。だからこそ，女性にしとやかさやたおやかさ，結婚して家事・育児をすることしか期待しないかのような風潮に，強い違和感を感じていた同級生も多かった。

　そんな女子学生の1人だった私に，ウーマン・リブ運動の呼びかけは，強く響いた。女性はこの日本社会で，自分の生き方を選ぶことを許容されず，男性に都合よく利用されているだけ。多くの女性がそんな思いをもっていた。戦後の「婦人解放」からまだ二十数年しか経っていない1970年代には，男女平等という憲法の規定はあっても，性差別を感じざるをえない出来事が，日常的にあった。戦前から引き継いだ習慣や性別役割はほとんどそのまま。家の中のことはすべて女性の仕事。正月も冠婚葬祭も女は総出で立ち働き，男たちは集まって酒を酌み交わすだけ。

　母は農家の出であったが，未婚時代実家にいて何よりもいやだったのは，一日中農作業したあと，女だけ少し前に家に帰され，食事づくりや風呂を沸かすなどの仕事が待っていたことだったという。一日中農作業に従事したあとの家事・育児・繕い物。寝る暇もないほど仕事に追われる生活。実家の女性たちのそんな生活を見ていた母は，農家だけはいやだと言って，横浜で工場労働者をしていた父との結婚話に，何も考えずに飛び込んだという。そんな母の話を聞きながら育った私だった。

　でもそんな母も，私が小学校に入ったころから，内職や農家の手伝い，工場の手伝いなど，あちこちで仕事をするようになっていった。内職は本当に低賃金で，一日家でこんをつめて仕事をしても，ほとんどお金にならなかった。行けば時間でお金になるパートタイムはずっと割りがよかったが，工場で男性社員からいいように使われていた母は待遇に怒りを感じたこともあったようで，「馬鹿にするな。この会社で低賃金でも，私にはお父ちゃんがついているだ」と悔しそうに言っていた。一日ほんの1時間労働時間が短いだけで，給料が半分以下になる。それは女性が扶養されている立場だということによって正当化されている働き方であった。

　母を低賃金で不安定な雇用に就かざるをえなくしているのは，まさに「女性が扶養されている立場」にいるからなのに，悔しさから「私は自分の給料だけで食べているわけではない，お前らとは違うんだ」と男性社員の裏で負け惜し

みを言う母に，私は子ども心に可笑しさを交えた哀しさを感じていた。だから，高校時代には「女性だけ家事・育児の負担を全面的に負わされるのはおかしい」と考えるようになっていた。ウーマン・リブの呼びかけが心に響いたのは，確かに自分自身の人生を考えていたからであろうが，母や上の世代の女性たちから引き継いだ悔しさも，どこかにあったに違いない。

▷50 年後の女性の状況

　そんな 1970 年代から，50 年。ウーマン・リブを引き継いだ女性運動活動家も，それ以前からの女性運動活動家も，その他の本当に多くの人も，この 50 年，女性の状況を改善しようとさまざまな努力を重ねてきた。国も自治体もジェンダー平等を実現するための施策に取り組んできた。50 年が過ぎた今日，日本の女性の状況は，どのように変わったのだろうか。以下簡単に数値で見てみよう。

　まず，大学進学率がまったく違う。1970 年の大学進学率は，男性 27.3% に比較して，女性 6.5%（井上・江原編 2005: 105）と，男女差が著しい。ただし当時の短大進学率は，男性 2.0%，女性 11.2% なので，4 年制大学と短大を合計すれば，男性 29.3%，女性 17.7% になり，男女格差はやや小さくなる。2020年度の大学進学率は，男性 57.7%，女性 50.9%。男女差はあるが，かなり小さい。また短大進学率は，男性 0.9%，女性 7.7% で，大学・短大への進学率は，男性 58.6%，女性 58.6% と，男女差はほとんどなくなる。男女間の大学進学率の差は，確かに小さくなったのだ。[1]

　では労働面では改善があったのだろうか。1970 年，雇用者全体に占める女性比率は，33.2% だった（井上・江原編 2005: 77）。2019 年の労働者全体に占める女性比率は，44.3%。この 50 年で，労働者に占める女性比率はかなり上昇したと言える。[2] 男性を 100 としたときの女性の賃金は，1970 年には約 56 程度であったが，2019 年には 73 程度になった。[3] 管理職の中の女性比率はどう変化したのか。1970 年の管理職女性比率（民間係長級）は 2.1% だが（井上・江原編1991: 107），2019 年度は 18.9% であり，[4] かなり増えた。しかし他の先進国と比較すると，非常に低い。

　非正規労働者比率の変化を見てみよう。女性非正規労働者の中で，もっとも

比率が高いパートタイム労働者の比率は, 1970 年は 12.2%（井上・江原編 2005: 77）。2019 年度の女性の非正規労働者比率は, 56.4% という報道もある。1970 年代には少なかった非正規労働者が, 2019 年には大幅に増加していることがわかる。

　司法やメディア, 医療, 大学教員などにおける女性比率はどの程度上がってきたのだろうか。まず弁護士の中の女性比率。1970 年には弁護士の女性比率は 2.1%。2020 年には 19.0% に上昇したという。新聞記者の中の女性比率は 1980 年が 0.7%。戦前は 0.4% で, その間ほとんど変化がなかった（内閣府男女共同参画局 2011: 144）というから, 1970 年も同じ程度だったと推論される。2019 年は 21.5.% で, かなり上がっている。

　女性医師比率は, 1970 年は 9.5%。2019 年は 21.9% に増加しているが, OECD 諸国の中では最低の比率である。大学における女性教員比率は, 1970 年は 8.5%（井上・江原編 1991: 123）。2020 年における女性教員比率は, 25%（文部科学省「学校基本調査」）。こちらも上がってきているが, OECD 諸国の中では最低である。

　衆議院議員の女性比率は, 1970 年では 1.7%（井上・江原編 1991: 149), 2018 年では 10.1%（内閣府男女共同参画局）。地方議会では, 1970 年には女性議員比率は町村議会・市議会・都道府県議会ともに 1～2% であったが（井上・江原編 1991: 149), 2018 年には町村議会・都道府県議会が 9.8%, 市議会が 14.3% に増加している（しかし, 他国に比較したとき, 国会議員女性比率も地方議会女性比率も著しく低いことは, よく知られているとおりである）。

　では家族はどう変化したのだろうか。婚姻件数は, 第一次ベビーブーム世代が 25 歳前後の年齢を迎えた 1970 年から 1974 年にかけて年間 100 万組を超えていた。その後は, 婚姻件数は低下傾向となり, 1978 年以降 2010 年までは, 年間 70 万組台（1987 年のみ 60 万組台）で増減を繰り返しながら推移してきたが, 2018 年度は 58 万組に減っている。出生数も大幅に減少した。1970 年には 193 万人の出生があったが, 2019 年には 86 万人であり, 半分以下になっている（内閣府）。その結果, 近年は毎年日本の総人口は実数で減少し続けており, 2019 年度には前年度より 51 万人も減少した。平均世帯人員数を見ると, 1970 年には 3.5 人程度だったが, 2019 年には 2.39 人になった。この間, 3 世代家族

比率は一貫して減少し続け，1人世帯数は増加し続けている（総務省・厚生労働省）。

性別役割分業意識はどう変わったか。「男は仕事，女は家庭」という固定的性別役割分業意識について，同じような形で問うている調査として，1979年から内閣府が行った「男女共同参画に関する世論調査[12]」がある。それによると，「夫は外で働き，妻は家庭を守るべきである」という問いに，「賛成」「どちらかといえば賛成」のいずれかを選択した人の割合は，1979年には女性の70.1％，男性の75.6％であったが，2019年には，女性の31.1％，男性の39.4％に減少している。質問の仕方は異なるが，NHK放送文化研究所の「日本人の意識」調査でも，同様に性別役割分業意識の長期動向がわかる調査を行っている。理想の夫婦のあり方として，「夫唱婦随」「夫婦自立」「性役割分担」「家庭内協力」から選択する問いで，1973年には，「性役割分担」を理想とする人が39.2％ともっとも多かったが，2018年には14.8％に減少している。「家庭内協力」を選択する人は，1973年には21.2％だったが，2018年には47.8％になり，「夫婦自立」を選択する人の割合も，1973年は14.5％，2018年は26.5％と，一貫して増加している。同じNHKの「日本人の意識」調査に，結婚した女性の生き方・働き方を問う質問がある。「結婚したら，家庭を守ることに専念したほうがよい」（家庭専念），「結婚しても子どもができるまでは，職業をもっていたほうがよい」（育児優先），「結婚して子どもが生まれても，できるだけ職業をもち続けたほうがよい」（両立）の三択で，1つを選択させる問いである。1973年には「育児優先」「家庭専念」「両立」の順に多く選択されており，それぞれ，42％，35％，20％だった。2018年には「育児優先」29％，「家庭専念」8％，「両立」60％となり，「家庭専念」が激減，「両立」が激増している[13]（NHK放送文化研究所編 2020）。

▷変わらぬ男女差と女性の中の多様性

以上，簡単にこの50年の変化を追ってきた。ここから何を言いうるか。

改めて強く感じるのは，1970年ごろは本当に女性の社会的・職業的活躍が困難だったということである。国会議員女性比率・地方議会議員女性比率がたった1％台ということには，現在でもさして増えていないことを知っていても，

6

改めて驚きを感じざるをえない。新聞記者の女性比率0.7％に至っては，ため息をつくしかない。1970年台と比較すれば，現在は，女性の声を政治や社会に届ける職業に就く女性の数が大きく増加したことは確かである。

　その背景には，大きく2つの変化があったと思う。第1に，女性の高学歴化。この50年で女性は男性と同じくらい高学歴になった。とはいえ，専攻分野の男女差は大きく，理系工学分野など，女性が非常に少ない専門分野も今なお多い。しかし，多くの分野で女性たちは大学で専門知識を身につけ，専門的職業に従事するようになった。もう1つは，女性の高学歴化と密接に関連するが，女性の生き方や働き方についての意識変化である。性別役割分業意識の変化や，「女性は結婚しても，子どもをもっても，職業をもち続けるほうがよい」と考える人の増加などに見られるように，女性に望まれる生き方・働き方は確かに大きく変わったのである。

　けれども，大学進学率や意識調査に表れた女性の生き方に関する価値観の変化と比較したとき，実際の労働に関わる統計は，意外なほど変化が少ないことがわかる。雇用者に占める女性比率が44％を超え，労働力率（労働力人口／生産年齢人口）も女性70.9％と高くなったが，男性との間には今なお大きな違いがある。かつて日本は，世界の中でも女性の労働力率がかなり高い国だった。しかしこの50年で，日本よりも女性の労働力率が高い国々が多くなった。しかも日本はそれらの国の中で，男女の労働力率の差がとりわけ大きい。その大きな理由は，子どもをもつ女性が今なお退職に追い込まれているためだ。出産によって退職する女性の比率は次第に減少しているが，正社員でも約3割が現在も退職しており，非正規労働者の場合は7割以上が退職している。6割の人々が「女性は結婚しても，子どもをもっても，職業をもち続けたほうがよい」と考えているのに，それを望む人の多くが，そうした希望を実現できないでいる。

　男女で一番違いが大きいのは，非正規労働者比率である。パートタイム労働者以外の，契約社員・派遣社員など非正規労働者をも含めた2019年度の女性の非正規労働者比率は，56.4％である。男性の非正規労働者比率は同じ年で22.3％（注6）と同じ）であるのに対し，あまりにも高いと言わざるをえない。

　ここから2つのことが見えてくる。1つは，この50年で確かに多くの女性

が職業をもつようになったけれども，男性と平等になったのではなく，多くの女性が男性とは異なった働き方をしている（させられている）ことである。女性がより多く職場に参加するようになったが，結婚した女性が再就職するとき開かれているのは非正規労働だけとすら言いうる状況なので，女性の就業率が増えれば増えるほど，就業条件において不利な女性の比率が増えていくことになる。50年前よりもずっと多くの女性たちが，職業継続の保障や社会保険・賃金などの面で不利な非正規労働に就業せざるをえなくなっている。

　もう1つ見えてくるのは，女性の中の格差が拡大していることである。正規労働者と非正規労働者の賃金など労働条件の格差は大変大きい。正規労働者と非正規労働者の分化には，学歴や学校歴などが影響している[14]。特に女性の場合，正規労働者だと産休・育休などを利用しながら初職を継続できる場合が多いが，非正規労働者では，産休・育休後にも雇用継続していないと産休・育休制度が利用しにくい。こうした福利厚生制度の違いもあり，女性の正規労働者と非正規労働者の格差は，男性の場合以上に大きくなってしまう。しかも，そうした悪条件にある非正規労働者の比率が，女性労働者の過半数となっている。

　女性の中の多様性の増大は，働き方だけではない。家族についての意識変化や産業構造・人口構造などによって，女性の生き方は1970年代よりもずっと多様化している。NHK放送文化研究所「日本人の意識」調査では，「人は結婚するのが当たり前だ」「必ずしも結婚する必要はない」の二択の問いに対して，2018年には68％の人が，「必ずしも結婚する必要はない」を選択している。つまり，すでに多くの男女にとって，結婚は1つの選択であり，「よい相手がいればしてもよいが無理してまでもする必要はない」ライフ・イベントになっているのだ。50歳のときの未婚率を生涯未婚率というが，1970年の生涯未婚率は男性1.7％，女性3.3％にすぎず，実に95％を超える人々が結婚していた。しかし，2015年の「国勢調査」によれば，生涯未婚率は男性が23.4％，女性が14.1％であり，結婚を一度もしない人生を選択した人々が多くなっている。現在では，結婚しない生き方も1つの生き方として確立していると見るべきだろう。子どもをもつ／もたない，離婚する／しない，再婚する／しないなど，その他の選択肢も含めると，結婚をめぐる女性の生き方は，非常に多様化しているのだ。

今振り返ると，1970年代には女性の平均的な生き方と言いうるものがあったことがはっきりと見えてくる。しかし現在は，もはやそうしたものは存在しなくなったとすら言ってよいだろう。多様な生き方ができること自体は，喜ばしいことではある。けれども他方において，既婚女性の働き方は，継続就業できた女性を除けば，「夫に扶養される被扶養者のはず」という前提での不安定な非正規労働しかない状況がずっと続いている。妊娠・出産時の本人および子どもを含む家族の一時的な精神的身体的状況や自分と家族の職場や託児施設などの社会環境によって，継続意思があるにもかかわらず退職せざるをえない女性は，今でもたくさんいる。しかも，夫の収入も不安定化している今日，「既婚女性は低賃金で不安定な職でよい」という前提は，あまりにも厳しい状況を女性に押しつけるものである。1970年代には相対的に少なかった非正規労働者比率が，現代では過半数を超えたことは，かつてよりもむしろ悪化した労働条件で働く女性たちが増えていることを示している。

　他方において，女性の職業参加は一貫して増大し，男性と同等の活躍の場を与えられている女性たちも大勢いる。彼女たちの中には，高収入の夫をもち自分も高給をとる女性もいる。もちろん，彼女たちもまた，育児と仕事の両立に苦しんでいるわけだが，経済的安定性を欠いた状況で，苦しい状況にある女性たちと問題を共有していると言いうるかどうか，なかなか難しいと考えざるをえない。「女性の平均的な生き方」があった時代における女性の問題と，多様化した女性を前提とせざるをえない今日の女性の問題とは，非常に大きな相違があると考えるべきだろう。この問題には，多様化の背景を論じた後に，終章で再度触れることにする。

▷アメリカとスウェーデンの女性の状況

　ここまで，日本社会のこの50年間の変化を追ってきた。では日本以外の国々ではどのように変化してきたのだろうか。以下ではよく日本と比較されることが多い，アメリカとヨーロッパの状況を，簡潔に追ってみよう。

　アメリカの女性参政権成立は1920年。20世紀前半から大学に進学する女性が増えたけれども，職場進出はなかなか進まなかった。第二次世界大戦によって一気に女性の職場進出は拡大した。だが，第二次世界大戦後のアメリカでは，

戦時中出征した男性の代わりに工場労働その他の生産労働に就いていた女性たちが，一斉に退職した。帰還する兵士のために職場を空けるためである。戦勝気分もあり，戦時中困難だった私生活満喫のムードがあふれ，「女性は家庭へ」という風潮が強まった。そうした風潮の影響もあって，結婚した女性に退職を要求するなどの女性差別が，職場には存在していた。後にベティ・フリーダンは女性解放運動の先駆けとなった『新しい女性の創造』の中で，女性の理想の生き方を家庭の主婦に求めるイデオロギーを鋭く批判していくのだが，その対象となった「女性は家庭」イデオロギーは，第二次世界大戦後に強まったものだった。

女性の就業率が上昇し始めたのは，1960 年代である。その後 70 年代・80 年代半ばにかけて急上昇した。

アメリカでも，1950 年代は，女性への雇用差別は明確に存在した。女性は結婚によって家庭に入るのが当たり前の時代だった。1963 年，ベティ・フリーダンは先述した著書を刊行し，幸福に見える結婚した女性たちの多くが，「名前のない問題」に苦しんでいると主張した。専業主婦の女性たちが，夫や子どもの世話に明け暮れる日常の中に，生きがいや目標を感じることができないのに，「女性であれば当然夫や子どもの世話をすることに満足を見出すはず」という女性性の定義に縛られて，自分の苦しみを表現できないでいるというのである。このフリーダンの書物がきっかけの 1 つとなり，多くの女性が自分の生き方を見直し始めた。折から，ベトナム戦争の激化や公民権運動などの社会運動の盛り上がりもあり，またたく間に全米で，女性解放運動が始まった。そのもっとも大きな目的は，女性も職業をもつことができる社会をつくることだった。

その成果は目覚ましいものがあった。6 歳未満の子どもがいる女性の就業率は，1975 年には 40% 程度だったが，2000 年には 64% を超えた。出産・育児期の女性の労働力率が低くなる「いわゆる M 字型の労働力率は 80 年代までにほぼ消滅した」（黒澤 2011: 2）。管理職女性比率も急増した。「1970 年時点では 18.5%，1980 年時点で 30.5%」であり，1985 年時点では 35.6%（黒澤 2011: 4），2012 年には 43.7% になっている（労働政策研究・研修機構 2014）。男女賃金格差も急速に改善した。1979 年の女性の賃金は，男性を 100 としたとき，62 であ

ったが，93年には77になった（黒澤 2011: 4）。その後の改善は一進一退である
が，日本よりかなり男女格差が小さいことは確かである。また，女性の中のフ
ルタイム労働者比率は，1970年代から今日までほぼ一貫して上がっている。
これらのことから，少なくとも雇用面ではアメリカでは男女格差の急速な改善
があったということができる。その間，さまざまな領域での女性比率も，かな
り高くなっている。たとえば国会（下院）議員の女性比率は1970年には2.3%
にすぎなかったが，2016年には19.4%になっている。[16] 女性医師比率は，1970
年は7.6%だったが，93年には23%になった（森島 2004）。2015年現在は，
34.6%である。[17]

　しかし，アメリカの女性の雇用には，問題も多くある。もっとも大きな問題
は，職業による賃金格差が大きいことである。男性と同じくらい高い収入があ
る女性もいれば，最低賃金レベルの時給で働く女性も多い。特に，1980年代
以降は，新自由主義的経済政策（レーガノミクス。第3章参照）がとられ，アメ
リカ社会の格差は拡大した。このような格差を加速させているのが，社会福祉
政策の不足だ。日本と違い，アメリカには有給の産休がない。また，公的な保
育所も存在しない。公的医療保険の問題は，よく知られているとおりである。
その結果，アメリカでは1990年代に入って女性労働力率の上昇が抑えられ，
現在では日本よりも低い労働力率となっている。専業主婦を選択する女性も若
い世代で増えている。[18]

　では，ヨーロッパではどうだろうか。ヨーロッパでも女性の状況は，国によ
ってさまざまだが，ジェンダー平等度が高いと言われている北欧のスウェーデ
ンの，1970年ごろから今日までの変化を追ってみよう。

　スウェーデン等北欧諸国では，他のヨーロッパ諸国よりも早く，女性参政権
が実現している。国レベルでこそ，フィンランド1906年，ノルウェー1913年，
デンマーク1915年，スウェーデン1919年と，女性参政権の確立は20世紀に
入ってからであるが，地方レベルでは19世紀末には女性参政権が認められて
いた。政治分野におけるジェンダー平等への取組みは，他のヨーロッパ諸国に
先んじていた。しかし，そうした北欧諸国でも，雇用分野におけるジェンダー
平等が進んだのは，この50年のことである。

　まず，スウェーデンの1970年の既婚女性就業率を見ると48%であり，1960

年のスウェーデンの既婚女性就業率は 23.9% である。スウェーデンでも 1960
～70 年代は既婚女性の就業率は低かったことがわかる（北岡 2010: 68）。しかし
2013 年の労働力率（労働力人口／20～64 歳人口）は，日本では「男性 90.4%，女
性 69.0% のところ，スウェーデンでは男性 88.8%，女性 82.9% であり，女性
の労働力率が男性に迫って[19]」いる。男女間の働き方の差が日本よりずっと少な
い。ここから，スウェーデンでは急速に雇用の分野での女性の参画が進んだこ
とがわかる。男女平等への意識がもともと高い国ではあったが，かつては子育
てや家事は主に女性が担う性別役割分業意識がかなり強かった。それがこの
50 年で急激に変わったのだ。

　変化のきっかけは，まずは人口問題と労働力不足だったという。1930 年代
以降，スウェーデンは少子化が進み，将来の人口減少が心配されていた。第二
次世界大戦後，参戦しなかったスウェーデンは，ヨーロッパ復興需要を引き受
けることで経済が急拡大し，その結果極端な労働力不足が生じた。スウェーデ
ン政府は，ヨーロッパの他の国のように移民を受け入れるのではなく，国内の
既婚女性を労働力に参入させることで，この労働力不足に対応することを選択
し，女性の社会進出を意識的に図った。

　その後，第二波フェミニズム運動がスウェーデンでも盛んになり，スウェー
デンの家族政策の方向性を，男女平等の方向に大きく導くことになった。1960
年代には，すでに 37 年に導入されていた母親の産前産後休暇を男性にも拡大
し，父母を対象とする両親保険導入が検討され始め，74 年に導入された。
1971 年には税制改革を行い，所得税を個人単位化し，世帯単位税制による既
婚女性の就業抑制を転換した。保育所の増設等，いわゆる福祉社会政策が強力
に推し進められた。1990 年代には，父親のみが取得できる育児休業制度（パ
パ・クオータ制度）も導入された（労働政策研究・研修機構 2018a）。

　その結果，現在では先述したように，女性労働力率は男性とほぼ拮抗し，年
齢別女性労働力率もいわゆる M 字型カーブが解消されている。女性労働者は
短時間労働者が多かったが，短時間労働者の労働条件をフルタイム労働者の労
働条件に近づける労働政策がとられてきた。女性労働者に占める短時間労働者
比率自体も，1985 年には 45% だったが，2015 年には 29% に減少している。
男性に対する女性の賃金比率も男性 100 としたとき 86 と，非常に高い。管理

職に占める女性比率も，2016 年で 39.3% である（労働政策研究・研修機構 2018b: 89）。

　特に注目すべきは，政治における女性の社会参加割合の高さである。1970 年における国会議員に占める女性割合はすでに 14.0% と，現在の日本よりも高くなっている。2021 年には 47.0% が女性議員である。首相も含め閣僚に占める女性比率は過半数を超える等，大変高くなっている。[20]

　このようにスウェーデンでは，国の経済政策と女性運動の動きが一致し，フェミニストの政策が国政にとり入れられてきた結果，ジェンダー平等がかなり実現されてきた。しかし，本当に男女平等になったかというと，まだまだ不十分であるという。1985 年には，家事労働における男性参加の少なさが問題になり，90 年代には労働や公的分野における女性の位置を一層引き上げることが課題になった。特に 1990 年以降，英米から始まった新自由主義的経済政策が，社会民主主義的経済政策をとってきたスウェーデンにも大きな影響を及ぼし，90 年代の経済危機をきっかけとして，疾病保険・失業保険・両親保険の削減，所得税減税，相続税・贈与税廃止などが行われた。また各種福祉サービスの民営化，ヘルス部門の人員削減など，一連の新自由主義的施策がとられた（浅井 2019）。その結果，出生率が急低下するなどの影響が生じている。

　以上 2 つの国のこの 50 年の変化を追ってみた。アメリカとスウェーデンは，いずれもこの 50 年で女性の働き方や性別役割は大きく変化した。その変化は日本よりもずっと大きいと言いうるだろう。またこの両国には大きな違いもある。アメリカ社会においては，公的保育や有給の産休制度や育児休業制度がないままに，女性の社会進出が急速に進んだ。その結果 1980 年代には女性の社会進出はかなり高い水準になったが，公的な保育制度の不在などにより女性の社会進出は抑制された。政治における女性の参画も，一定程度進んだが，世界的に見ると高いほうではない。それに比較して，スウェーデンでは，社会民主主義的経済政策をとる政府が長く続き，福祉国家建設がめざされた。政府主導の政策と女性運動が結びついて，他国よりも早く男性の育児参加を打ち出した。国会議員や閣僚における女性比率の高さは，世界でも高いほうである。しかしそのスウェーデンでも完全なジェンダー平等はいまだ実現しておらず，1990 年以降の新自由主義的経済政策（これについては第 3 章で詳しく触れる）が，スウ

ェーデン型ジェンダー平等をどこまで変容させるかどうかについて，疑念も生じている。

▷ジェンダー平等は進んだか

　世界経済フォーラムが2021年3月に発表した世界の国々の男女平等度（ジェンダーギャップ指数）の測定（経済・政治・教育・健康の4分野の複数の統計量の男女間格差を測る指標）によれば，完全平等を1，完全不平等を0とした場合，もっとも男女平等度が高いとされたアイスランドでも0.892にすぎない（ちなみに日本は0.656であり，世界156カ国の中で120位と，世界の中でも男女平等度が著しく低い）。世界の多くの国々で，ジェンダー平等は進んだが，それでも完全にジェンダー平等を実現した国は，いまだ1つもない。

　今から約50年前，第二波フェミニズムは，世界各地で，社会に残る性別役割分業等の実質的差別の撤廃と，女性の性と身体の自己決定権を掲げて，運動を開始した。その影響力は大きく，国連の世界女性会議や，女性差別撤廃条約等，華々しい勝利を遂げたように見える。けれども今まで見てきたように，現実の社会においては，今なお性差別が根強く存在している。確かに成し遂げたことは大きい。けれどもまた成し遂げられていないことも，大きいのだ。さらに言えば，これまで成し遂げられてきたことが，今後も維持されていくのかどうかということすら確かではない。

　50年前から今日まで，大きな成果があったことをまとめると，以下の2点になる。

① 各国での性別役割分業意識の変革。先進国の中ではもっとも性別役割分業意識が高いと言われる日本でも，「夫は外で働き妻は家庭を守る」という意見に反対する人が多数派となった。また「女性は結婚しても，子どもをもっても，一生職業をもち続けるのがよい」と考える人が6割を超えている。アメリカやスウェーデンでは，性別役割分業に賛同する人は非常に少ない。

② 世界各国で女性の大学進学率が高くなっている。OECD諸国の中では，日本・韓国・トルコだけに，「教育における男子優先」の痕跡が残り，他の諸国はすべて，女性の大学・大学院進学率のほうが，男性よりも高くな

っている。かつて日本社会では「女に学問はいらない」と言われた。また現在でも女性が教育を受けることが難しい国々がある。けれども先進国においては，男女の学歴差はほとんどなくなったと言いうるだろう。

しかしこれらの一見一方向的変化に見えるものも，不変ではないことに注意するべきだろう。今後の状況によっては逆の方向への変化もありうる。現実生活の中での性別役割分業の解消がうまくいかなければ，意識のほうが変化するかもしれない。女性の大学進学率の向上は，大学に行かない場合，女性に開かれている職業が非常に限定的であった結果でもあると言われている。今後，高校卒女性にも十分な職業機会が開かれれば，あるいは逆に大学卒女性に十分な職業機会が開かれなければ，大学進学率も変化するだろう。

次にジェンダー平等の方向に変化しているけれども，各国の差が大きく，変化が滞ったり逆転したりしている事柄を見ておこう。

③ 女性の就業率の上昇。多くの国で，女性は 50 年前よりも職業に就くことが多くなっている。しかし，いつどの時代に就業率が上昇したかについては，国によってかなり差が大きい。日本では，1975 年に就業率が 45％ と一番低くなったがその後 50％ 前後で低迷し，1990 年代以降少しずつ上昇し，なだらかに上がって 2019 年 70％ を超えている（内閣府男女共同参画局）。アメリカでは 1970 年代，80 年代に急上昇するも，90 年代以降伸び悩み，現在は日本よりも低くなっている。他方スウェーデンは，1930 年代は非常に低かったが，60 年代から急上昇し，現在は 80％ を超えている。女性の就業率は，女性の高学歴化の度合いや，ワークライフバランス施策の進展・労働時間の柔軟度・社会福祉政策などによって多様に変化する。

④ 管理職女性比率や，男性に比較したときの女性賃金率も上がってきてはいる。しかし，国による差異が大きく，日本は管理職女性比率や男性と比較したときの女性賃金比率が，他の先進諸国よりもずっと低い。また男性とまったく同じレベルの管理職比率や賃金を実現した国はない。

⑤ 女性の政治参加の度合いが上がってはいる。けれども，どの程度上がったかという度合いは国によって著しく異なる。日本は本当に低い。クォータ制を取り入れるかどうか等，選挙制度によって大きく左右されうる。

⑥ 男性の家事労働・ケア労働の分担の度合いの増加。どの国も増えている

が，国による差が大きい。日本では，男性の育児休業取得も，実際の家事
育児分担の度合いも，先進国の中では特に低い。

　ここから，これらのジェンダー平等に関する項目の達成度は，景気動向や，
公的保育や介護制度の有無，税制や社会保障制度，労働法制や選挙制度などの
社会環境によって，変化しやすいことがわかる。日本社会における非正規労働
者比率の増大，アメリカにおける専業主婦率の増大，スウェーデンにおける出
生率の変動等は，それぞれの国内の経済環境や景気動向に，強く影響されたと
考えられる。したがって，日本社会のジェンダー平等の実現の可能性や，アメ
リカやスウェーデンのジェンダー平等の行方を考えるうえでは，これらいわゆ
る先進国の経済環境や社会構造変化を考慮することが必要だと言える。

　ここまで主に女性の雇用に関する動向を追った。第二波フェミニズムは，
「女性の人権問題」をも社会問題化したことを忘れてはならないだろう。この
問題は，今なお深刻な状況にある。20世紀末に「女性に対する暴力」が社会
問題化されたが，ヒューマン・ライツ・ウォッチによれば，現在も世界中で
「女性に対する暴力」や「人身取引」など「女性の人権」に関わる深刻な問題
が持続的に生じているだけでなく，今むしろ悪化している国もあるという。国
連女性機関（UN Women）も，悪化している国として，アフガニスタンやシリ
ア，南スーダン等を挙げている。現代日本でも，DVに関する相談件数はいま
だに増加傾向を示しており，レイプや強制わいせつ等の性暴力事件数も，明確
な減少傾向は見出しえない。人身取引事件数も同様である。

　また国連広報センターによれば，世界各国でLGBT等の性的マイノリティ
に対する差別や人権侵害が起きているという。世界の76カ国で，個人間の同
意に基づく同性愛行為が犯罪とされ，逮捕・投獄が行われており，5カ国にお
いては死刑の可能性があるという。またその他の国でも，性的マイノリティに
対する身体的攻撃を含む差別や偏見が見出せるという。日本では同性愛を違法
とする法律は存在しないけれども，メディア等での偏見の蔓延が見られ，社会
意識における差別意識も根強い。

　これら性に関わる人権問題・社会問題は，21世紀に入って非常に先鋭化し
てきている。グローバリゼーションに伴う排外主義やエスノセントリズム（自
民族中心主義）は，ジェンダーに関わるイシューと複雑に絡み合っており，今

後どのような方向にいくのか予断を許さない。

　このように，20世紀から今世紀にかけて，「性の平等」を実現するための施策がなされ，一定の効果を上げてきたけれども，世界でも完全な男女平等を実現した国はいまだなく，「女性の人権」や「性的マイノリティの人権」問題も解決の方向を見出しえたとは言えない。中でも日本社会は，賃金格差や被選挙権における格差等，世界の中でも著しく男女間格差が大きい国として知られ，人権問題への対処においてもさまざまな課題を抱えている。つまり「ジェンダー平等」は実現していないし，極言すれば，近い将来実現すると信じられる根拠もないのである。

　このような変化は，フェミニズムについて，どのようなことを伝えているのだろうか。もし，ジェンダー平等が十分に実現しているのなら，フェミニズムはもう必要ないという判断をしてもよいだろう。あるいは，「ジェンダー平等」や「性の平等」の実現を期待しない人々が圧倒的多数を占めるのであれば，フェミニズムはもはや必要ないことになる。しかし，これまで見てきたことから言いうることは，「ジェンダー平等」や「性の平等」は，いまだ実現していない。そして意識調査の結果を見る限り，「ジェンダー平等」や「性の平等」の実現を望む人々は，圧倒的多数派とは言えないまでも，一定の勢力として見るに十分なボリュームがあるように思う。つまり，多くの人々が「ジェンダー平等」や「性の平等」の実現を望んでいるのに，まだ実現しておらず，今後実現するという確証もないということになる。そうだとすれば，「フェミニズムは必要ない」とは言えないことになる。ではいったい，どんなフェミニズムが必要なのか。次章以降では，これまでのフェミニズム理論を振り返りつつ，その可能性と限界を検討してみよう。

注 ————————————

1) 文部科学省「学校基本調査」，内閣府男女共同参画局等の資料による。なお，日本社会だけで見れば大学進学率の男女間格差はかなり改善されてきたと見ることができるが，OECD諸国全体で見ると，女性の大学進学率の増加は男性を上回り，日本社会は，韓国・トルコ等と並んで，男女間格差が残る数少ない国となる。

2) 厚生労働省「令和元年度版 働く女性の実情」による。なお2020年データもあるが，

2020年のデータはコロナ禍による影響を大きく受けている可能性があり，その前年の2019年のデータとした。また日本社会だけで見れば労働者に占める女性比率は著しく増加したが，他の諸国と比較すると，日本の労働力率の男女間の差は，かなり大きい。

3) 独立行政法人労働政策研究・研修機構，統計データ「男女間賃金格差」による。
4) 内閣府男女共同参画局『男女共同参画白書（令和2年版）』による。
5) パートタイム労働者の一般的な世界の定義は短時間（週35時間以下）労働者である。
6) news.yahoo.co.jp/byline/fuwaraizo/20200812-00191949　2021年10月8日取得。
7) 日本弁護士連合会資料による。
8) 日本新聞協会資料による。
9) labcoat.jp/doctor-men-women-ratio/　2021年10月8日取得。
10) 朝日新聞デジタル，2019年12月19日配信。
11) 内閣府男女共同参画局「女性の政治参画マップ」等参照。
12) 「男女共同参画に関する世論調査」以前には，「婦人に関する世論調査」「男女平等に関する世論調査」等で，同じ質問項目の調査が行われている。調査票においては「性別役割分担意識」と表記する場合もあるが，同じものとして扱っている。
13) 2018年調査結果に基づく分析を示した『現代日本人の意識構造（第9版）』では，この45年間でもっとも変わった意識が「家庭・男女関係」であったとされている（NHK放送文化研究所 2020: 209）。
14) 吉川徹によれば，日本社会は，出生年，ジェンダー，学歴（大学卒かどうか）によって分断されているという（吉川 2018）。
15) 原題『フェミニン・ミスティーク』(The Feminine Mystique)，1963年刊。『新しい女性の創造』は邦訳の書名。邦訳書は三浦冨美子訳，1965年初版，大和書房。
16) IPU (Inter-Parliamentary Union) 資料より。もっとも，アメリカの女性議員比率は，世界の中ではかなり低く，97位である。ちなみに日本は160位である。
17) Web医事新報（日本医事新報社）による。世界の中では，アメリカの女性医師比率は，低いほうである。
18) アメリカにおける15歳未満の子どもをもつ専業主婦比率は，1994年には19.8%だったが，2018年には23.7%に増加しているという（http://www.garbagenews.net/archives/2244884.html　2020年4月13日取得）。
19) 日経ウーマン「スウェーデンも50年前は男女平等社会ではなかった」(https://dual.nikkei.com/article/045/10/　2020年4月14日取得)。
20) 一般社団法人スウェーデン社会研究所による。

第2章

フェミニズムを
社会変動の中に置く

第二波フェミニズムを生み出したのはどのような社会状況だったのか

▷フェミニズム理論の現在

「ジェンダー平等」や「性の平等」の実現を考えるうえで，なぜフェミニズムを考える必要性があるのかという疑問もあるかもしれない。しかし，これまでの歴史を追う限り，フェミニズムがなければ，ジェンダー平等は決して改善の方向には行かなかった。社会は自動的によくなるわけではない。特にマイノリティの状況を改善するためには，その改善のために努力する人々の活動が必要なのだ。しかし，このような疑問に答えるためにも，まず，フェミニズムの意味を明確にしておく必要があるだろう。

まずフェミニズムを定義することから始めよう。本書では，フェミニズムを，ごく一般的に「性の平等」を求める思想と定義しておくことにしよう。ここで「性」とは，ジェンダーとセクシュアリティをともに含む概念としておこう。

思想という言葉には，一方において行動を導くものという意味があり，他方においてはさまざまな現象に対するまとまりのある見方という意味がある。前者の意味でのフェミニズムは，「性の平等」という価値観に基づく社会運動，つまりフェミニズム運動等を意味し，後者の意味でのフェミニズムは，「性の平等」という価値観とその価値観に基づく視点から見たフェミニズム社会理論等を意味すると考えられる。また今日ではよく知られているように，近代フェミニズムには，①女性参政権運動を中心とした19世紀後半から20世紀前半までの波と，②雇用の平等と性と生殖に関する女性の権利の獲得を中心とした20世紀後半からの波がある，と言われる。今世紀に入ってからの動きの中に，第三波・第四波などの新しい波の存在を指摘する論もある。こうしたとらえ方の意義を否定するものではないが，とりあえずここではそれらを区別せず20世紀後半以降から今日までの動きをまとめて，1つの波としてとらえることにしよう。その場合，前者（①）が第一波，20世紀後半からの後者（②）が第二波となる。ここまで考察したとおり，「性の平等」を実現するという課題はいまだ実現していない。ならば，「運動としてのフェミニズムを今終わらせることは到底できない」と考える人が多いはずである。だからこそ，先述したように，近年では「性の平等」に関する報道がない日がないくらい，さまざまな情報があふれているのだと思う。

けれども，「運動としてのフェミニズム」が力をもつためには，「性の平等」

という視点から現代社会を見るフェミニズム社会理論が，的確に私たちの状況をとらえていることが，必要不可欠だと思う。もしその理論が，著しく変わる社会のあり方やそこに暮らす人々の疑問や問いに十分な答えを与えないとすれば，その主張に関心をもたない人や賛同しない人が増え，運動もまた力を失うだろう。つまり，社会理論としてのフェミニズムは，人々が生きている今という時代にきちんと錨を下ろし，そこにおける矛盾や対立を見えるようにすること，つまり理論的現在性をもつことが必要なのだ。

　確かに「性の平等」の実現を望む人々は多い。思想としてのフェミニズムが，そうした人々の思いや行動に方向性を与えてきたことは事実だと思う。しかし，同時に人々は，「性の平等」に関わる問題だけでなく，他のさまざまな問題に直面している。何が一番重要な問題なのかは，個人の価値観や置かれた状況によって変わりうる。

　今世界は，1990年代初期の東西冷戦終結時には予想もしなかった対立と混乱の時代に入っている。東西冷戦終結時には，体制が異なることによる国家対立がなくなり，民主主義的価値観が一般化すれば，階級格差や人種差別・性差別などの問題も，今後着実に改善の方向に行くと考える人が多かった。しかし，2020年代の今日では，世界各国で階級格差が拡大し，相互無関心や相互憎悪が蔓延している。人種差別問題や民族差別問題も，移民の急増という社会背景のもとで，国内問題あるいは国際問題として深刻度を増している。各国の政治において，人種差別主義や排外主義が大きなイシューとなっている。そこに新型コロナウイルスによるパンデミックという未曾有の災害が降りかかった。2020年の新型コロナウイルスのパンデミックは，先進国に大量死をもたらし，社会活動の急激な抑制をもたらした。これがどのような影響を21世紀世界社会に与えるのか，いまだ誰にも予想ができないが，暴力の行使を含む国家間あるいは国内対立が生じる可能性も小さくない（現に，この原稿を書いた後の2022年2月には，ロシアのウクライナへの軍事的侵略が起きている）。また地球温暖化による環境破壊による危機も，すぐそこに迫っている。

　そうであれば，「性の平等」よりもより緊急に実現しなければならないことがあるという認識から，「性の平等」に関する関心が薄れてしまうかもしれない。つまり，「性の平等」という価値観の訴求力自体が弱まることも，十分に

考えらえる。「物事には重要性の順序がある。今は『性の平等』どころではない」というわけだ。

　むろん，「物事の重要性の順序」は，個人が置かれた位置によって異なるわけだから，「『性の平等』どころではない」というような言い方は，たいていの場合，マジョリティの問題先送りのための言い訳にすぎない。実のところ，これまでずっと，フェミニズムは「フェミニズムどころではない」と主張する人々の中での闘いを強いられてきた。第一波フェミニズム時にも，「性の平等」より社会主義革命・民族独立・国家の戦争遂行等のほうがずっと重要だとする人々を相手に，フェミニズムは闘った。第二波フェミニズムが台頭した東西冷戦時には，核兵器を使用する第三次世界大戦の可能性がリアリティをもって語られていた。途上国の貧困問題は，飢饉による大量死が伝えられるほど深刻であり，国家間の戦争・内戦・虐殺・地域紛争も今以上に多かった。その中で，「性の平等」にせよ，階級格差問題や人種差別問題にせよ，いわゆるマイノリティが問題になっている運動が掲げる価値観は，マイノリティの主張という意味において，支持者が相対的に少なかった。つまり，支持者が少ないということは，フェミニズムという思想にとって，ある意味で不可避的な条件なのだ。

　女性の問題は，より重要で普遍的な問題から見ればいつも「重要性が低い」こととして扱われる傾向がある。近代人権思想が，男性中心主義的思想であるにもかかわらず，男性がマジョリティであったがゆえに，自らを普遍的思想として提示できたことと対照的に，フェミニズムは，（私が本書で以下に述べるような意味において）すべての人々に適応できる普遍性をもつ思想であるにもかかわらず，女性がマイノリティであるという意味において，その思想は「普遍性を欠いた」思想として位置づけられてしまう。つまり，他のさまざまな相対立する思想の1つに還元されてしまう傾向があるのだ。フェミニズムが強いられるそうした位置づけを踏まえたうえで考えれば，現代社会において「もっと重要性が高い」問題があると言われても，自分自身の価値観から見れば「性の平等」の重要性は決して低くないと言えばよいだけのことなのかもしれない。

　しかしたとえそうだとしても，社会理論としてのフェミニズムは，人々が現実社会において直面せざるをえない社会的事象や現象と関わり合いながら，「性の平等」を阻む要因や改善方法等を示すことができる性能をもつ必要があ

る。そうでなければ、そもそも人々が「性の平等」をめざす問題に実感をもって関わることができないし、当然にもそれを実現することもできないだろう。では、この意味で、現在フェミニズムは、社会理論としての分析力を維持していると言えるのだろうか。つまり、われわれが現在対応を迫られている課題に対し、フェミニズム社会理論はどの程度の分析力をもっているのだろうか。

第1章で見たように、この50年間で非常に多くの変化が起きた。1970年代の先進国社会では、確かに既婚女性の多くが「主婦」だった。主婦として「名前のない問題」に苦しみ、無償労働に従事しているのに誰からも評価されず、アイデンティティを求めて悶々とする女性たちの姿は、先進国の多くの女性たちにとって、リアルで切実な問題だった。けれども今日では、多くの女性たちが結婚後も仕事を継続している。継続しない女性もまだ多くいるが、「多様な働き方」の普及や、インターネットの普及によるさまざまな小ビジネスの機会が生まれた。また家にいても SNS を通じて友達や家族とつながっていられるので、「社会から切り離された」という孤立感を感じなくてもすむ環境もある。したがって、現代ではベティ・フリーダンのように、女性の共通体験として「主婦の孤独」を前提とした問題提起を行うことは、かなり難しいだろう。

多様な働き方が生まれたことで、「働いていること」と「働いていないこと」の間があいまいになるとともに、ジェンダーとの結びつきも弱くなった。かつては、非正規労働に就くのは、被扶養の既婚女性と決まっていた。今は、男性労働者にも、高齢労働者にも、非正規労働は広がっている。性差別が依然として大きい社会として知られる日本社会は、今でも非正規労働者比率は、男性に比較して女性が圧倒的に高い。けれども、男性の非正規労働者も若年世代では多くなっている。他方、大卒女性の中には、男性と同じような働き方をしてそこそこの待遇で働き続ける人も増えている。つまり女性の生き方が多様化しているのだ。このような状況で、女性というカテゴリーだけで連帯を呼びかけることは、おそらくかつてよりもずっと難しくなっている。

このように、第二波フェミニズムが生まれた1960〜80年代の社会と、現代の社会との間では、女性や男性のあり方が大幅に変わってしまっている。その違いを無視することは、フェミニズム社会理論の現在性を失わせてしまうことになる。つまり重要なのは、こうした近年の社会変動を分析でき、その分析か

ら未来についての見通しを一定程度示しうるフェミニズムをつくることなのだ。

　そのためにまず本章では，フェミニズムがこれまで前提としていた社会とはどのような社会だったのかを改めて振り返ることから始めよう。もしフェミニズム社会理論が，その時代における現在性をもったとするなら，第一波フェミニズムや第二波フェミニズムもまた，特定の社会状況や社会変動の中で生み出されたはずである。そこにはどのような違いがあったのか，なぜそうした違いが生まれたのかを吟味することは，私たちが今必要としているフェミニズム理論を考えるうえでも，重要な手がかりとなるに違いない。フェミニズム社会理論を現在性をもつ社会理論として持続・再生させていくためには，その社会認識を，現在という歴史的時代に適合させることが必要なのだ。

▷第一波フェミニズムとその時代

　フェミニズムは通常，西欧市民革命期に生まれた啓蒙思想・人権思想に端緒をもち，そこにおける「平等の実現」という価値観を，性に関わる不平等問題にも適用することで誕生したと言われる。この市民革命の成果を女性にまで拡大することを主な争点として提起した婦人参政権実現までの女性運動を，第一波フェミニズムという（江原・金井編 1997）。

　第一波フェミニズムは，その意味で非常にわかりやすい構図をもっている。啓蒙思想・人権思想を当然の価値基準とするならば，女性に対してそれが適用されないということは，当然にも「正義にもとる」。だから当然，第一波フェミニズムが台頭したのだと。しかし実際には，市民革命期から第一波フェミニズムまでの間には，100～250 年の時間があった。つまりその間に生きた人々は，性に関わる不平等をそれほど矛盾と感じない世界にいたのである。重要なのは，何がそれを矛盾と感じさせなかったのかを理解することであり，そのような受け止め方を生み出した社会のあり方を理解することである。

　市民革命によって生まれた政治体制の中で，女性は独立した個人としての人権を認められなかった。市民革命期から女性参政権実現までの社会においては，途中少々の法改正・制度改正によって改善された部分もあったが，女性たちは財産権をもたず，法的契約の主体にもなれなかった。高等教育は女性には開かれず，高等教育を前提にした職業に就くこともできなかった。「自由と平等」

を高らかに歌い上げて成立したはずの市民社会において，なぜこのようなことが許容されたのか。既婚女性は，いわば夫である男性の財産として，扱われてきたのだ。

　認知心理学者スティーブン・ピンカーは，「人間の意識はメタファーをもとにして育つもので，女性の性の場合，繰り返し出てくる心象は，財産である」と述べ，女性に対するレイプやDVなどの性暴力が，女性を財産として扱う法制度の底にあるメタファーによって，正当化されてきたと指摘した。彼は，「現在われわれが嘆かわしく思っている種類の暴力」でも「過去には全く違った受け止め方をされていた暴力」があると指摘し，その1つがレイプやDVなどの「女性に対する暴力」であり，そのことに信じられないほどの衝撃を受けたと述べている（Pinker 2011＝2015，下巻: 42-43）。実際，ピンカーが指摘しているレイプやDV等が暴力とみなされるのは，第二波フェミニズム以降のことであり，第一波フェミニズムにおいては，問題への気づきはあったにせよ，主要な運動の目標にはならなかった。

　第一波フェミニズムが「女性への暴力」に対する告発を行うことを困難にした要因は（それはまた第一波フェミニズムの台頭を困難にした要因でもあったのだが），「公私二元論」であった。

　「公私二元論」は以下の意味において，まさに近代社会構造の構造特性であった。まず，支配の正統性に関わる文脈。市民革命前の旧体制においては，支配者の正統性はその個人がどのような血筋に属するかによって決まっていた（伝統的支配）。また支配者である王の生活費と国家の予算が区別されていなかった。このような意味で，市民革命以前においては，国家の中で公的領域と私的領域の区別が明確ではなかった。市民革命は，「人は生まれながらに平等である」と宣言することで，王の支配の正統性（王権神授説）や貴族の特権を廃止した。つまり支配の正統性は，生まれや係累ではなく，法的に規定された選挙や内閣組閣という合法性によって保たれることになったのだ（合理的支配）。次に，国家からの個人の自由という文脈。市民は王の恣意的な権力行使を抑制するために「法によらずして処罰されない」ことを求めただけでなく，法が介入できる領域に限定を設け，国家権力が個人の私的領域に介入しないことを求めた。

イギリスでは，17世紀に，他の国々よりも早くピューリタン革命・名誉革命という市民革命が起きた。それ以前の絶対王政では，王の恣意によって処罰や課税が行われていた。市民革命の結果，イギリスでは，国王は税金をかけることも，法律をつくることも，議会の承認がなければ行うことができない，立憲君主制の社会が誕生した（けれども前述したように女性には，この議会に参加するいかなる権利も認められていなかった）。この王の恣意に基づく処罰や課税を，議会によって制限したのだ。具体的には，公私分離による国家という公的領域の土の私生活からの分離と，私的領域への国家権力の介入阻止を確立した。この意味で「公私二元論」は，まさに近代社会の構造特性であった。

　しかし，まさにこの「公私二元論」こそ，近代において，女性差別や女性抑圧を生み出した最大の原因でもあった。市民革命以前においては，貴族など支配階級の女性たちは，その血筋によって高い身分とそれに貼りついた特権や権力をもっていた。そうした女性たちの特権は，市民革命によって当然失われることになった。他方，市民革命によってつくられた市民社会において，女性は理性がない存在として，市民権を与えられなかった。つまり女性は，近代においてまさにその性別によって差別されるようになったのである。そして，近代の「公私二元論」は，世界を公的領域と私的領域からなるものとみなし，「啓蒙思想」の適用領域を公的領域に限定し，男性を公的領域に，女性を私的領域に貼りつけた。女性の利益は，父・夫である男性によって十分に保護されるという建前によって，女性は公的世界に参加する権利が否定されたのである。つまり，人間の「自由と平等」を実現するはずの「啓蒙思想」に基づく市民革命は，逆に支配階級にいた女性にとっては権利喪失を意味したのであり，それを矛盾ではないように糊塗したのが，「公私二元論」だったのである。

　さらに「公私二元論」は，産業革命による工業化が生み出した社会にも，「表面的」には適合的だった。産業革命以前のイギリスは，基本的に農業社会であり，生産の場と生活の場の間に空間的隔たりはほとんどなかった。中流階級の女性たちは，男性とともに生産と生活の場である家庭で暮らしていた。しかし，「産業革命の結果，生産の場が家庭から切離され工場に移されると，経済的に余裕のある中流階級の女性たちは生産活動を放棄して家庭にとどまり，消費者となっていく。（中略）産業革命は生産の場と家庭を切り離し，性別役

割分業を確立したのである」（中村敏子 1987:252）。しかし以下に見るように，実際には結婚できない独身女性や，離婚する既婚女性も多く，彼女らは生活しうる収入を得られる職業を必要とした。

　他方庶民層の女性たちは，産業革命以前においては，農業労働者や家事使用人，家内労働者として働いていたが，産業革命後も同じように働き続けた。1851 年，71 年，91 年のイギリスの国勢調査では，女性の有業率はあまり変化せず，35% 程度だった。女性の工場労働者もいたが，それは全女性有業者の7〜8% を占めたにすぎず，家事使用人（30〜36%），農業労働者（5〜6%）など，工場外での就業が圧倒的に多かった（中村伸子 1987）。産業化の発端と通常考えられている 18 世紀末から約 100 年を経過した当該期間（1851〜91 年）にあっても，工場労働に従事している女性労働者は少数であった。つまり庶民層の女性たちの多くは，家庭にいても「家庭で働いていた」（賃金を得られる仕事に就いていた）のであり，その意味で「男性は仕事，女性は家庭」という性別役割分業は，現実とは程遠かった。

　女性参政権運動は，中流階級の女性たちが直面した矛盾の中から生まれた。19 世紀イギリスでは，中流階級の女性たちは「女性は家庭における天使」となるべきという当時の女性観によって教育され，職業に就くことは否定されていた。しかし，当時のイギリスの男女の人口比は，男性が少なく女性が多いというアンバランスが生じていた。その結果，結婚したくてもできない女性たちが大量に生じた。中流の未婚女性たちは，中流の体面を保つために労働者になることができず，彼女たちに開かれた職業は，住み込み家庭教師やコンパニオン（上流女性の話し相手）しかなかった。19 世紀半ばになると，これらの独身女性たちから，「専門的知識や技能をめざした教育の要求，淑女にふさわしい（respectable）仕事の機会均等，又，それらを確実にする政治的権利への要求が生じてくる」（中村敏子 1987:254）。その結果，1869 年には，地方税を納入している独身女性たちに，市自治体の選挙権が与えられ，19 世紀末には，地方レベルの選挙権が与えられるようになった。既婚女性たちには，夫とは別の法的人格は認められていなかったが，19 世紀半ばから，女性たちの運動によって，別居後の子どもの親権や妻からの離婚請求，既婚女性の財産権などが認められるようになり，19 世紀末には独身女性と同様に，地方レベルでの選挙権も認

められるようになった。

　これらの中流階級の女性たちの中には，貧民救済などの社会問題に関わる女性もいた。その中から生まれたのが，女性労働者の低賃金などの労働問題に関する運動体「女性保護共済連盟」（Women's Protective and Provident League: WPPL）である。結成当時は「労働組合」ではなく，女性労働者の互助組織であることを強調したが，1889 年には「女性労働組合連盟」（Women's Trade Union League: WTUL）と名称変更し，女性労働者への働きかけを強めた。中村伸子によれば，「女性保護共済連盟」が主に組織化しようとしたのは，女性工場労働者ではなく，工場外の女性家内労働者だったという。前述したように，産業革命後も，女性労働者の多くは工場労働に就いてはおらず，家事使用人として働くか家内労働者として働いていた。女性工場労働者よりも，そうした家で働く女性のほうが労働条件において劣悪な場合が多かったからである（中村伸子 1987: 614-32）。

　イギリスの女性参政権運動は，1865 年ジョン・スチュアート・ミルの国会議員選出以降，その第一歩を踏み出していく。ミルは，国会で女性参政権について賛同する演説を行ったり，選挙法改正案に婦人参政権を加える修正案を出したりしたことによって，女性参政権を政治的課題とした。イギリスの女性参政権運動は，保守派等からの反対にあい，なかなか進展しなかったが，1893 年にニュージーランド，94 年にオーストラリアで女性参政権が成立すると，急激に勢いを増した。97 年には「女性参政権協会全国連合」（National Union of Women's Suffrage Societies: NUWSS）が結成され，ミリセント・フォーセット夫人が会長に就任した（吉田 2003）。

　他方，「マンチェスターを中心とする北部工業都市では独立労働党の人々の熱心な支持で特に綿工業女性労働者の中に広がった組織が生まれた。（中略）1903 年には有名なパンクハースト夫人（エメリン・パンクハースト）（1858-1928）が，マンチェスターの工場労働者を中心に『女性社会政治連合』（Women's Social & Political Union: 略して WSPU）を結成し」た（吉田 2003: 15-16）。後者は，実力行使を伴う激しい運動を展開した。女性参政権が実現したのは，第一次世界大戦後のことである。

　以上，イギリスの第一波フェミニズムの女性運動を概観した。ここから見え

ることは，第一波フェミニズムが，「近代化」と言われる過程とともに生まれ，展開したことである。近代化は，通常政治的近代化としての市民革命（＝民主主義社会の成立）と，経済的近代化としての産業革命（＝資本主義社会の成立）から定義される。この2つの近代化過程はいずれも，男性を公的領域に，女性を私的領域に配分し，公的領域における女性の権利を保障しなかった。この「公私二元論」に基づき，女性の公的領域での権利を否定するジェンダー秩序がつくられた。[2]

　このジェンダー秩序は，女性を欺瞞に満ちた苦境に追い込んだ。女性は私的領域にいて夫や父親によって女性の利益が守られるはずという前提で，公的な権利を否定されたのだが，実際には女性の利益は守られないことが多かった。第1に，女性を守るどころか利用したり搾取したりする男性が一定数いた。第2に，女性を十分扶養することができない男性が多くいた。第3に，人口学的条件から，結婚できない（＝保護してくれる男性がいない）女性も多くいた。つまりこのジェンダー秩序が前提としているはずの「女性は家庭で家事育児だけしていても経済的に十分生きていけるはず」ということに当てはまらない女性たちが大勢いたのだ。

　結果として，そうした女性は自らの意志にかかわらず，自分自身で闘いながら生きていかざるをえなかったし，就業せざるをえなかった。たとえば独身女性は，夫をもたないゆえに，夫によって自分の意見を政治に反映させる手段を奪われていたにもかかわらず，さらに税金だけは払わされていたにもかかわらず，地方を含めて議会の選挙権をもっていなかった。アメリカの独立戦争において標語になった「代表なければ課税なし」という原則からしても，不当な扱いであった。

　このように第一波フェミニズムは，女性参政権運動を中心にした運動であったが，女性労働者の労働環境・労働条件改善の運動も根強かった。前者の運動は，啓蒙思想に基づくリベラル・フェミニズム理論が中心的枠組みになった。後者では，運動の主な担い手が中流女性か女性労働者自身か，互助組織か労働組合運動か，宗教を背景にした慈善運動か社会主義思想に導かれているか等によって，かなりの多様性をもつ団体や組織が生まれた。しかし，思想的多様性があるものの，大まかにいえば，第一波フェミニズムを支えた理論においては，

女性の公的領域への参加を認めさせることが中心になり，私的領域を含めた社会全体の変革の必要性，つまりは「公私二元論」と「性別役割分業」そのものを問題化する視点は弱かった。

　実際には，第一波フェミニズム運動の時代における女性の生活実態は，女性が働かなければならない経済状況が存在した。しかも女性が主に働いていたのは，低収入しか得られない「私的領域」内の雇用労働の場である家事使用人や，自宅の居間で働く家内労働者としてであった。「公私二元論」や「性別役割分業」は，こうした女性たちの生活実態にまったく合っていなかった。しかし，こうした概念そのものを解体することよりも，女性の参政権という公的領域における女性の権利の確立が優先された。参政権が実現すれば，女性労働者の労働環境の改善といった問題の解決も可能になると思われたのである。

　しかし実際にはそうはならず，問題の多くは，第二波フェミニズムまで，いやそれどころか現在まで持ち越されている。しかし，第一波フェミニズムの時代においては，こうした問題を解決するためにも，公的領域への女性の参加を否定している体制，つまり女性に参政権を否定している法の改正が求められたのである。

▷2つの世界大戦と戦間期の女性

　19世紀末から第一次世界大戦中，大戦後において，多くの国で女性参政権が成立した。戦勝国のイギリスでは1918年[3]，アメリカでは1920年に，女性参政権が成立した。第一次世界大戦中に社会主義革命が起きたロシアでは，1917年にソビエト連邦のもとで，女性参政権が成立した。ドイツ，オーストリア，オランダなどのヨーロッパ諸国でも，この時期女性参政権が成立した。

　この背景には，第一次世界大戦が，それ以前の戦争とはまったく異なる「国民総力戦」だったということに伴う女性の戦争動員がある。国家総力戦は，国家が国力のすべて，すなわち軍事力のみならず経済力や技術力，科学力，政治力等を，平時の体制とは異なる戦時体制で運用する戦争の形態である。それ以前の戦争は，相対的に小規模で短期間で終了したため，経済力や生産力の不足が問題になることは，それほどなかった。しかし第一次世界大戦は，長期に及ぶ戦争であり，戦闘員として戦争に参加する国民の数も多く，戦争で蕩尽する

物資の量も桁違いに大きかった。つまり，武器や爆弾，車両，戦闘機，飛行機等の戦争に必要な物資や食料・生活必需品・医薬品などの必要物資量が増大し，その生産に必要な労働者数が急増したのに，壮年男性労働者は徴兵のため急減したのである。

　そこで「利用」されたのが，従来「私的領域」としての家庭にいることが求められていた女性たちである。戦争は各国の女性を工場生産の現場や，公共交通の運転員，銀行その他のオフィスに駆り出した。しかし，そもそも戦争における国民の動員は，フランス革命以来，共和制すなわち参政権によって，正当化されていた。「自らが選んだ政府だからこそ，自らの血で守り抜く」ことこそが，フランス革命期に国民軍の創設を可能にした理由だった。第一次世界大戦時下で労働力不足により女性動員を必要とするまでは，政府や政治家は，それまで女性たちの度重なる女性参政権の要求にもかかわらず，男性の兵役に値するような女性の義務がないことを理由として，女性参政権の実現を拒んできた。しかし第一次世界大戦によって，まさに女性動員が必要になってしまった。それゆえ，多くの指導者が，女性動員と引き換えに女性参政権の実現を約束したのである。

　第一次世界大戦中，多くの国で女性が男性の代わりに働いた。「1915 年以降，戦時態勢に突入した欧州内の産業は，大幅に女性の労働力に頼るようになった。1917 年からはアメリカも同様の状況になった。1918 年，フランスの軍需工場で働く女性は労働者全体の 4 分の 1 に当たる約 40 万人に上り，11 時間に及ぶ過酷なシフトで約 2500 個の砲弾を扱っていた。英国では 1917 年末までに女性労働者の割合が 50% 増加し，1918 年には軍需工場で働く女性の数が 100 万人に達したが，その多くは中流階級出身の既婚女性で，それまで家から出て働いたことがなかった[4]」。第一次世界大戦は，中流階級の女性を職場に引っ張り出したのだ。

　戦時中の女性動員と職業参加，戦後の女性参政権の成立は，第一次世界大戦後の各国で女性の社会参加や職業参加の急激な増大や実質的な男女平等をもたらすと期待された。しかし実際にはそうはならなかった。「現在の視点から言えば，両大戦間は決してフェミニズムの勝利の時代ではなかった。むしろ家庭性は強化され，男女平等という観点からは戦前に獲得したものすらを失ってし

まったという側面もあった」（吉田 2007:1-17）。

　吉田恵子によれば，イギリスにおける労働力に占める女性の割合は，第一次世界大戦前の 1911 年には 29.6% であったが，大戦後の 1921 年 29.5%，1931年 29.8% と，ほとんど変わらなかった。「第一次世界大戦がありながらも，女性労働にはほとんど変化がなかったのである」（吉田 2007:2）。戦争中，これまで男性たちが行っていたほとんどの職に，女性たちが進出したにもかかわらず，戦争後，これらの女性労働者は，彼女らの意見や都合を聞くことなく，すべて解雇された。それは，（男性たちが加入していた）労働組合と政府との間に，前もって，戦争終結後は戦争中雇用した女性を解雇し退役後の男性が復職できるようにするという約束が交わされていたからだという。そこには，当時の労働組合の女性観，つまり，女性の職業労働はその家族の生活の利益を第一に行われるべきもので，既婚女性の雇用は禁止されるべきだというような女性観が，強く影響していた（吉田 2007:4）。結果として戦争中の女性の職業進出は，女性自身の経験の中に何らかの記憶を残したけれども，戦後の女性たちの職業進出には，直接にはつながらなかった。

　それだけではない。吉田恵子によれば，労働組合には「戦時中に失った足場を取り戻そうとするだけでなく，これを好機としてすでに戦前に女性が獲得したものすらを取り返そうとの意思が見える」という。1919 年に施行された「戦前事態回復法」では，「まず職を得るべきは復員した男性であるとされ，戦前以上に男性への優遇が実施された。それとともに女性の雇用への批判が高ま」った。働く女性たちは男性の職を奪っていると非難された。特に標的になったのが，既婚女性だった。「男性失業者の増大，復員男性への雇用の確保という必要の前に既婚女性の雇用への批判が高まり，それはマリッジ・バーという形で具体化していった」（吉田 2007:4）。マリッジ・バーとは，教師や公務員の既婚女性の雇用を禁止する制度で，結婚とともに女性に仕事を辞めさせるルールである。公務員は 1946 年まで，教師一般の労働者は 1944 年まで，このマリッジ・バーの制度は続いていった。

　第一次世界大戦後，男性の実質賃金が上昇し，生活水準が向上した。それとともに，家庭内でなされるべき家事労働への期待水準が上がり，「女性の家庭性」というジェンダー・イデオロギーが強化された。ヨーロッパの女性運動の

中にも，母性や家庭性を強調する主張が現れ，女性参政権の実現によって目標を失っていた女性運動は停滞した。その動きに拍車をかけたのは，男性労働者の失業保険等の社会保障政策だった。男性労働者の稼得を保障する社会保障政策は，既婚女性が働かなければならない状況を減らし，「結婚したら女性は家庭に」という中流階級の女性イデオロギーを，労働者階級にも拡大する結果をもたらした。

第二次世界大戦期には，女性も戦争協力を要請され，再び，多くの男性の職を女性が引き継いだ。ところが，戦後になるとその女性たちは，またしても，ほとんどの国で解雇され，「家庭に戻る」ことを強要された。

第二次世界大戦は，世界に大きな戦禍をもたらした。死者数は 6000 万人から 8000 万人に及び，都市や住宅，産業施設も多く破壊された。しかし，焦土と化したヨーロッパに比較して，アメリカは戦勝国の中で唯一，戦場にならなかった。このことが，第二次世界大戦後のアメリカを国際社会のリーダーに押し上げるとともに，経済的に繁栄させたのである。第二波フェミニズムが台頭したのは，この経済的繁栄を謳歌するアメリカであった。

▷第二波フェミニズムとその時代

第二次世界大戦でのアメリカの戦死者（兵士）は，29 万人だった。連合国側であるイギリス 14 万人，フランス 20 万人などと比較すれば確かに多いが，同じ戦勝国であるソ連の 1360 万人と比較すれば，かなり少ない。ドイツ 422 万人，日本 230 万人などの敗戦国と比較しても，当然ながらずっと少ない。しかも，イギリスもフランスもソ連もドイツも日本も，兵士の死以外に，兵士でない市民の死者数も非常に多かった。国内が戦場にならなかったアメリカ市民は，相対的に高い生活水準を維持し続けた。このようなアメリカの経済力の突出は，アメリカが行った経済復興のための支援とともに，ヨーロッパや日本などの人々に，戦後社会でのアメリカのリーダーシップを強く示唆し，アメリカ的生活様式を，あこがれの的としたのである。

アメリカ国内では，第二次世界大戦中，多くの女性が生産に駆り出された。「1940 年から 45 年までの間に，女性の労働人口は 50 % 以上も増加した」（小野 2014: 7）。そして戦争が終結すると，女性労働者は，帰国する男性兵士に職を

譲るために，製造業から大量に解雇された。「労働人口に占める女性の割合は，1944年の36.5％から1947年の30.8％へと減少した」（小野 2014: 7）。しかし女性の就業率はすぐに上昇し，1950年代の終わりには「16歳以上の女性の40％が仕事に就いていた」（小野 2014: 7）という。

　それにもかかわらず，アメリカの「1950年代は『家族至上主義の時代』だった」（小野 2014: 15）。つまり，「女性も男性も自分のアイデンティティと自己イメージを家庭内での役割や親としての役割にみいだすことを社会から要求されていた」のである（小野 2014: 9）。性別役割分業イデオロギーに基づけば，男性の家庭での役割は稼ぎ手役割であるが，女性の役割は「主婦」役割である。実際には，多くの女性が職業に就いていたにもかかわらず，女性の本分は家庭にありというイデオロギーに沿った生き方が求められた。第二次世界大戦に伴う恋人との別れや父親の戦死などの過酷な体験は，恋愛や家族の価値を再評価させる効果をもたらしたことも確かだが，戦後アメリカの空前の好景気と家電製品などの大量消費時代の到来が，「家族至上主義」を煽ったことも大きな要因だろう。1950年代，郊外住宅地が開発され，美しい家と家電製品に囲まれた暮らしこそ，アメリカン・ドリームの実現として，雑誌などの広告で大量に描かれたのである。

　現代の私たちはすでに，このように描かれた郊外住宅地での女性たちの暮らしが，決して「楽園」ではなかったことを知っている。それどころか，まさにこのような「家族至上主義」こそ，女性たちを精神的に追い詰めていった張本人であることを，ベティ・フリーダンの『新しい女性の創造』[5]を読むことで，理解している（Friedan 1963）。女性にとって「家庭」とは，何よりもまず切れ目なく続く家事労働の場であった。妊娠・出産・子育て負担に加えて，家政を切り盛りするための重労働が，「良い母」「良い主婦」であろうとすれば，限りなく続くことになる。フリーダンが描き出したのは，名門女子大を卒業するような女性たちの多くにとって，「家族至上主義」が言うように「インテリアコーディネイト」や「洗剤使い分け」や「家庭パーティホステス」が女性にとってもっとも重要なことであるはずだと思おうとしても，そこに「自分の人生の価値を賭ける」意義を見出すことは難しく，意味がない空虚な活動にしか思えなかった。だからこそ，フリーダンは，女性も職業をもつことが当たり前の社

会になるべきだと主張したのである。

　もちろんこの主張は，その後の第二波フェミニズム運動の中で，厳しく批判されていくことになる。何よりもまず，「郊外住宅地の専業主婦」という存在は，白人中流階級にのみ許された経済的豊かさの産物にすぎず，労働者階級の女性たち，特に黒人女性たちは，この 1950 年代にも働き続けていた。夫の稼ぎが少なければ女性自身が市場労働に従事する必要があったし，家計費節約のために追加的家事労働も必要になった。市場労働と家事労働という二重労働を担っていた女性たちにとって，「郊外住宅地の専業主婦」の「名前のない問題」は，遠い問題に思えただろう。さらに，発展途上の国々からすれば，第二次世界大戦後の経済的発展を謳歌し，生活水準が向上したアメリカの中流女性たちの苦しみは，「贅沢な悩み」にしか見えなかったであろう。

　けれども，ベティ・フリーダンは，ここにこそ，つまり「郊外住宅地の専業主婦」という外から見れば「お気楽な」人々の愚にもつかない悩み（＝「名前のない問題」）の中にこそ，女性全体を貫く性差別があると主張した。そして彼女に影響を受けて主張し始めた第二波フェミニズムもまた，この視角を引き継いだ。確かにそうした女性たちの問題は，貧困に苦しみ暴力を受けている女性と比較すれば，「深刻」な問題には見えなかったかもしれない。しかし，それにもかかわらず，この白人中流階級の「主婦」の問題は，貧困や暴力などの女性問題と無関係ではないのだ。

　それどころか，「主婦」という存在を問うことから見えてきた視角，つまり「個人的なことは政治的なこと」という視角こそ，それまで社会問題として認識されていなかった性暴力，レイプ，DV，虐待などを社会問題化するうえで，決定的に重要な視角であった。つまり，白人中産階級の「主婦」の経験から出発することは，階級的・人種的な偏見を伴う危険性をもちつつも，女性全体に関わる問題の解明にとっても十分意義があることだったのである。私は，第二波フェミニズムが全力を挙げて解明しようした社会とは，まさにこの第二次世界大戦後のアメリカ社会がはらんでいた矛盾だったと思う。

　ではそれは第一波フェミニズムの時代とは，どのように異なっていたのであろうか。1950 年代・60 年代から 60〜70 年経った今日では，第二次世界大戦後のアメリカが，どのような社会だったのかを相対化することが，ある程度楽に

図 2-1 世界各国の GDP 推移

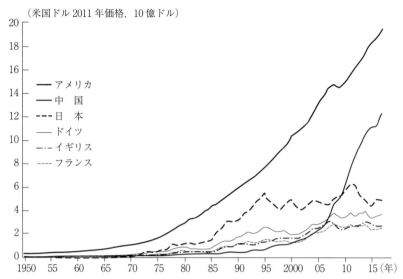

（米国ドル 2011 年価格，10 億ドル）

（注）　この図に用いている各国の実質 GDP は，MPD2018 における cgdpnapc（国際比較用に作成された 1 人当たり実質 GDP）に pop（人口）を乗じて求めたものである。

（出所）　University of Groningen, Maddison Project Database 2018.

できるようになった。以下では，その社会を概略してみることにしよう。

　第 1 に言いうることは，ベティ・フリーダンが指摘した「名前のない問題」に苦しむ女性たちは，少なくとも結婚が維持され夫が健在であれば，経済的な困窮に関する不安をほとんど意識していないということ，つまり当時のアメリカ中流階級社会は，一定程度の経済的豊かさが保たれていた社会だったということである。

　図 2-1 の各国 GDP 推移のグラフを見れば，1945 年から 60 年代のアメリカが，いかに突出して高い経済力を誇っていたかがわかる。1 人当たり GDP を見ても，1945〜60 年においては，アメリカと他の国との差が大きく，アメリカが突出していた。ベティ・フリーダンが告発したアメリカの中流階級とは，世界の中でもっとも豊かな生活を享受している人々だったのだ。

　第 2 に，郊外住宅地に住む主婦の自己意識の中には，階級的意識は相対的に薄かった。つまり，この時代のアメリカでは，多くの労働者階級が中流（ミドルクラス）入りを果たし，分厚い中間層が形成されていた。人々は，労働者階

級かミドルクラスかを意識することはなく，「大量生産・大量消費」時代の「大衆」として，自分をとらえていた。アメリカ社会では，1920年くらいから「大量生産・大量消費」時代を迎えていた。その後，大恐慌や第二次世界大戦などによって「消費社会化」は抑制されたが，大戦後一気に「消費社会化」する。この背景には急速な所得の伸びが存在した。「1945年から60年の間に，国民総生産はほぼ250%の伸びを示し，国民一人当たりの収入は35%増加した。戦後，新規の住宅建設が爆発的に伸び，1955年には165万戸の頂点に達する。（中略）1940年にはマイホームを所有する家庭は43%であったが，1960年までには63%に達していた。（中略）この建設ブームの恩恵にあずかったのは，主にミドルクラスのアメリカ人であったけど，かなりの数の白人労働者階級が都市部を出て，彼らにも手が届く新興住宅街に移っていた」（Coontz 1992 = 1998: 47）。

　階級格差が大きかったイギリスとは異なり，アメリカでは労働者階級が階級意識を形成するのではなく，大学などの高等教育機関に進学し高い収入を得て「自動車と一戸建て住宅」を取得し，ミドルクラス的ライフスタイルをとる傾向があった。もちろん，人種差別は強く残存していたので，あくまで白人労働者階級の間で，という限定つきではあったのだが。

　このような労働者階級の男性のミドルクラス化の背景には，ニューディール政策や第二次世界大戦後の復員兵援護法などによる男性労働者への手厚い保障の影響もあった。男性労働者は，失業保険や年金制度の整備などによって，経済的な保障を手に入れることができた（女性労働者はそこから外された）。また，戦後の復員兵援護法は，戦争から復員した男性たちに，失業保険や教育・職業訓練費用などを提供した。つまり，政府の施策は，経済的に高等教育が困難であった層にも教育達成を可能にするなどの効果をもたらし，階級間の壁を低くしたのである。

　第3に，階級間の壁が低くなったことと対照的に，ジェンダー格差が増大した。アメリカで戦後形成された新興住宅街のミドルクラスの暮らしは，当然にも戦前のイギリスなどでのミドルクラスの暮らしとは異なり，家事使用人を欠いていた。家事使用人がいないミドルクラスの暮らしを支えるはずだったのが，家電製品などさまざまな消費物資だった。つまり新しいマイホームでの暮らし

は，「主婦」に任されたのである。都市中心部から遠く離れたマイホームでの暮らしは，妻が家にいることを必要不可欠にした。復員兵援護法による恩恵は，当然女性には及ばなかった。女性たちは戦争中国内で生産を担ったにもかかわらず，教育や職業訓練を受けることはできなかった。そのうえ，「家族至上主義」イデオロギーは，妻が家にいることを「家族の幸福」の証とした。共働き家庭は，夫が妻をコントロールできていない証と見られ，「家族の不幸」をもたらすと言われた。労働者階級の問題は，夫が十分妻をコントロールできないことにあると言われ，労働者階級がライフスタイルをミドルクラス化するうえでもっとも重要なのは，妻を専業主婦にすることだった。つまりまさに，階級格差をなくすうえでも，ジェンダー格差を拡大することが求められたのだ。

　豊かで，階級格差が見えにくいのに，ジェンダーが強調され，女性本来の居場所が「家庭」だとされた時代。ベティ・フリーダンが告発したのは，まさにその時代の家族とそこにおける女性の生き方だったのだ。

　第二波フェミニズムの主な主張は，大きく2つあった。1つは，実質的平等の確立とその実現のための固定的性別役割の廃止である。第一波フェミニズムは，公的領域における男女平等の確立を求め，女性参政権の獲得を当面の目標とした。女性労働者の経済的困難や性暴力などの問題にも十分気づいていたが，まず何よりも法的平等の実現を求めたのである。女性参政権が実現すれば，女性たちは次第に実力で社会的地位を確立していくだろうという楽観もあったと思われる。しかし，実際にはそうならなかった。アメリカ社会では，1950年代の女性たちは，1930年代の女性よりもずっと社会的活動や職業参加に消極的になっていた。消費社会が振りまく明るく豊かな生活，「家族至上主義」イデオロギーによって，女性は「女性の本来の場は家庭」というイデオロギーを体現することを求められていたからである。

　その結果，形式的平等の確立後，数十年経っても，女性たちは実質的平等を実現できていなかった。ミドルクラスのライフスタイルの大衆化によって，家事育児の負担は一身に「主婦」である女性の肩にのしかかってきた。「女性の理想の生活」であるはずの新興住宅街での専業主婦の暮らしを実現できた女性たちの多くが，実際にはその生活に満足を見出せなかった。夫や子どもの世話をすることが女性の役割と規定する性別役割は，女性から生きる力も，目的も

奪ってしまっていた。しかも，女性には経済的自立のために必要な職業参加の機会が十分に開かれていなかった。女性にのみ家事・育児負担を求める性別役割を変えることなしには，女性は男性と同等に社会的活動や職業参加ができない。それゆえ第二波フェミニズムは，性別役割の廃絶と女性の経済的自立を求めた。

　もう1つの主張は，「性と生殖における権利」の確立だった。第二波フェミニズムは，女性にのしかかる苦難の多くが，女性の性に関わる問題であることに気づいていた。女性の生殖機能は，妊娠・出産をもたらし，女性の自立を困難にする。しかも，一部の女性たちは，性的関係にある男性たちから暴力を受けていた。しかもこのような暴力は，1960年代では暴力と認められていなかった。性的関係にある男女間のいざこざには，法は関与しないことが規定されていたからである。強制された場合であっても，女性が社会規範上許容されない性行為を行ったとすれば，その女性が非難の対象となる。まさにこのような性に関わる二重規範こそ，女性の人生を苦しめてきたのであった。

　それゆえ第二波フェミニズムは，「公私二元論」による社会的枠組みや社会規範それ自体を批判した。第二波フェミニズムの重要な理論的知見は，第1に家事・育児という家庭内の活動が，工場や事務所における労働と同じく「労働」であること，第2に，家庭という場が，世間から隔離された「愛情や慈愛に満ちた場」なのではなく，権力や暴力にもまみれた社会的な場であり，だからこそ家庭の場にも「正義」が必要であること，という2つである。この2つとも，公私分離の社会的枠組みによって，従来別々にされてきた「家庭外」での活動と「家庭内」での活動に対する理論化や評価を，再検討することを求めている点で共通している。女性の本来の場が「家庭」に置かれていた時代においては，公私分離の社会的枠組みと社会規範こそ，女性に対する差別やジェンダー格差を覆い隠す役割を果たしていたのである。

　第二波フェミニズムの理論的可能性は，今なお十分に残されている。その意義は現在でも大きい。しかし，第二波フェミニズムを生み出した社会から，現代社会は大きく変わったのではなかろうか。第二波フェミニズムが対象とした社会と，その後の変動によって生まれた現代社会とは，大きな相違があるのではなかろうか。現代はいったい，そこからどう変わったのだろうか。そうだと

すれば，第二波フェミニズムは，現在もまだ，その理論的妥当性・通用性があるのであろうか。それともそうではないのだろうか。

　それを問うためには，現代社会は当時からどのように変わったかを問わなければならない。次章で扱うのは，まさにその問題である。

　　注 ──────────

1)　19世紀イギリスでは，独身女性の地方自治参政権，女性のためのカレッジの設立，職業参加，既婚女性に対して独身女性と同等の法的権利要求，母親への親権付与，離婚制度，既婚女性財産法など，女性のさまざまな要求があり，その一部は実現している（中村敏子 1987）。

2)　この記述は法史学者三成美保氏の「公私二元的＝市民社会型ジェンダー秩序」論を参考にしている（三成 2005）。

3)　1918年には，男性は普通選挙権だったが，女性は制限選挙権だった。完全に男女平等の選挙権は，1928年。

4)　https://www.afpbb.com/articles/-/3196062?（2020年4月28日取得）。

5)　ベティ・フリーダンは，郊外住宅地に居住する豊かな専業主婦が，実際にはうつうつとして苦しんでいる問題を「名前のない問題」と呼んだ。原著のタイトル The Feminine Mystique とは，女性イデオロギーによって，女性自身が自分の生き方を見失ってしまった状況を含意している。

6)　消費社会とは産業化が十分に進展した後に現れる社会であり，ほぼすべての国民が企業の供給する商品を享受でき，かつ文化的な欲求を満たすための財やサービスも大量に消費される社会をいう。

第3章

グローバリゼーションは
何をもたらしたか

▷グローバリゼーションの光と影

　前章では，第二波フェミニズムを生み出したアメリカ社会は，先進国の中でも突出した経済力をもった社会であったことを確認した。当時のアメリカは，製造業において圧倒的優位な位置にいた。しかし，現在ではどうであろうか。

図 3-1　実質 GDP ランキング（2017 年）

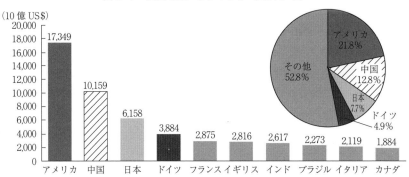

（資料）　United Nations: GDP and its breakdown at constant 2010 prices in US Dollars から経済産業省作成。
（出所）　経済産業省『2019 年版ものづくり白書』より抜粋，IoTNEWS にて編集。

図 3-2　4 カ国の実質 GDP のうち各国製造業が占める割合（2017 年）

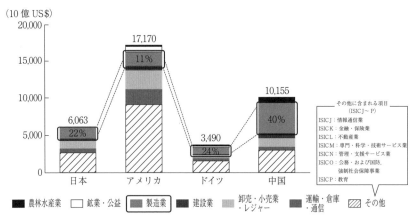

（注）　中国の「製造業」には「鉱業・公益」を含む。
（資料）　United Nations "National Accounts Main Aggregates Database": GDP and its breakdown at constant 2010 prices in US Dollars より経済産業省作成。
（出所）　経済産業省『2019 年版ものづくり白書』より抜粋，IoTNEWS にて編集。

図 3-1 を見るとわかるように，2017 年現在でも，アメリカの GDP は世界第
1 位である。しかしその額は，次第に中国に追いつかれつつあり，第二次世界
大戦直後のような圧倒的な優位性はなくなっていることがわかる。またその中
で製造業が占める割合を見ると，11% しかなく，製造業における優位性は，
少なくとも生産額で見る限り，大きくないと言いうる（図3-2）。この 50 年の
間の違いは，まさにここにある。もはやアメリカは，製造業において圧倒的優
位性をもつ国ではなくなっているのだ。

　その背景にあるのが，新興国の高い経済成長である。図 3-3 が，リーマンシ
ョック前後の先進国・新興国の GDP 成長率のグラフであるが，いずれの年も，
先進国よりも新興国の成長率のほうが高い。後に見るように，グローバリゼー
ション[1]による企業の多国籍企業化は，人件費が高い先進国から，人件費が安い
新興国への製造業移転の動きを加速させた。

図 3-3　先進国・新興国の GDP 成長率（2008-13 年）

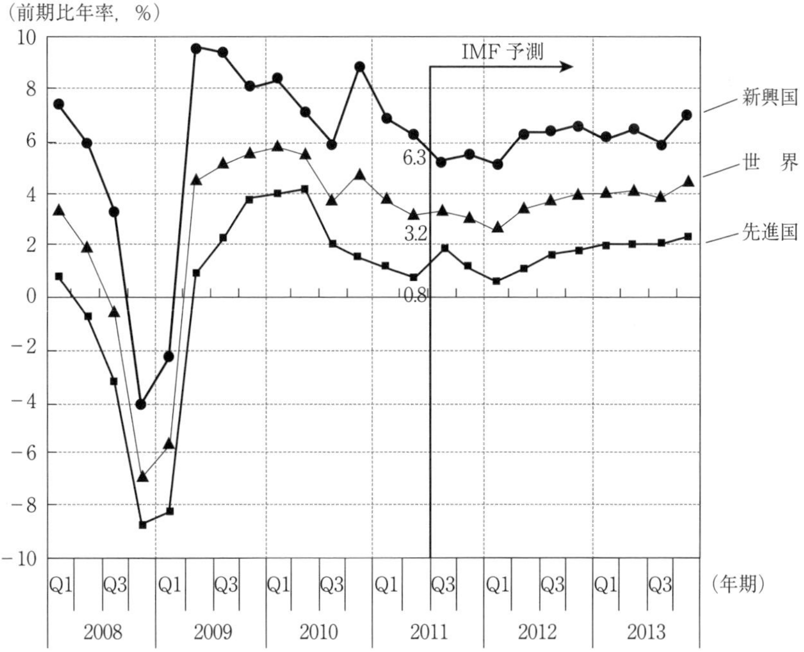

（注）　季節調整済み。
（出所）　IMF "World Economic Outlook, January 2012 update" から作成。

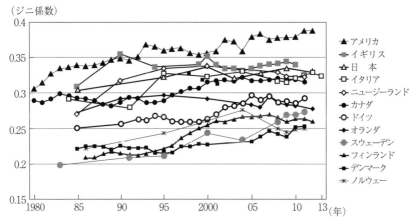

図 3-4　OECD 主要国のジニ係数の推移

（ジニ係数）

- ▲ アメリカ
- ■ イギリス
- △ 日　本
- □ イタリア
- ◇ ニュージーランド
- ● カナダ
- ○ ドイツ
- ◆ オランダ
- ● スウェーデン
- ▲ フィンランド
- ■ デンマーク
- ＊ ノルウェー

（注）　1)　「ジニ係数」とは，所得の均等度を表す指標であり，0 から 1 までの間で，数値が高い
　　　　　　ほど格差が大きいことを示している。
　　　　2)　等価可処分所得のジニ係数の推移を示している。
（出所）　厚生労働省ホームページより。OECD. Stat（2017 年 3 月 9 日閲覧）より厚生労働省政
　　　　策統括官付政策評価官室作成。

　その結果，先進国では，安定した雇用が少なくなり，格差が拡大し，中流階
級が減少した。図 3-4 は，1980 年代から 2013 年までの主要国（＝先進国）の
ジニ係数の推移を示している。ジニ係数は所得の格差が大きいほど数値が大き
くなるようにつくられた係数である。図を見ると，全体にジニ係数が右肩上が
りで上がっていることがわかる。特にアメリカとイギリスは高い。つまり，先
進国においては 1980 年代以降一貫して所得格差は大きくなっており，特にア
メリカとイギリスで高くなっている。次いで日本とイタリアが高くなっている。
　第二次世界大戦後のアメリカは，自国の製造業が圧倒的優位性をもっており，
その経済成長によって「大衆消費社会」が生まれ，階級間格差が見えにくくな
り，労働者にも中流階級のライフスタイルが取り入れられるようになった。し
かし，この章で見てきた図は，このようなアメリカの位置が，新興国によって
追い上げられてきており，階層間格差もその後非常に大きくなったことを示し
ている。トマ・ピケティは，「米国では，格差は 1950 年から 1980 年の間に最
も小さくなった。（中略）しかし 1980 年代以降，米国の所得格差は急上昇し
た」（Piketty 2013＝2014: 305）と分析している。アメリカだけではない。他の先

図 3-5 エレファントカーブ（所得階層別所得増加率：1988-2008年）

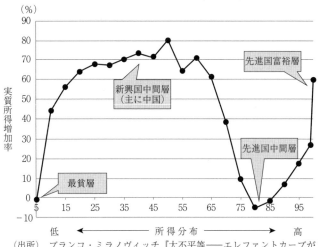

（出所）ブランコ・ミラノヴィッチ『大不平等——エレファントカーブが予測する未来』みすず書房, 2017 年より。

進国も多かれ少なかれ同様の変化をしている。

第二波フェミニズムが生み出されたのは, このピケティが「米国において最も格差が小さかった時代」とした時代であった。その時代,「平等化」の流れは, 未来まで続く必然的な流れのように思えた。しかし, その後世界は大きく変わり, 先進国では一貫して経済的格差拡大の時代になった。

図 3-5 は, 世界中の人々を所得階層別に並べ, どの所得階層の所得増加率が高いかを描いたものである。この「エレファントカーブ」として知られる図は, 先進国から新興国への製造業移転を伴うグローバリゼーションと, 先進国での所得格差拡大の関係を, 直感的につかむことを可能にする。この図で横軸は, 収入額で人々を一列に並べたとき, もっとも高い層を 100 とし, もっとも低い層を 0 としたときの各収入階層を表している。縦軸はそれぞれの収入階層の所得の増加率を示している。それぞれの収入階層にどれだけの人口がいるかについてはまったく顧慮されていないので, その点は注意してほしい。

図 3-5 では, 15〜65 くらいの収入階層の人々は, 50〜80% 所得を伸ばしている。ここに位置づくのは, 主に新興国の労働者たちである。図 3-5 では,

「主に中国」と書かれている。先進国から中国等の新興国に工場を移転することで，先進国の多国籍企業は，人件費を大幅に節約した。他方，その賃金額でも新興国においては相対的に高い賃金だった。先進国の新興国への投資と技術移転は，やがて新興国の GDP を大幅に増大させ，自国産業も振興して人手不足すら起きるようになった。その結果，新興国の労働者は大きく所得を伸ばしていった。

それに対して，所得階層 70〜90 くらいの人々は，主に先進国の労働者層である。この層の所得は，30% 以下しか増加していないし，所得階層 80 では減少さえしている。この層は，先進国から新興国への製造業移転によって，職を失ったり，賃金が低下したり，転職を余儀なくされた人々である。

前章で見たように，第二次世界大戦後のアメリカでは，階級間の経済格差が小さくなり，熟練労働者の賃金が下級ホワイトカラー労働者の賃金を大きく上回るようになった。その時代においては国内の重工業などの主要産業は，国による補助もあり，相対的に安定していた。アメリカに限らず特に先進国の第二次産業・製造業に従事する労働者は，長期雇用や安定した賃金・老齢年金などの社会保障制度の整備等によって，安定した豊かな暮らしを享受し，中流階級を形成していた。

1990 年代からのグローバリゼーションは，まさにこの層を壊滅に追い込んだ。かつては大学に行かなくても技術を身につければ十分安定した職に就けたのに，現在では高学歴でないとサービス業の不安定な職しか就けなくなってしまった。安定した職に就けないことで，昇進・昇給・年金を当てこんだ人生設計ができなくなり，住宅を購入することも，家族をもつことも，手が届かない人々が増えた。図 3-5 において，先進国の中間層における所得の大幅な落ち込みは，このような状況をさしている。

他方，収入階層 90〜100 の人々の収入は激増している。この層は，多国籍企業の管理職層や経営者層，金融・投資家層などの人々である。グローバリゼーションで，莫大な資産を手に入れる人々が生まれた。企業上層部や経営者層の収入は，倍増どころか数十倍にもなった。先進国では，国内の階層が，苦境に追い込まれる労働者層と，あり余る資産と高収入を享受する富裕層に，二分されるようになった。先進国内における所得格差拡大とは，このような状況をさ

している。

　このような図は，グローバリゼーションの光と影を描き出している。少なくとも所得に関しては，グローバリゼーションは，新興国労働者の所得水準の向上をもたらした。その結果，世界の貧困水準が改善した。「1997 年頃，インドと中国の両方で，人口の 42% が極度の貧困[2]に陥っていた。だが，2017 年までに，極度の貧困率はインドで 12% までに低下，20 年前と比べ，2 億 7 千万人が，極度の貧困から脱した。一方の中国では，同じ時期に極度の貧困率は，0.7% に低下。約 5 億人が極度の貧困を脱した。中南米では，極度の貧困率が 14% から 4% になり，3500 万人が極度の貧困を脱した」（Rosling 2018＝2019: 67）。他方，多くの国々で所得格差が拡大した。特に雇用が失われた先進国労働者は，収入が減少するなどの苦境に陥る人が増加したのに，グローバル企業の幹部・管理職の収入は大きく増加し，先進国内の所得格差が増大した。

▷「追われる国」の経済学

　ここで，所得格差が拡大する先進国の状況を，「追われる国」「被追国」という概念で把握してみよう。「追われる国」という概念は，経済学者リチャード・クーが，主に日本経済を対象としつつ，工業化する経済のありようを，投資環境の違いによって 3 段階に区分し，「工業化の第 3 段階」として置いた概念である（Koo 2018＝2019: 112）。彼によれば，第 1 段階は，「農業が産業の中心」であり，「余剰農業人口が都市に吸収されつくす以前の」段階である。この段階では「所得配分は資本家側に大変有利になっており，賃金が低く抑えられている多くの労働者は貯蓄できず，投資の大半は資本家の自己資金で賄われる」（Koo 2018＝2019: 114）。第 2 段階は，「国民全体が経済成長の恩恵を受ける時代」，すなわち余剰農業人口が底をつき，人手を増やすためには賃金を上げることが必要になり，賃金が上昇する段階である。労働者は労働力の希少性ゆえに，交渉力をもつようになり，労働争議が多発する。その結果総生産に占める労働者のシェアが資本家のそれに比べ拡大する可能性が高い。所得格差問題が改善に向かい始めるのは，まさにこの段階である。ピケティが格差が「最も小さくなった」時代と指摘した時代は，まさにこの時代にあたる。

　しかし，この時代はグローバリゼーションによって，終わりがくる。クーが

第3段階として置いたのは、「他国に追われる段階」「先行している国が技術的に優れた新興国、しかも若々しくて割安な労働者を抱えている新興国から追いかけられるようになる」段階、つまり「追われる国」の段階である。「この段階になると、国内で設備投資するより海外の新興国で投資する方が資本の収益性が高くなる」。そうなると国内投資は行われなくなり、産業空洞化が起こる。労働力は余りがちになり、賃金上昇はストップしてしまう。所得格差は拡大し、消費は抑制され、「コスパにセンシティブな賢い消費者」が生まれる。「国内の投資機会が減少すれば、当然その国の成長率も鈍化する。資本が海外の高い収益率を求めて流出し、そこでつくられた安い輸入品が国内市場に氾濫するようになると、経済は輸入主導のグローバル化の段階へと移行する。現在の先進国のほとんどがこの段階にあり、これらの国々で売られている製品の多くは、今や新興国で作られている。しかもこれらの先進国を追撃する新興国の数は着実に増えている」（Koo 2018＝2019: 125）。

　このクーの「経済成熟化・グローバル化する3つの段階」は、労働力供給と賃金水準、また所得格差縮小・拡大等を基準とする段階分けを行っており、本書でこれまで扱ってきた主題を整理するうえで有効である。さらに、クーの枠組みの意義はグローバリゼーションが先進国（黄金期から追われる国への変化）と新興国（余剰農業人口がある段階から黄金期への変化）に対して異なる効果を与えていることを、論じ分けられる点にある。この変化は、特に先進国での社会心理の変化と政治イデオロギーの盛衰を考察するうえで、非常に重要な意味をもつからである。

　このクーの枠組みをも使用して、第二次世界大戦後の先進国の経済的な動きを概略してみよう。1970年代・80年代は何度も強調したように、階級間所得格差がもっとも小さかった時代であった。なぜその時期、このような状況が生まれたのだろうか。

　クーの枠組みによれば、階級格差の縮小は、余剰農業人口の消滅と労働力需要のひっ迫によって労働側が交渉力を強めたことによる。けれども、このような説明に加えて、その背景には、2つの世界大戦の原因に対する深い反省と、階級間所得格差が生み出した社会主義社会と資本主義社会の対立という東西冷戦体制が存在したことを挙げてもよいだろう。

第二次世界大戦後，西側諸国は，ケインズ主義に基づく経済政策・社会政策を採用した。ケインズ主義は，市場が円滑に機能し，持続的な経済発展（成長）を実現するためには，政府がマクロ経済政策（金融財政政策）を通じて有効需要をつくりだす必要があると考える経済学の立場である。技術革新等による生産性向上は，そのままでは需要拡大につながるわけではなく，政府が金融緩和や公共事業等によって需要を喚起することで初めて，需要拡大につながる。こうしたマクロ経済政策によって生産性向上が経済成長に結びつき，さらなる生産拡大へとつながる。その結果，労働力需要も伸び，完全雇用が実現するというのがケインズ主義である。

　第二次世界大戦は，アメリカを発端とする大恐慌が一因であった。各国政府は国内産業の破綻や失業者の増加に対処せざるをえず，そこから国家社会主義を主張するナチスの台頭を招いた。それまで，景気循環は資本主義においては不可避と考えられていたが，ケインズ主義は，政府のマクロ経済政策によって，大恐慌のような景気悪化が生じるのを防ぐことができると考えたのである。

　しかも，第二次世界大戦終了後，ソ連は東欧を勢力下に置き，社会主義諸国を成立させた。ここに，資本主義諸国と社会主義諸国との間での冷戦体制が生じた。当時，社会主義計画経済の優位性は恐慌を引き起こさない点にあると考えられていたので，資本主義諸国にとって恐慌を引き起こさないことは，自らの資本主義経済体制の優位性を示すうえでもっとも重要だった。

　ケインズ主義的経済政策のもとでは，労働者階級の所得向上が景気浮揚をもたらすという，一国内での好循環が仮定されていたので，労働者階級の賃金は上昇した。その結果，特に先進国の第二次産業・製造業に従事する労働者は，安定した豊かな暮らしを享受していた。このことが，1970年代・80年代の相対的に格差が少ない時代を生み出したのである。

　しかし，この状況は変わってしまう。クーの枠組みによれば，「黄金期」から「追われる国」への変化である。

▷グローバリゼーションと「追われる国」への変化

　グローバリゼーションは，広義には，「ヒト・モノ・カネ・情報等が国境を越えて流通すること」「国境を越えた相互行為が増大すること」「世界の相互依

存性が強まること」等の過程を意味する言葉である。この意味でのグローバリゼーションは，近代化以降あるいはその前からずっと続いている。けれども，私たちが直面している現代のグローバリゼーションは，より狭義の，「市場経済の飛躍的拡大と国境を越えた相互影響・相互依存関係の増大」を意味する。確かに世界システム論が主張するように，資本主義経済システムは，最初から世界システムであった。けれども，狭義の意味でのグローバリゼーションが生じたのは，1990年代になってからである。

　1970〜80年代，製造業において日本・ドイツ等に遅れをとったイギリスとアメリカは，ケインズ主義的経済政策を放棄し，企業減税や規制緩和・労働者保護の撤廃等を行うことで，製造業の国際競争力回復をめざすようになった。このような政策を，新自由主義（ネオリベラリズム）的経済政策と言う。企業は人件費を抑制し合理化を進めた。他方，税金の減少は，社会福祉や公的事業の後退をもたらした。その結果，失業率が高くなり，雇用の非正規化が加速した。ソ連崩壊後は，自由主義市場経済圏・資本主義経済圏が一挙に拡大し，国際資本移動のコストの軽減も相まって，労働力が安い海外に生産拠点の工場を移転する動きが加速した（産業空洞化）。先進国の労働者の賃金は海外との競争によってますます低くなり，企業減税による福祉後退はさらに国内の所得格差を拡大させた。イギリスとアメリカに端を発するネオリベラリズム的経済政策は，国際競争の中で，先進国各国に広がり，各国でも国内の雇用が崩壊する動きが強まり，多国籍企業が増加した。クーの枠組みによれば，先進国の「追われる国」化である。他方，途上国や中進国では経済成長が加速した（本章最初の記述を参照のこと）。

　さらに，東西冷戦体制の崩壊によって，社会主義経済圏の人々が，自由主義経済に組み入れられるようになったことで，この動きは加速された。旧社会主義圏の国々から，多くの人々が雇用を求めて，西側に移動した。さらに，経済的困難のため途上国から先進国へ移動する労働者や，戦乱による難民の増加は，この勢いに拍車をかけた。私たちが通常使用するグローバリゼーションという概念は，このような，「市場経済の飛躍的拡大と国境を越えたヒト・モノ・カネの移動の増加」を意味する。

　ケインズ主義のもとでは，国境を越えた労働者の移動，あるいは国境を越え

た企業の生産拠点の移転は，基本的に考えられていなかった。つまりそこでは労働力再生産は，資本主義経済を持続させるために不可欠な，機能要件だった。また国内市場が大きな比重を占めていたので，商品を購入する消費者の経済的余裕は，国内市場の景気に直結していた。消費者の多くは労働者（あるいは労働者世帯の一員）であったから，労働賃金を上昇させることは，企業の業績向上に結びついた。

　しかしこのような状況は，グローバリゼーションによって一変した。都市社会学者サスキア・サッセンは，ケインズ主義的資本主義と現在の「金融化された高度資本主義」との違いを，次のようにまとめる。ケインズ主義的資本主義のもとでは，「労働者や消費者」や地域社会などは，「資本主義の発展に不可欠」な重要な経済的アクターであったが，高度資本主義においては，その重要性は低下してしまう。国家領域の中での各アクターによってシステムが維持されるのではなく，グローバルな世界において製品生産のコストがもっとも安くなるように労働力や原料が集められ，もっとも利益が出るところで製品販売が行われる。それ以外の要素，つまり「システムにとって不要な要素」は，「放逐」されるのだ（Sassen 2014＝2017: 253-55）。このサッセンの記述は，クーの枠組みで次のように言い表されることと，同じことを述べている。「追われる国」では国内投資は海外投資よりも利益率が低いので減少し，経済成長が鈍化する。産業空洞化は労働者の雇用喪失を導き，海外の安い労働力と競争させられた先進国の労働者は交渉力を奪われ，賃金が下がる。所得格差が拡大していくことになる。このことこそが，サッセンが「放逐」という言葉に込めた意味なのである。

　つまり「追われる国」においては，自国の労働者の生活維持も，消費者としての行動も，ましてや労働者の次世代再生産も，重要性が低い問題となってしまう。労働者の生活が維持されないとすれば，それは彼らの問題である。労働力再生産と次世代再生産がなされなくても，資本家にとっては工場を他のもっと賃金が安い国に，移動すればよいだけのことだ。つまり，労働力再生産費用も，次世代再生産費用も，支払う必要がなくなる。そのうえ，労働者≒消費者という関連性も，切断されてしまう。異なる国で生産し，異なる国で販売することによって，労働者に払う賃金がどれだけ少なくとも，製品の売れ行きを心

配する必要はないのである。

　ケインズ主義のもとでは，「（経済）成長は福祉国家のプロジェクトに不可欠だった。しかしそれは公益を増進させ，多くの人々が富を増大させる手段でもあった。（中略）今日では対照的に，制度や想定はますます企業の経済成長に奉仕する方向に向かっている」「多くの企業が，利益追求に待ったをかける制約（そこには，地方の公益も含まれる）から，自らを解き放とうとしている。法や市民の取り組みを問わず，利益追求の妨げとなるあらゆるモノや人が放逐される危険にさらされている」（Sassen 2014＝2017: 255）。グローバリゼーションによって，ケインズ主義の前提が崩れ，ネオリベラリズム的経済政策が優勢化することで，多くの人々が富を増大させた「黄金期」の環境が，失われていったのだ。

▷ベックによる「第一の近代」と「第二の近代」

　ここまで，GDPや産業構造，所得格差等，主に経済的な側面に焦点を当てて論じた。では，それは先進国社会にどのような変化をもたらしたのだろうか。以下では，主としてウーリッヒ・ベックの「第一の近代」と「第二の近代」という概念を用いながら，社会変化について見ていこう（Beck, Giddens & Lash 1994＝1997）。

　ドイツの社会学者，ウーリッヒ・ベックは，近代が近代化の副作用と向き合う時代に入ってきているという認識のもと，近代を，「第一の近代」と「第二の近代」の2つに区分した。「近代は第1期と第2期に分節され，『再帰的近代』は近代の第2期，新しい近代」（今枝 2009: 305）ということになる。「ベックによれば『再帰的近代化』とは，『反射的（reflexive）』という言葉が示唆しているように，『反省（reflection）』ではなく，『自己対峙（self-confrontation）』を，すなわち『自分と向き合うこと』を意味しているのである。さらにいえば，『再帰的近代化』とは，近代がそれ自身の成功の副作用と向き合う，ということなのである。ベックは，近代社会について『工業社会（industrial society）』とその次の段階としての『リスク社会（risk society）』という区分も行っており，工業社会時代からリスク社会時代への推移が『再帰的近代化』と称されるのである」（今枝 2009: 305）。

では「第一の近代」と「第二の近代」では社会にどのような違いがあるのか。20世紀最後の四半世紀に，先進国の産業社会は新たな段階に入ったと言われる。それ以前の近代産業社会を「第一の近代」と呼ぶとすれば，「後期近代」とも「ポスト近代」とも呼ばれるこの「第二の近代」は，「第一の近代」とは異なる諸特徴をもつとされる。たとえば，「第一の近代」においては，伝統社会の諸規範を「理性」によって批判し打破していく傾向が強かったが，「第二の近代」においてはむしろ「理性」や「科学」の信頼性に対する懐疑が強まった。また「第一の近代」においては，性別役割分業などによって特徴づけられる「近代家族」が典型的家族形態になったが，「第二の近代」においては「近代家族」とは異なる多様な家族形態が増加した。「第一の近代」においては，安定した職業経歴を保障する雇用環境が存在したが，「第二の近代」においては，雇用の柔軟化・流動化が顕著になった。「第一の近代」においては，経済的・政治的活動は，基本的に国民国家の枠を前提としていたが，「第二の近代」においては，国民国家の枠を越えたグローバルな広がりをもつことが目に見えて明らかになった（友枝・山田編 2007）。

　このベックの「第一の近代」から「第二の近代」への変化の記述の特徴は，不安定化が強調されている点にある。「近代化」の成功はさまざまな副作用をも伴った。工業化は生産力を大きく高めたが，環境負荷を増加させ，大気汚染や地球温暖化，健康被害や災害多発を招いた。こうしたことから，「第一の近代」においては，「合理性」「効率性」「科学技術の発展」ばかりが強調されていたのに対し，「第二の近代」においては，「合理性志向」や「科学技術の発展」「産業優先」などの価値観に対する批判が強まり，懐疑主義や非合理主義も勢力を強めている。社会的イシューのあらゆる局面で，非和解的闘争が強まっており，合理的対話による合意形成が非常に難しくなっている。

　また，「第一の近代」においては，社会集団や社会組織は安定していた。しかし，「第二の近代」においては，階級や家族など，「第一の近代」では生活の安定的な基盤となっていた生活共同組織や集団が破壊されていった。「家族」は，個人の生活を支える安定的な社会集団であることをやめ，個人がその時その時において選択する生活共同単位となる。また，雇用の柔軟化によって職場集団が不安定化してしまう。「第一の近代」では人々は，職場集団を通じて社

会組織に所属していた。しかし「第二の近代」では，現在の職場にいつまでいるのか，いつまでいられるのかがわからず，したがって職場集団が形成されにくくなる。職業的アイデンティティも専門職を除いて薄まってしまう。つまり「第一の近代」において人々の生活を支えていた安定的な社会集団・社会組織である「家族」と「職場集団」が不安定化する。結果として，既存の社会形態の解体，すなわち，階級，社会的地位，ジェンダー的役割，家族，近隣のようなカテゴリーは壊れやすくなる。そしてそれに代わるのが，公的な社会福祉制度である。「第二の近代」において，個人はいやおうなく，「制度化された個人主義」に適応せざるをえなくなる。労働市場，福祉国家，諸制度を通じて人々は規制，条件のネットワークに結びつけられ，年金受給権，保険保障，教育補助金，税率などに生活を左右されるようになる。

　「第二の近代」において，人々はこうした制度的条件のもとで，人生計画を立て，行為する。つまり「第二の近代」における人々の生活基盤も，社会的な制度なのではあるが，それはもはや階級や家族に直接結びついてはおらず，キャリアによって「個人的」に課される条件になるのである。

　このように，人々が「福祉国家」の年金等の社会保障制度などに生活基盤を支えられるようになる一方で，経済はグローバル化していく。企業は多国籍企業化する中で，もっとも税金を節約できるところに，生産拠点や本社を移転させていく。それを阻止するために，国民国家は法人税を競って引き下げていく。逆に個人は高い税金と社会保険料の値上げ，福祉切り下げに苦しむようになる。つまり，他国の経済政策が直接的に国民国家の収支に影響を与え，それは直接的に先進国労働者など普通の人々の生活をも左右していく。他国の経済政策に依存することはつまり，生活の基礎を他国に握られているという不安を強めることになる。

　このような，不安定化と不安の亢進は，ベックだけでなく，セネットやバウマン等，グローバル化する先進国の人々の状況を質的に記述した社会学の現代社会論に共通する傾向である[3]。人々は，液状化（流動化）する社会の中で，不安を抱え，未来を見通せないまま生きることを強要されているのである。

　ベックは，こうした変化を，「近代化の成功の副産物」から生み出されるとしている。「第一の近代」においては，自然環境や家族や共同体などは，工業

54

化・産業化の「環境」として位置づけられ，利用される対象ではあれ，環境維持のために必要な施策はとられなかった。「第二の近代」においては，「第一の近代」において「環境」であったものが，産業化・工業化によって大きく影響を受け，産業社会・工業社会に影響を与えていく。その結果として，安定性が失われ，社会心理として不安が亢進していく。ベックにはおそらくそのような推論があると思われる。

▷フェミニズムと３つの段階

では，ここで，本書の本来の問いに戻って，問題を整理しておこう。

本書では，まず第１章で，日本社会を主な文脈としつつ，多くの人々が「ジェンダー平等」や「性の平等」の実現を望んでいるのに，まだ実現しておらず，今後実現するという確証もないと感じているということを論じた。そこから，「フェミニズムは必要である」という方向性を提示し，どんなフェミニズムが必要なのかを，これまでのフェミニズム理論を振り返り検討することから明らかにすることを，本書の目的とした。

第２章では，第一波フェミニズムと第二波フェミニズムを，それが分析対象とした社会とそこから生まれた理論的認識に焦点を当てて論じた。第一波フェミニズムにおいては，女性は「公的領域」から排除されており，それゆえ「公的領域」への参加権が主要な論点となった。第二波フェミニズムは，階級格差が見えにくいのに，ジェンダーが強調され女性本来の居場所が「家庭」だとされた時代に生まれた。それゆえ，第二波フェミニズムは，①家事も労働であること，また②家庭という場が，世間から隔離された「愛情や慈愛に満ちた場」なのではなく，権力や暴力にまみれた社会的な場であり，だからこそ家庭の場にも「正義」が必要であること，という２つの理論的知見を提起した。この２つとも，「公私二元論」の社会的枠組みによって従来別々にされてきた「家庭外」での活動と「家庭内」での活動に対する理論化や評価を再検討することを求めている点で，共通している。女性の本来の場が「家庭」に置かれていた時代においては，女性に対する差別やジェンダー格差を覆い隠す「公私二元論」の社会的枠組みと社会規範の作用を明らかにすることこそ，フェミニズム理論のもっとも重要な課題だったのである。

表3-1 「第一の近代」から「第二の近代」への移行

第一の近代（1）	資本主義勃興期	農業人口が多い。非資本主義的経済に生きる女性が多い。余剰農業人口がある。低賃金。女性参政権がない。	第一波フェミニズム
第一の近代（2）	黄金期	余剰農業人口の枯渇。労働力供給がひっ迫する。消費拡大。都市化による専業主婦化。所得格差が縮小する。	第二波フェミニズム
第二の近代	被追国期	産業空洞化。サービス労働化。賃金抑制。雇用の流動化。共働き増加。家族の不安定化。所得格差拡大。成長率鈍化。	？

　この第二波フェミニズムがもつ理論的可能性は，今なお十分に残されている。けれども本書では，第二波フェミニズムを生み出した社会から，現代社会は大きく変わったのではなかろうかという問いを提起した。第二波フェミニズムが対象とした社会と，その後の変動によって生まれた現代社会に大きな相違があるのであれば，その社会のあり方を分析できるフェミニズム理論に，変わらなければならないのではないかと考えるからである。

　本章ではここまで，この問いに基づいて，第二波フェミニズムの時代と現代社会とでは相違があるのかどうか，あるとすればどのような相違なのかを見てきた。本章では，第二波フェミニズムが主に分析の対象とした1960年代・70年代と現代とで大きく異なる要因は，グローバリゼーションの進展であることを，これまで述べてきた。グローバリゼーションは，先進国においては「黄金期」から「追われる国」への移行をもたらした。その変化は，社会においては，「第一の近代」の揺らぎを生み出した。「第一の近代」から「第二の近代」への移行である。これらの変化を整理すると，表3-1のようになる。この表に基づけば，本書の主題は，「第二の近代」，その中でも先進国の「追われる国」＝「被追国期」段階において，フェミニズムはどのような問題に直面するか，その問題を解決するためには，どのようなフェミニズムであるべきか，という問いになる。

▷「第一の近代」とフェミニズム

　以下では，本章の考察と前章に論じたフェミニズムの流れを突き合わせていくことにしよう。まず第一波フェミニズムと第二波フェミニズムについて見ていく。この2つのフェミニズムは，クーの枠組みでは，「資本主義勃興期」と「黄金期」の2つの段階に対応しているが，ベックの枠組みではいずれも「第一の近代」に位置づくことになる。

　前章で見たように，市民革命から女性参政権実現までの時代においては，「基本的人権」や「参政権」は，女性には適用されなかった。「公私二元論」的規範は，こうした近代的理念が適用しうる領域を公的領域に限定し，私的領域である家庭は適用除外とした。人権という概念における「人」は当然にも女性をも含むものであったが，「公私二元論」的規範や生物学的性別論などを利用することで，女性を適用除外とすることが正当化されたのである。

　また，近代国民国家は，国民軍創設や富国強兵策等の男性市民の動員を行ったが，この動員策の重要な要素とされたのが，性別二元論に基づく「ジェンダー」であった。「第一の近代」における「ジェンダー秩序」（江原 [2001] 2021），つまり「性別二元論に基づく生産労働と再生産労働の分業と異性愛主義」は，それぞれの民族や宗教のさまざまな文化的伝統の要素を利用した「ジェンダー」によって，国民国家ごとに構築されたが，兵役を「公的領域」への参加要件とする点では一致しており，女性を「公的領域」から排除する点でも共通だった。

　けれども，農村の余剰人口が大量に存在し，都市に人口集中が起こる中で，男性労働者の収入が低く抑えられた結果，「女性は家庭に」と言われたところで，実際には働かざるをえない女性が多かった。そもそも，未婚女性や，死別・離別した既婚女性も多かったが家族の世話と雇用労働はなかなか両立せず，安定した職を得られない状況にあった。第2章で見たように，イギリスでも，女性は雇用労働者よりも，家庭内で手仕事を行う労働者や家事労働者のほうが，数として多かった。それらの労働は不安定であったので，第一波フェミニズムにおける主要な理論的課題が，女性参政権と女性の労働権であったのは，当然のことであった。

　女性参政権実現後も，「第一の近代」は続いていく。第一次・第二次という

2つの大戦後，先進資本主義国は，しばらくケインズ主義的経済政策をとることで，所得格差が縮小する時期に入る。国民国家単位の経済の中で，景気高揚のためには需要を喚起する必要がある。そのため労働者の賃金を上げることは，経営者にも景気を刺激するというメリットをもたらした。こうした好循環が，所得格差がもっとも少ない時代としての1970年代・80年代をもたらしたことはこれまで見てきたとおりである。しかし，「第一の近代」に形成された「公私二元論」的規範や，性別役割分業意識に基づくジェンダー観は，ほとんど変わらなかった。したがって，この時代に安定した職は，ほとんどの国において男性職であり，女性には門戸が開かれていなかった。2つの大戦中に女性はほとんどの産業に動員されたが，戦争終了とともに解雇された。労働者に対する福祉と社会保障が「男性稼ぎ手型」に整備されていくにつれ，既婚女性を「被扶養者」として職場から排除する「マリッジ・バー」が広く行われていた。つまりこのもっとも所得格差が小さかった時代は，また同時に，男女間の働き方が非常に大きく異なっていた時代でもあったのだ。

　第二波フェミニズムが誕生したのはまさにこの時代，階級間の所得格差は小さくなったがジェンダー格差は相対的に拡大した，このような社会状況においてであった。前章で見た，「既婚女性の多くが『主婦』であった」時代とは，まさにこの東西冷戦期の先進資本主義国において多く見出された状況であった。階級間の所得格差が小さくなり，「労働貴族」が生まれた時代。その時代においては国内の主要産業は国による補助もあり，相対的に安定していた。特に先進国の第二次産業・製造業に従事する労働者は，長期雇用や安定した賃金・老齢年金などの社会保障制度の整備等によって，安定した豊かな暮らしを享受していた。しかし，この職が女性には開かれていなかったことは，これまで繰り返し見てきたとおりである。

　社会保障面でも，女性の不平等は明らかだった。エスピン゠アンデルセンが示す「福祉資本主義社会」の3つの型（Esping-Andersen 1989）によって状況はかなり違うが，以下では「男性稼ぎ手型」と大沢真理が呼んだ体制（大沢1993）に基づいて，専業主婦（つまり被扶養の立場）を選択した場合と働き続けた場合に分けて見てみよう。「男性稼ぎ手型」社会においては，社会保険は，基本的に男性労働者の所得喪失リスクに対応させてつくられた。男性労働者が

失業した場合には失業保険で，男性労働者が死亡した場合には遺族年金で，老齢になって働けなくなった場合には老齢年金で，生活を維持できるようになった。けれども，女性は，「結婚」によって扶養される存在とみなされていたけれども，当然にも，すべての女性が安定した保険に加入している男性労働者の妻になるわけではなかった。保険に加入している夫をもたない場合，女性の生活保障は非常に不安定になる。女性の雇用は不安定であり，社会保険も整備されていなかったからである。夫が社会保険に加入していた死別女性の場合，生活は一定程度社会保険でカバーされたが，未婚シングルマザーや離別シングルマザーは，経済的苦境に陥ることが多かった。一生単身で安定した職をもった場合は，男性労働者と同等の安定した生活を享受しえた女性もいたが，非常に少なかった。安定した職のほとんどが，男性職だったからである。階級格差は小さくなったが，ジェンダー格差はその分非常に大きくなった。だからこそ第二波フェミニズムが誕生したのだ。

　第二波フェミニズム運動のもっとも重要な主張である「性別役割分業の変革」は，「第一の近代」における「近代家族」を批判対象としている。「第一の近代」においては，男性労働者を標準として雇用慣行が形成されていたが，それでは女性労働者は「二流の」働き手になってしまい，不利な労働条件で働かざるをえなくなる。それゆえ，第二波フェミニズムは，家事・育児労働の男女間での平等分担，ワークライフバランスを可能とするより人間的な働き方，職場における男女平等，性別役割分業を前提としない男女平等な税制・社会保障制度を求めた。その主張を裏づけるために，近代平等思想や人権思想から直接に導かれるはずの「男女平等」が，なぜどうして阻まれてきたのかを，明らかにしようとしたのである。家族のあり方・法規範・社会意識・労働慣行・政治制度・教育制度・税制・社会保障制度・医療制度・福祉制度・地域コミュニティ等，実質的な男女平等を阻んでいる社会的要因は，非常に幅広く存在しており，それら多様な要因が相互に影響し合って，強固な性差別社会をつくりあげてきた。そして性差別社会を覆い隠してきたもっとも大きな要因が，「公私二元論」的規範と「女性の居場所を私的領域としての家庭に限定する性別役割分業」であることを，明らかにした。

　ここで，第一波フェミニズムと第二波フェミニズムにおいて，同じように

「性別役割分業」を問題にしていても，それを問題化する目的が違うことに，注意するべきだろう。第一波の場合，「性別役割分業」の否定は，何よりも女性の「公的領域」への参加を確保するためであった。一方，第二波フェミニズムの場合は，「公私二元論」的規範や性別役割分業規範によって覆い隠されている不平等や差別を明らかにするためであった。社会の安定的な維持のためには，女性の役割とされていながら社会が十分認識することがなかった，子育てやケア等の機能の維持が，不可欠である。女性はこうした機能を果たしていながら，「働いていない」人として，二流市民扱いされている。社会保障や社会福祉は，実際には，家族の機能と相互代替的である。つまりは，公的予算の額は，家族の中の育児やケアという労働と不可分に関連しているのだ。

それゆえ，第二波フェミニズムは，家事も労働であることを，明確に示した。またそれは，家庭という場が，常に世間から隔離された「愛情や慈愛に満ちた場」であるわけではなく，権力や暴力にもまみれうる社会的な場であることをも，明らかにした。だからこそ家庭の場にも「正義」が必要なのであると。

この①家事やケアの「労働化」と「社会化」，②「家庭」の中への「正義」概念の導入という2つの理論的知見こそ，第二波フェミニズムのもっとも重要な知見である。この2つとも，「公私二元論」に基づく社会的枠組みによって，従来別々にされてきた「家庭外」での活動と「家庭内」での活動に対する理論化や評価を，再検討することを求めている点で，共通している。女性の本来の場が「家庭」に置かれていた時代においては，女性に対する差別やジェンダー格差を覆い隠す「公私二元論」に基づく社会的枠組みと社会規範の作用を明らかにすることこそが，第二波フェミニズム理論のもっとも重要な課題だったのである。

▷「第二の近代」とフェミニズム

先進国内の女性運動は，その後国連などの国際機関における「ジェンダー平等」のための取組み等にも引き継がれ，社会に対して影響力を発揮するようになった。1980年代以降，「女性の社会参加・職業参加」は，先進国で大幅に進むことになった（第1章参照）。現在の先進国では，非常に多くの女性が社会参加し，あるいは職業活動を行っている。性別役割分業に適合的な性別観念であ

るジェンダー，つまり「女性を家庭に結びつけるジェンダー」も大きく変化し，今や「女性の生き方」を「主婦」や「母親」に限定する社会規範は大きく後退しつつある。

　しかし，このような先進国における「女性の社会参加・職業参加」の加速をもたらした要因は，女性運動だけではなかったことに，注意するべきだろう。本章でこれまで見てきたように，グローバリゼーションの進展は，先進国の産業空洞化をもたらし，男性労働者の安定した職を奪った。男性1人が「稼ぎ手」であることで，家族を扶養できる状況が失われたのだ。おそらくこのことこそが，「女性の社会参加・職業参加」加速の最大の要因だったと考えるべきだろう。つまり，先進国が「追われる国」の段階に入ったことは，「女性の社会参加・職業参加」の加速だけでなく，雇用の不安定化・流動化をも，もたらしたのである。

　実際，日本では，女性の職業進出は，雇用の柔軟化（＝非正規化）の急速な進展と同時的であった。雇用における「性の平等」も，労働時間短縮も実現しないまま女性の職業参加が進んだ結果，女性労働者の非正規率は50％以上になった。しかも日本の非正規労働者の労働条件は，既婚女性労働者に与えられていた不安定低賃金の労働条件をもとにしており，改善も進まなかったので，かなりの割合の非正規労働者が，次世代再生産ができない労働条件下で働くことになった。つまり，女性の社会参加・職業参加の増加は，日本では「性の平等」をもたらさなかった。このことは，第1章で見たとおりである。

　日本だけではない。他の先進国においても，一部の女性が社会的地位を達成し，男性と同等に活躍できる状況を手にしている一方で，「貧困の女性化」が生じている。アメリカ社会では，第1章で見たとおり，女性の社会進出が大きく進んだが，他方において国内の低賃金の仕事の給料は低いままにとどまっており，高等教育を受けた女性たちと高卒以下の学歴の女性たちとの所得格差は拡大している。しかも，女性の社会参加は，家事や育児等を担う家事労働者に対するニーズを増大させており，そのほとんどが女性，特に人種的・民族的マイノリティの女性である。ヨーロッパは，アメリカに比較すれば所得格差の程度は小さいが，図3-4でジニ係数上昇を見たとおり，国内格差は増大している。移民労働者数も増えており，国内の家事労働を含むさまざまな労働に，トルコ

やアルジェリア等からの労働者が就業している。

　ではグローバリゼーションは，先進国以外の地域にはどのような影響を与えているのか。クーの３段階の枠組みは，日本経済を主要な対象として，先進国が経験した工業化の３段階を理論化している。日本は，1960年代・70年代・80年代には，新興国として，欧米先進国経済を激しく追い上げた。その時期の日本は「黄金期」であったが，その後「追われる国」の段階に入った。もし今の新興国にも同じことが起こると仮定するならば，新興国はグローバル化によって，余剰労働力がある段階から労働力がひっ迫する「黄金期」に移行し，その後「追われる国」の段階に入ると見る見方もできよう。

　しかし，先述したように，先進国が経験した第二次世界大戦後の「格差が少ない」時代は，２つの世界大戦に対する反省や東西冷戦体制の産物でもあったとするならば，現在の新興国はそれとはまったく異なる状況にいることになる。新興国は，先進国よりもGDPの成長率が高く，中国では，国内の貧困者比率の改善に成功した（本章47頁参照）。また中国社会では，賃金上昇が続いており，いわゆる「黄金期」に入りつつあるかのようにも見える。けれども，中国社会の国内所得格差は拡大しているようにも思える。

　また途上国でも多くの人々が，よりよい生活・よりよい働き口を求めて都市に移動しているが，余剰農業人口がある間は国内の労働者賃金は抑えられている。そうした理由により国境を越えて先進国に移動する労働者が増加しており，その中での女性比率も急速に高まっている。労働力の大幅な国際移動は，クーの枠組みには入っておらず，グローバリゼーションの時代における新興国・途上国の所得格差やジェンダー平等の方向性の予期は，予断を許さない。「移民の女性化」は，女性の経済力の向上をもたらすが，移民女性労働者を搾取する組織も多く存在している。ソ連崩壊後のロシアや東欧の社会では，賃金の男女格差が増大し，手厚い労働者福祉も後退している。

　フェミニスト経済学のダイアン・エルソンは，グローバリゼーションは，「性の平等」を促進しているだけでなく，矛盾や逆転をも引き起こしていると主張し（Elson 2007），以下のような例を挙げている。多くの国において，女性の労働力率や女性議員比率は高くなっているが，東欧やロシア等の旧社会主義圏においては，グローバリゼーション以降，むしろ，女性の労働力率や女性議

員比率の低下が起きている。また，女性の労働力参加は，女性自身の選択というよりも，アジア通貨危機や金融危機等による深刻な経済的困窮を理由としている場合も多い。つまり女性がやむをえず働かざるをえない場合や，非正規化などの労働条件の悪化が起きている場合もある。また，女性の国際移動労働者も増加したが，そこには多くの家事労働者，あるいは家事関連分野に就業する女性が含まれている。たとえ先進国の女性たちが社会進出を果たしたとしても，世界全体で見れば，むしろ性別役割分業は強化されていると見ることもできるのだ。つまり，エルソンの論に従えば，グローバリゼーションは，「女性の職業参加」の増加をもたらしたけれども，それは必ずしも「性の平等」に結びつかず，むしろ「性別役割分業の強化」「雇用の流動化」「女性の貧困化」等をもたらしていることになる。

　次章では，再びフェミニズムに話を戻そう。グローバリゼーションがもたらしたものは，先進国においては，「第一の近代」の揺らぎだった。それは，フェミニズムが求めた「すべての女性の性の平等」を実現させるのではなく，一部の女性たちの社会進出を実現させたけれども，同時に，あらゆる人々に，家庭も職場も不安定で不確かな，「第二の近代」をもたらした。このような家族も職場も安定せず，流動化する社会の中で，「公的領域への女性の参加」を求める第一波フェミニズムや，ジェンダー差別を覆い隠す「公私二元論」的規範の作動を解明する第二波フェミニズムは，人々が直面する問題に十分解答を与えることができるのだろうか。そのことこそが，問われるべきなのだ。

注

1)　グローバリゼーションに関しては，さまざまな定義や時期区分がなされている。たとえば，正村（2009），Sassen（1996＝1999）等。本書では，グローバリゼーションを，国境を越えて，経済・政治・文化などが拡大していくというごく一般的な意味で用いている。より詳しくは49-50頁参照。

2)　ここで極度の貧困とは，一日2ドル以下で暮らすことをいう。なお，2019年以降の新型コロナウイルス感染拡大と，ロシアウクライナ戦争によって，極度の貧困に苦しむ人口が増加してしまうことが懸念されている。

3)　以下の著作を参照のこと。Sennet（2006），Bauman（2000）。

第4章

グローバリゼーションと
第二波フェミニズム

▷第二波フェミニズムは,「第二の近代」のどんな問題を論じなかったのか

　本章では, 社会変動に対して分析力をもつフェミニズムを構想するために, 第二波フェミニズムとグローバリゼーションに伴う社会変動との関係の見方を検討する。今後のフェミニズム理論を考えるうえで, 何が問題なのか, 何を考えなければいけないのかを検討することが目的である。本章での考察に基づいて, 考えられるべきいくつかの問いを立て, 次章以降で検討していくこととする。

　前章で考察したように, 第二波フェミニズムは主に, クーの枠組みでは先進国「黄金期」, ベックの枠組みでは「第一の近代」にあたる社会を前提として, 男女の不平等問題を理論化した。第二波フェミニズム理論が前提とした社会は, 「性別役割分業」観が中流階級において成立しており, 女性が「専業主婦」になることは, 「女性の本質」からして当然のことだと考えられていた。また職場は「公私二元論」的規範によって, 妊娠・出産・子育てなどに無関与であることが正当化されていた。女性労働者の産休は, 福利厚生としてのみ認められていたが, 育休は基本的に存在せず, 出産したら女性が母親として育児をするのが当たり前だった。また「家庭内」は基本的に「私的領域」とされており, 一般的な法は適用除外化されていた。児童虐待もDV (配偶者間暴力) も家族内のこととして放置され, 結果として男性が家族を支配しうる状況が, 維持されていた。

　ここから, 第二波フェミニズムは, 第1に, 女性を「私的領域」に閉じ込めることを正当化する「女性性」概念批判を展開し, 「ジェンダー」概念を導入した。第2に, 性別によって「公的領域」と「私的領域」のどちらかに参入することを強いる「性別役割分業」観の撤廃, 女性の職業参加・社会参加の確保, 男女平等の家事・育児責任を主張した。第3に, 家庭内を「法の外」とするのではなく, 家庭内における暴力も犯罪化するなど, 家庭内の「人権保護」を主張した。これらの主張は, 近代社会の「公私二元論」的規範の見直しと, 「公的領域」と「私的領域」を厳格に区別した社会組織の見直しを主張するものであった。

　では「第二の近代」では, どう変化したのか。多くの先進国において, 製造業の雇用が減少し, 第三次産業の労働者が激増したことによって, 男性が「妻

子を養える」家族賃金を得られる環境は失われた。その結果，「共働き」が一般化し，一見，女性の職業参加・社会参加は進んだ。男性の家事・育児参加の必要性についての啓発活動も行われたが，いずれの国でも男性の家事・育児参加時間は，女性に比較して大幅に少ない。そうした理由もあって，男女間の賃金・昇進などの格差はいまだに大きい。さらに，男女とも雇用が「柔軟化」「不安定化」し，失業率も増大した。安定した雇用が失われた結果，家族の安定性も減少した。安定した雇用の喪失に伴って，自分の男性性が侵害されたという被害者意識から女性に対する敵意を表明する男性も増えている。DV や虐待を防止するための施策はとられているものの，貧困や孤立に苦しむ家庭が増加している結果，DV や虐待は減少していない。格差拡大の結果，国内の政治的意見における，階級・人種・地域・世代等による対立が激化し，先進国の国内政治が不安定化している。

　女性の職業参加や性別役割分業の撤廃などの第二波フェミニズムの主張は，この「第二の近代」においては，「上滑り」しているようにも思える。「女性の職業参加」は，すでに多くの女性にとって「そうするべきと主張」するようなことではない。すでに「職業参加」しない生き方などないとすら言いうる状況だからだ。今必要なのは，「女性が職業参加の意思をもつよう啓発すること」ではなく，「長期にわたって職業を維持でき一定以上の収入が得られるような職業を増やすこと」なのだ。そのような職業が限られた数しかない現状では，多くの女性が将来の生活に不安を感じてしまう。「フェミニズムは批判するだろうが，女性が『主婦』として生きられた時代はまだよかった。『主婦』であることを問題視するなんて，本当に何と無用なことをしてくれたものだ……」。そう思っている女性も，少なからずいるのではなかろうか。

　このような見方の中で表現されているのは，第二波フェミニズムが，女性の（そして男性も），生活の不安定化や経済的格差拡大等の問題に対して，十分な対応をしてこなかったという認識であろう。以下では，このような見方を代表する論者として，ナンシー・フレイザーの第二波フェミニズム批判を見ていくことにしよう。

▷ナンシー・フレイザーの第二波フェミニズム批判

　既存の第二波フェミニズムに対する見方の中で，強い批判を打ち出しているのは，政治学者ナンシー・フレイザーである。彼女は，第二波フェミニズムが，グローバリゼーションによる女性の経済的状況への深刻な影響を見逃しただけでなく，グローバリゼーションやネオリベラリズムに加担したとする見方を提出している（Fraser 2008＝2013）。

　フレイザーは，『正義の秤』という著作の中の「第二波フェミニズムを歴史化すること」という本書の主題にも通じる節の中で，「米国の学問的なフェミニズムのサークルの中で語られる標準的な」第二波フェミニズムの歴史を，次のような物語だとして定式化する。「その標準的なあらすじは，進歩の物語であり，それによれば，われわれは，白人，中産階級，異性愛の女性によって支配された排他的な運動から，レズビアン，有色の女性，そして／あるいは貧しい労働者階級の女性の関心も認めた，より広範な，より包括的な運動へと移行していった」（Fraser 2008＝2013: 138）と。

　しかし，フレイザー自身の第二波フェミニズムの歴史に対する見方は，このような「進歩の物語」よりも，ずっと辛口の皮肉に満ちたものである。それは，1980年代以降，社会構築主義的社会理論やポストモダン理論に依拠した，「差異」や「アイデンティティ」を重視する第二波フェミニズムの理論的動向（文化主義）が，ネオリベラリズムの宗教・生命観・性規範観などを前面化する文化戦略の罠に見事にはまり，第二波フェミニズムの影響力を低下させただけでなく，グローバリゼーションによる経済的格差拡大と女性の貧困化を見過ごさせたという，挫折の物語である[1]。

　フレイザーが語る第二波フェミニズムとグローバリゼーションとの関係を，より詳しく見てみよう。第二波フェミニズム運動は，第二次世界大戦後の社会民主主義体制（その主な政治的関心は，階級間の所得再分配の問題にあった）では，解決困難な問題を提起する「新左翼運動」「新しい社会運動」の一部として始まった。その後「新左翼のユートピア的な活力が衰えるにつれて」，フェミニズムの反経済主義的な洞察は，「文化主義的な想像力に事実上とらえられ，自らを承認の政治として作り変えた」のだが，この局面は，「国家的に基礎づけられた社会民主主義がグローバルなネオリベラリズムの圧力の下で揺らぎだ」

すという，大きな歴史的な展開と一致していた。アメリカのフェミニズムは，特に文化主義的傾向を強めたが，それは「自由市場政策の略奪にも，その結果として現れた右翼ショーヴィニズム（反理性的ナショナリズム）の高潮にも対抗することができなかった」（Fraser 2008＝2013: 140）。

　引用したフレイザーの原著の出版は 2008 年であるが，2013 年には，この見方はさらに厳しさを増している。2013 年にインターネットで配信された記事において，フレイザーは，「運命の意外な展開により，女性解放のための運動は自由市場の社会を築くためのネオリベラルな努力との危険な結びつきに巻き込まれてしまった」と述べ，第二波フェミニズムが本来めざしていた「より良い世界──より平等で，公正で自由な世界」ではなく，個人主義的でキャリア至上主義的な色彩を強め，結果として「ネオリベラリズムの侍女」になってしまったと憂慮する（Fraser 2013＝2019: 16）。

　フレイザーによれば，「女性解放運動は同時に異なるふたつの可能な未来を指向」していたという。1 つは，「ジェンダーの解放が参加型民主主義や社会的連帯と同時に実現する世界」であり，もう 1 つは「女性に男性同様の個人的自立のための資源や増大する選択肢，能力主義的達成」を可能にするという約束であった。この両義性ゆえに，その後の資本主義の性格の変貌（国家管理型資本主義からグローバル資本主義への変貌）に従って，前者を放棄し後者のほうに引きつけられてしまった，とフレイザーは分析する。

　この見方からすれば，先に挙げた第二波フェミニズムを「進歩の物語」として把握するようなフェミニズムの自己認識はまったく不十分であり，あまりにもフェミニズム内在的でより広い歴史的展開や大きな政治的文脈への認識を欠如させた，自己満足的な見方ということになるだろう。なぜなら，グローバリゼーションが引き起こした広範な社会変動や社会問題等の広い歴史的展開への認識を欠き，グローバリゼーションの影響を見逃してしまったからだ。その結果，単にネオリベラリズムの受動的な犠牲者になっただけではなく，ネオリベラリズムの展開に貢献してしまった，つまりは「ネオリベラリズムの侍女」になり下がったというのである。

　さらにフレイザーは，この立場を明確化する。2018 年にシンジア・アルッザ，ティティ・バタチャーリャとの共著で出版した『99％ のためのフェミニ

ズム宣言』では，「反資本主義のフェミニズム」こそ求めるべき方向であると宣言する。「私たちはいま，社会全体の危機のさなかを生きているのである。この危機は，金融界周辺に終始することなど決してなく，同時に経済の，生態系の，政治の，そして『ケア』の危機でもあるのだ。これは，社会組織全体の全面的な危機であり，その根底には資本主義の危機がある——特に，今日私たちが住みかとしている，悪意に満ちた略奪的な資本主義形態が陥った危機が。その形態とは，グローバル化し，金融化された，新自由主義的な資本主義である」（Arruzza, Bhattacharya & Frazer 2019＝2020: 38-39）。「主流メディアでは，フェミニズムという言葉自体がリベラル・フェミニズムを意味するのだとして同一視され続けている」（Arruzza, Bhattacharya & Frazer 2019＝2020: 27）。しかしそれは，「特権を持つごく少数の女性たちが企業と軍隊の出世階段を上っていけるようになるという，そのことばかりに尽力した結果，リベラル・フェミニズムは，市場中心の平等観を提唱することになった。その平等感は，『多様性』に対する企業の熱意と完璧に符合する。『差別』を糾弾し，『選択の自由』を掲げているとはいえ，リベラル・フェミニズムは，大多数の女性たちから，自由とエンパワメントを奪う社会経済的なしがらみに取り組むことを頑として避けている」（Arruzza, Bhattacharya & Frazer 2019＝2020: 28）。「膨れ上がっていく不平等とすっかり親和しながら，リベラル・フェミニズムは，抑圧をアウトソースする。経営者層の女性たちはそれによってまさしく体制の一員となる（lean in）——薄給の移民女性にケアの提供と家事を外注し，彼女たちに寄りかかれるようにお膳立てすることによって。リベラル・フェミニズムは，階級や人種に対して無関心を貫き，我々の信念をエリート主義や個人主義につなげてしまう。（中略）リベラル・フェミニズムはフェミニズムの名をおとしめたのだ」（Arruzza, Bhattacharya & Frazer 2019＝2020: 29）。

▷フレイザーの第二波フェミニズム批判の意味を再確認する

　このような，ナンシー・フレイザーの「第二波フェミニズムとネオリベラリズムの関係」に関する見方は，人の心をつかむよくできたストーリーである。第二波フェミニズムが求めた「女性の解放」＝「自由の希求」が，皮肉にも歴史の仕掛けた「罠」の中で，フェミニストをネオリベラリズムを推し進める加担

者にしてしまったというストーリー……。そのストーリーは，私たちが日々の生活の中でいやというほどめぐり合っている「目的達成に向けた努力が他者に不本意な方向に利用されてしまった」などの経験そのものであるように見える。そして自分たちの試みが，誰かに詐取されてしまう悔しさや無念さ等の強い感情を呼び起こす。

　しかしここでは，まずこのような効果的なストーリー性に反応することはとりあえず脇に置いて，ここから何を読み取るかということに焦点を当てて議論していくことにしよう。そのためにまず，フレイザーが第二波フェミニズムのどこに問題点を見出しているのか，確認しておくことから始めよう。

　彼女のもっとも大きな批判点は，第二波フェミニズムが，グローバリゼーションによって経済的な困難さに陥っている多くの女性たちの問題に対して，向き合ってこなかったということだ。失業や低賃金，雇用条件悪化等の，多くの女性たちを苦しめている問題を変革の焦点に据えるのではなく，特権的エリート女性たちが企業などで「出世」することだけがフェミニズムにとって重要なことであるかのようなフェミニズムに「なり下がってしまった」こと，このことこそ，フレイザーの第二波フェミニズム批判の中心的論点であることは，疑いえない。このことは，前項で述べたとおりである。

　では，なぜ第二波フェミニズムはそうなってしまったのだろうか。フレイザーはそれを，第二波フェミニズムが「社会民主主義勢力」に結集するべきときに，「ネオリベラリズムに加担した」ことに求める。たとえば，フレイザーが苦々しさを込めてもっとも強く指弾するのは，具体的に挙げた第二波フェミニズムの間違った戦術，つまり，①家族賃金批判をしたこと，②「政治経済的批判を強化」すべきときに「文化主義」をとったこと，③福祉国家的パターナリズム批判を行ったことという3点（Fraser 2013 = 2019: 16-18）のうち，②の点である。この②の点は，文化主義自体を批判しているというよりも，政治情勢的に「政治経済的批判を強化」するべきときに文化主義にいってしまったという，政治状況の読み間違い，あるいはそれに基づく戦術的間違いを問題にしている。つまり，「アイデンティティ」や「差異」に焦点を当てた理論化には十分意味があるが，それがたまたまグローバリゼーションとネオリベラリズムによって，労働者が失業や所得格差拡大などに苦しむようになった時期であったことが，

ネオリベラリズム的労働政策のイデオロギー的傾向を正当化する結果になった
こと，その結果リベラルに希望を見出せなくなった労働者層を右翼ポピュリズ
ムに向かわせる結果となったことを，問題視しているのである。つまりは，第
二波フェミニズムは，「右翼ショーヴィニズムの高潮にも対抗することができ
なかった」と。右翼ショーヴィニズムの高潮とは，このフレイザーの文脈では，
アメリカのキリスト教原理主義や白人至上主義等の高まりをさしていると思わ
れる。

　フレイザーが挙げる他の論点は何か。①家族賃金批判をしたこと，③福祉国
家的パターナリズム批判を行ったことの２つである。この２つの論点は，文化
主義ではなく，具体的な賃金や雇用政策や福祉国家政策に関わる論点である。
しかし，この２つの論点とも，フェミニズムからすれば，批判せずにはすまな
い論点であったと思う。それにもかかわらず，なぜフレイザーは，この２点を
第二波フェミニズムの失敗として，批判するのだろうか。

　まず「家族賃金批判」から見ていこう。家族賃金観念とは，「男性１人の賃
金で家族を養う」というジェンダー観を前提として，欧米で労働組合の賃金要
求の武器として登場した観念であり，規範である。「イギリスでは 19 世紀から
20 世紀へと向かう世紀転換期にこの『男性一人の賃金で家族を養う』という
考え方が大衆的に定着し，20 世紀初頭からの福祉国家体制の準備・構築段階
ではこれを下支えする規範として威力を発揮した」（木本 2000: 28）という。

　ではなぜフレイザーは，第二波フェミニズムの「家族賃金批判」を問題にす
るのだろうか。おそらくそれは，「家族賃金批判」が，「ネオリベラリズム的な
個人主義・能力主義（メリットクラシー）を正当化」する機能を果たしたと認識
したからであろう。男性労働者には，自分だけでなく妻子や親などの生活を支
えられる額が支払われるべきだとする「家族賃金」論は，当然，賃金の額は生
活するに足りる額であるべきだとする生活給論に位置づく。実際の賃金は，業
績給・能力給・職能給・年齢給・諸手当等複数の考え方に基づいて，異なる支
払い諸部分の総和から成り立っているが，「家族賃金批判」は，賃金を，労働
者の家族構成・性別・世代・年齢などによってではなく，能力に応じるべきだ
とする「能力主義」を強めることになるだろう。

　もう１つのフレイザーの批判は，③福祉国家的パターナリズム批判を行った

ことである。「パターナリズム」とは父権主義・温情主義などと訳され，「強い
立場にある者が，弱い立場にある人の生活に関して，本人の意思を無視して，
本人のためという理由で介入・干渉・支援すること」を言う。福祉国家施策に
関わるパターナリズムとしては，女性の労働権を認めず，女性を夫や父親の被
扶養者としてのみ位置づけたことなどが挙げられる。この位置づけに対する批
判は，第二波フェミニズムにとって，避けて通れない論点だったと思う。福祉
国家のパターナリズム批判は，フェミニズムからすれば当然にも，必要不可欠
な論点なのだ。

　ではなぜフレイザーは，この2点を，第二波フェミニズムの戦術的失敗であ
るとするのだろうか。おそらくそれは，②の論点と同じく，「タイミングが悪」
かったということなのではなかろうか。つまりこれらの批判は，福祉国家政策
をとってきた社会民主主義勢力が，ネオリベラリズム勢力によって守勢に立た
されるようになった時期に第二波フェミニズムからなされた。結果的にネオリ
ベラリズムの「福祉国家批判」に手を貸してしまったということに対して，な
されているのではないだろうか。

　このように見てくると，フレイザーの第二波フェミニズム批判の大筋は，ネ
オリベラリズムの勢力が増してくるときに，弱まっている社会民主主義勢力に
手を貸さなかった，すなわちネオリベラリズムに加担したという，政治状況に
おける戦術論的な批判にあるように読めてくる。つまりは，1990年代の「新
しい社会運動」の一部として始まった第二波フェミニズムの反経済主義的な運
動が，国家的に基礎づけられた社会民主主義がグローバルなネオリベラリズム
の圧力の下で揺らぎだすという大きな歴史的な展開と，時期的に一致していた
ことにより，結果的に「ネオリベラリズムに手を貸す」ことになってしまった
ことこそが，批判の主な根拠なのだ。最初に，この批判をよくできたストーリ
ーだと述べたのは，この批判がこのような感情を揺さぶるストーリー性をもっ
ているからである。

　しかしこのストーリー性は，政治的・経済的出来事に対する単純化や擬人化
が生み出すものであることを忘れてはならない。たとえば，「ネオリベラリズ
ムに手を貸す第二波フェミニズム」というような記述ができるためには，非常
に多様な運動である第二波フェミニズムの中で，ネオリベラリズムと似ている

側面をもつフェミニズムを探し，そこに焦点を当てることで，可能になっているのかもしれない。また，「手を貸す」という記述は，実際に2つの勢力の間に連携関係があったことを意味しているのではなく，2つの勢力の主張が「似ている」ことを，個人間の相互行為のように「擬人化」しているのかもしれない。心を打つストーリーであればあるだけ，そのストーリーを構成する構成素は，ストーリーに合うように「創りこまれる」可能性があるのだ。だからこそ，そのストーリーをそのまま受け取るのではなく，その妥当性を検討していくべきだろう。

　しかし，フレイザーの第二波フェミニズム批判には，このような危険性があるとはいえ，第二波フェミニズムが「第二の近代」の何を見ていないかということに対する，かなり妥当な見方を示していると言いうるだろう。その意味で，フレイザーの議論を中心に見ていくことは妥当だと思う。しかし他方において彼女は，「文化主義」等，第二波フェミニズムに関してかなり大きな理論的方向に関する問題点を指摘している。これらの批判をそのまま妥当として受け止めてしまってよいのだろうか。ここにはかなり大きな問題があるように思う。

　したがって，本章の以下では，フレイザーの第二波フェミニズム批判に対する疑問を出しながら，その妥当性を検討していくことにする。むろんその目的は，フレイザー批判にあるのではなく，あくまで，「第二の近代」におけるフェミニズムの方向性を考えていくための論点を，見出すことにある。

▷フレイザーへの問い（1）──ネオリベラリズム・社会民主主義のとらえ方

　よくできたストーリーこそ，その見方をそのまま受け取ることには，注意することが必要であるという視点から，細部に目をやると，フレイザーの見方には，検討すべき論点も多く含まれている。第1に問うべきなのは，「国家的に基礎づけられた社会民主主義がグローバルなネオリベラリズムの圧力の下で揺らぎだす」（Fraser 2008＝2013: 140）という歴史記述は，どのような歴史を述べているのかということである。この記述は「ネオリベラリズムの圧力」に負けて「社会民主主義が揺らぎだす」という，時間継起的な記述である。この記述があるからこそ，社会民主主義とネオリベラリズムのどちらに加勢するのかということが，第二波フェミニズムに対する批判の焦点となっているのだ。しか

し，それが意味しているのは，どこの国のどんな政治的出来事なのだろうか。

　フレイザーの議論の中で最初に出会う疑問の1つは，彼女のグローバリゼーションとネオリベラリズム理解である。フレイザーは，グローバリゼーションを，「グローバルなネオリベラリズム」ととらえているように思える。つまり，グローバリゼーション（フレイザーの言葉によればグローバル資本主義）を，ネオリベラリズムという1つのイデオロギーのグローバル化として，とらえているように思える。この問題は，グローバリゼーションによってどのような社会になったのかということに関わる論点を含むので，以下でもう少し考えてみたい。

　このようなフレイザーのグローバリゼーションのとらえ方は，これまでの本書におけるグローバリゼーションの概念とはやや異なる。本書ではグローバリゼーションという概念を，イデオロギーではなく社会過程として定義してきた。確かにグローバリゼーションを進めることを是とするイデオロギーを，グローバリゼーションと呼ぶこともあるが，本書ではそうしたイデオロギーに対しては，グローバリズムという語を当てたいと思う。グローバリゼーションという概念をどう定義するかということ自体は，どのように定義しようが誤解がなければよいので自由であるが，ここで問題にしたいのは，グローバリゼーションをネオリベラリズムという政治経済政策と同一視してよいのかという問題である。つまりこの問題は，単に言葉の定義の問題ではなく，グローバリゼーション時代の政治経済政策は，ネオリベラリズム的政策以外ありえないという認識の妥当性に関わる問題でもあるからだ。

　ネオリベラリズムの立場をとる経済学者たちの多くは，国家の規制を廃止し，自由貿易を推し進めることを，経済発展のためにとりうる唯一正しい政策だと主張した。この主張が正しければ，グローバリゼーションが進めば，先進各国の経済政策はすべて，ネオリベラリズム化していくということになるだろう。そうであれば，グローバリゼーションとネオリベラリズムを区別する必要もないのかもしれない。しかし，本当にそうなのだろうか。（本書で定義している意味での）グローバリゼーションに直面した先進諸国の政策は，皆，ネオリベラリズム化しているのか。そこに違いはないのだろうか。

　第3章によって論じたように，（第二次世界大戦後1970〜80年代に）ドイツや日本に追い上げられたイギリスやアメリカは，ネオリベラリズム的政策を先導

した。国内の労働者に対する社会福祉政策を小さくし，企業減税を行うことで，自国企業の体力強化を図った。そこに，ソ連崩壊と資本の国際移動の自由化・地球規模の自由市場の形成が重なることで，先進国の製造業企業は，低賃金で雇用できる成熟した労働力が存在した旧社会主義圏等の地域への工場移転を加速した。その結果生じたのが，先進国の労働者の雇用不安定化や収入減であったと論じてきた。これらの過程すべてをグローバリゼーションと呼ぶとすれば，確かに，イギリスやアメリカのネオリベラリズム的政策は，グローバリゼーションを推し進めた1つのモメントであった。

　しかし，先進国すべてがイギリスやアメリカと同じようにネオリベラリズム的政策をとったのだろうか。そのような圧力があったことは確かである。一度地球規模の自由市場や資本の国際移動の自由化が生じてしまうと，世界市場をねらう企業には，価格競争の圧力がかかる。労働者保護のための労働法制による規制にがんじがらめの国内労働市場，強い力をもつ労働組合，高い法人税率等を負担することは，世界市場で自国企業が負けてしまう予測を生む。望むと望まざるとにかかわらず，世界規模の自由市場の成立は，各国政府に労働法制の柔軟化や法人税の税率引き下げ圧力を課す。イギリスとアメリカのネオリベラリズム的な政策の影響は，先進国すべてに及ぶことになる。先進国の多くの企業は，中国や東欧など労働力が安い地域で生産された商品と競争しなければならない。つまりは工場をそちらに移すか，自国内の労働者の賃金を大幅に切り下げるか，ロボット化・自動化によって必要な労働者数を抑え込み余剰人員を解雇するか，選択せざるをえないということになる。フレイザーが，グローバリゼーションをネオリベラリズム的政策のグローバル化と把握しているのは，そのためなのかもしれない。

　しかし，実際に先進国の政策は，同じようにネオリベラリズム化したのだろうか。同じような問題に直面しても，失業対策や福祉政策は異なっていたのではないか。社会政策学者エスピン＝アンデルセンは，「福祉資本主義の3つの世界」という類型を導入して，ケインズ主義的な国家管理的な資本主義社会にも国による大きな差異があったことを示している。彼が挙げた「自由主義」（アメリカ等），「保守主義」（ドイツ等），「社会民主主義」（スウェーデン等）というよく知られた3つの類型は，第二次世界大戦後1970年代から80年代という

時代をもとにつくられている。エスピン゠アンデルセンによれば，この3類型は，「その時期に優勢であった社会経済的な諸条件を反映していた」。つまり「工業的大量生産によって支配された経済・男性のマニュアル労働が典型的な市民を構成していた階級構造・典型的な家庭が安定的な単独の稼得者から成り立っていた社会」を想定していたという（Esping-Andersen 1999 = 2000: 117）。それはまさに，本書の第2章で論じた，第二波フェミニズムが批判対象とした社会，つまり第一の近代と一致している。エスピン゠アンデルセンの第二次世界大戦後の資本主義国における福祉のあり方についての見方によれば，そこにはすでに福祉資本主義のあり方について方向を異にする3つの類型があったことになる。

　さらにエスピン゠アンデルセンは，福祉資本主義を取り巻く環境が大きく変わった後に，考察を行う。彼は，本書でグローバリゼーションによる社会の変動と呼んだものによって，「かつて調和と幸福を保障していた諸要素が，いまやつぎつぎと後戻りの利かない危機や腐敗に陥っているかのようである。ヨーロッパは 1500 万人余りの失業者を抱え，北アメリカはほぼ同じ数の低賃金労働者を抱えたまま，新しい世紀を迎えようとして」（Esping-Andersen 1999 = 2000: 21）おり，このことが福祉資本主義を危機に陥らせているのだと言う。さらに彼は，この危機の中で福祉国家は維持できるのかと問いを進める。その結果彼は，3つの類型は，この危機の中でも維持されていたことを発見している。つまり，エスピン゠アンデルセンの見方では，先進国はすべて同じような政策をとってきたわけではないのだ。

　フレイザーのグローバリゼーション＝ネオリベラリズムという概念使用法では，グローバリゼーションに対してとった先進国の政策とグローバリゼーションが区別できないので，この各国の政策の違いが見えにくくなってしまう。そのことを考慮に入れて，彼女のネオリベラリズムという語を考えると，それが何を意味しているのか，非常にわかりにくくなる。それは，地球規模の単一自由市場の形成などの経済的過程を意味するのか，あるいはその過程に適応する先進国共通の政治経済政策の一般的傾向を意味するのか，それとも先進国の中で特に市場原理主義的な政策をとったアメリカやイギリス等の政策を意味するのか，あるいはさらに限定的に，そうした政策を推し進めた各国国内の特定の

政治的勢力を意味しているのか。

　同じことは、フレイザーの「社会民主主義」という概念にも言いうる。「国家的に基礎づけられた社会民主主義がグローバルなネオリベラリズムの圧力の下で揺らぎだ」(Fraser 2008＝2013: 140) したというフレイザーの記述において、この社会民主主義という概念には、アメリカのケインズ主義的な経済政策をも含むのか、それとも、通常「社会民主主義」という概念で記述される北欧諸国のような政治経済政策をさすのか。さらには、そうした政策を推し進めた各国国内の特定の政治勢力を意味しているのか。

　このような意味のあいまいさの結果、フレイザーの議論は、いったいどの国を念頭に置いて議論しているのか、判然としなくなっている。さまざまな国のフェミニズムと経済の動きの中から、恣意的に要素を選択して議論しているのではないかという疑念すら生じてしまう。なおかつ、実際にはアメリカでの政治を前提としているように読める場合も多いので、理解はさらに混乱してしまう。

　この問題は、フレイザーが第二波フェミニズムの失策として具体的に指摘している3点の批判（①家族賃金批判をしたこと、②「政治経済的批判を強化」すべきときに「文化主義」をとったこと、③福祉国家的パターナリズム批判を行ったこと等）の妥当性を吟味するうえで、決定的に重要になるだろう。たとえば、日本のようなエスピン＝アンデルセンによって保守主義と規定されている国においても、家族賃金批判をすることは、ネオリベラリズムに加担することになるのだろうか。あるいは、スウェーデンのような社会民主主義諸国において、福祉国家のパターナリズム批判を行うことは、社会民主主義を弱体化させネオリベラリズムに加担することになるのだろうか。

　まとめよう。このようなフレイザーに対する疑問から問いを導くなら、それは以下のような問いになるだろう。つまり、「社会民主主義がグローバルなネオリベラリズムの圧力の下で揺らぎだ」したというフレイザーの見方は普遍的に言いうることなのか。この見方においては、社会民主主義とネオリベラリズムは、前者から後者に変化する「時間的継起」（ネオリベラリズムの勝利）としてとらえられている。この見方は、実のところ、ネオリベラリズムの立場に立つ経済学者が主張した見方でもある。つまりグローバリゼーションが進むと、

どの国も同じようにネオリベラリズム的な政策にならざるをえない，そうした施策をとらない国は，経済政策において失敗し，経済成長できないと主張した。フレイザーは，社会民主主義とネオリベラリズムに対する見方に関する限り，彼らと同じ見方をしているようである。

　しかし実際にそうなのか。本当に，グローバリゼーションは，先進国各国の国内的な政策余地をなくしていくのかどうか。つまり長期的に見て，グローバリゼーションは，福祉国家政策を不可能にしていくのだろうか。

　それに対し，エスピン＝アンデルセンの見方の中では，社会民主主義とネオリベラリズムは，「時間的継起」ではなく「異なる類型」としてとらえられている。そこでは社会民主主義的な福祉国家政策も，国家がとりうる施策として，位置づけられている。そうであるならば，そのことは，「家族賃金批判」「文化主義」「福祉国家的パターナリズム批判」等，フレイザーが第二波フェミニズムが「ネオリベラリズムの勝利」に加担したとする認識の論拠としているものの評価にも，大きく関わってくるだろう。フレイザーの批判が「ネオリベラリズムの勝利」という状況認識を前提とした戦術的な次元のものであるとするならば，政治状況認識が変化すれば，評価も大きく変わってくるからである。その意味で，ネオリベラリズムと福祉国家の問題は，第二波フェミニズムの評価に関わる重要な問いであると言いうる。この問題については，第5章で，論じていくことにしよう。

▷フレイザーへの問い（2）──なぜ先進国の労働者は，リベラル離れしたのか

　先述したように，本章では，フレイザーの第二波フェミニズム批判は，基本的にネオリベラリズムの勢力が増してくるときに，弱まっている社会民主主義勢力に手を貸さなかった，あるいはネオリベラリズムに手を貸したということにこそ，主要な論点があるのではないかと解釈した。この立場から見れば，フレイザーがもっとも重要視しているのは，現在のような政治状況，つまりマイノリティの人権や多様性の尊重を主張するリベラルな政党が，ナショナリズムや移民排斥を訴える右翼ショーヴィニズム勢力を抑えることに失敗し，後者が次第に強まってきて，政権をとるまでになっている状況を何とかすることにあるのではないかと思われる。

実際，グローバル化によって，多くの先進国で，「右翼ポピュリズム」が台頭している。右翼ポピュリズムとは，右翼的な政治イデオロギーを，「大衆迎合的」なレトリックで煽動する政治を意味する。ここで右翼的な政治イデオロギーとは，移民排斥・福祉否定・小さい政府などの政治的主張をさす。また，ポピュリズムとは，「大衆対エリート」等の二分法的な敵対的カテゴリーを使用し，社会の諸問題の原因を「エリートによる陰謀」のせいにするなどして人々を感情的に煽動し，政治的支持を得る手法をいう。このようなポピュリズムの政治を行う政治家には，カリスマ性があることが多い。佐藤成基によれば，「現在ほとんどの欧州諸国で10％から30％台の支持を獲得し，なかには政権に参加しているものもある」という（佐藤 2018: 95）[5]。また，2016年のイギリスEU離脱に関する国民投票における離脱派勝利や，同年のアメリカ大統領選におけるトランプ勝利も，これと同じような政治的状況として位置づけられている。

　フレイザーが「右翼ショーヴィニズム」という語で呼んでいるのは，この右翼ポピュリズムをさしていると思われる。おそらくフレイザーが重要視している問題は，産業が空洞化した先進国の取り残された旧労働者階級の人々が，愛国主義的・排外主義的傾向を強め，多様性やマイノリティの人権尊重を主張するリベラル勢力と，敵対関係に入ってしまっているということなのだと思う。第二波フェミニズムは，もちろんこのリベラル勢力の側に位置づく。けれども，まさにこのリベラル性こそが，「先進国の取り残された旧労働者階級の人々」にとって，拒否感をもたれる理由になっているのだ。なぜなのか。

　フレイザーは，おそらくその理由を，リベラル派とネオリベラリズムとの親和性に求めているのだと思う。「先進国の取り残された旧労働者階級の人々」は，ネオリベラリズム的経済政策によって，不要な存在として「取り残される」結果になった。他方，リベラル派の多くは，ネオリベラリズム的な経済政策の中で成功している人々である。だからこそ，「旧労働者階級の人々」は，リベラル派を信用しないのだと。

　ここからフレイザーは，この図式をフェミニズムにも適用し，第二波フェミニズムの中に，ネオリベラリズム寄りの立場があったから，取り残された労働者階級の人々を「右翼ポピュリズム」のほうに追いやったのだとして，第二波

フェミニズムの中の所得格差の是正などを求める経済主義をとらない「文化主義」その他の傾向を見出そうとする。しかし，第二波フェミニズムの中に問題を見出す以前に，まず，旧労働者階級の人々がリベラル離れしたのはリベラル派とネオリベラリズムの親和性のゆえなのかという問題自体を検討することが必要なのではないか。このことに対する十分な検討をしないままに，問題は，第二波フェミニズムの中の，ネオリベラリズム的傾向だとして，フェミニズム批判に移るのは，あまりにも拙速ではないか。まずフェミニズムをいったん離れて，このことが問われなければならないはずである。この問題は第6章で，検討することにしよう。

▷フェミニズムへの問い（3）——ネオリベラリズムに加担したフェミニズムとはどのようなフェミニズムか

フレイザーの第二波フェミニズム批判に戻ろう。「個人主義的」で「能力主義的」，自分の出世だけを考えるフェミニズムに第二波フェミニズムがなり下がってしまったから，「旧労働者階級の人々」から忌避されているとフレイザーは考える。つまり第二波フェミニズムの中にネオリベラリズムと共通性をもつさまざまな問題点（「文化主義」「個人主義」「消費主義」「能力主義」等々）があったから忌避されているのだが，そうでない「99％のためのフェミニズム」になれば，「旧労働者階級の人々」を右翼ポピュリズムから引き戻し，フェミニズムと連帯可能になるのだと示唆しているかのように読める。しかし，このストーリーはいったいどの程度リアリティがあるのだろうか。

最初に問題にしなければいけないのは，このような認識が妥当なのかということである。つまりフェミニズムの問題点は（あるとすれば）ネオリベラリズム的な側面にあるはずとする評価の妥当性については，さしあたり問題にしないでおくとしても，ネオリベラリズムをどのようなものとして考えるのかということについては，検討が必要である。たとえば，ネオリベラリズムを経済思想としてのみとらえれば，それは個々人が自分の経済合理主義に基づいて選択していくことが生産性向上や生産力向上という社会的に有益な結果をもたらすという認識を基本としているので，ネオリベラリズムを「個人主義」と把握してよいだろう。一方で，「小さい政府」をめざすネオリベラリズムは，「ケア」

に関わる問題に対する国家の支出をなるべく小さくすることを求めることになる。そのとき，「ケア」が家族や地域共同体などによって提供されていた過去の社会を称揚する価値観と，手を組むことが多い。ネオリベラリズムのそうした側面に焦点を当てるならば，ネオリベラリズムを単に「個人主義」としては把握できなくなる。そうだとすれば，フェミニズムの中のネオリベラリズム寄りの思想を，「個人主義」的なものの中に見出すことが，はたして妥当と言えるのか。フェミニズムにとって，「個人主義」や「共同体主義」という問題は，非常に重要でかつ微妙な問題を含んでいるので，この問題については慎重な検討が必要だと思う。

　同じことは「文化主義」にも言える。フレイザーは，第二波フェミニズムの「文化主義的」偏向は，時期的に見て「歴史の罠」とすら言いうるような失敗だったと言う。ではなぜどのようにして「文化主義」は，ネオリベラリズムの「罠にはまった」というのか。

　推測するに，ここには 2 つの解釈が成り立つように思う。1 つは，先述したようにグローバリゼーションによって格差が拡大し，先進国の産業衰退地域に取り残された旧労働者階級の人々や女性労働者が，経済的な困難に見舞われるようになったにもかかわらず，「文化主義」に「とらわれていた」フェミニズムは，彼ら・彼女らの問題に取り組まなかったという解釈。つまり「文化主義」をとっていたから「経済的問題」に対処できなかったという解釈である。

　2 つ目は，第二波フェミニズムの「文化主義」が，ネオリベラリズムが手を組んだ新保守主義の「文化主義」[6]とがっぷり四つに組むことになり，「伝統的」家族やキリスト教的宗教規範の価値を掲げる新保守主義による攻撃にさらされるようになってしまったという解釈[7]。広範な影響力と長い伝統をもつ宗教を前面に立てる新保守主義の「文化主義」は，近代啓蒙思想を基盤とする「文化主義」的フェミニズムで打ち破るには，あまりにも強敵であった。「文化主義」的な偏向自体が，ネオリベラリズムによってまさに仕掛けられた罠だったのであり，そこにまんまとはまってしまったことによって，人工妊娠中絶やLGBT など，キリスト教的宗教規範と真っ向から対立せざるをえなくなってしまったという解釈である。このような解釈は，いずれも納得できる。

　しかし，ネオリベラリズム対社会民主主義の闘いの場面における戦術的な良

し悪しに関する二分法的な評価で，フェミニズム理論のあるべき方向を論じて
しまってよいのかという問題は，残されたままだ。「文化主義」と「経済主義」
のいずれをとるかという問題は，フレイザー自身が述べているように，簡単に
は決定できない論点のはずである。

　よく知られているように，フレイザーは，社会運動の方向性を論じるために，
「承認」と「再分配」[8]という概念を導入した。「再分配」の政治とは，経済的な
不平等の是正をめざす運動であり，労働運動や社会主義の運動などがその典型
である。「承認」の政治とは，劣等性の表象を押しつけられたマイノリティ集
団が，適切な社会的評価を求める運動である。「フレイザーは，社会に存在す
る二つの種類の不正義を区別する。その第一は社会経済的なものである。今日，
物質的な財の配分は主として戦略的行為の体系である市場システムによって決
定されており，それぞれの集団は，分業体系の中で占める位置に応じて，物質
的財の配分をうける。『不適切な配分　maldistribution』に対しては，その修
正すなわち『再配分　redistribution』が求められる。第二に，それぞれの集
団は『文化的価値パタン　pattern of cultural value』のなかで社会的地位を与
えられる。この点における不正義は『地位の序列　status order』における不
平等であり，侮辱や暴行がここから生じる。不正義の核心は『不適切な承認
misrecognition』であり，その是正のためには，適切な『承認』が必要であ
る」（辻 2016: 47）。当然にも，再分配の政治のための社会理論は「経済主義」
的，承認の政治のための社会理論は「文化主義」的色彩を帯びることになる。

　この「再分配」と「承認」という 2 つの政治の区別は，さまざまな議論を呼
ぶことになった。けれども，フレイザーは，自分の主張の主旨は，「承認」と
「再分配」どちらが正しいか選択を迫ることではない，実際の社会運動におい
ては，「再分配」の政治と「承認」の政治双方が使用されており，「承認」の政
治と「再分配」の政治が循環的に相互に関連し合って平等をめざす社会運動が
なされていることを，自分は十分承知していると言う。「承認」と「再分配」
という概念装置を用いることは，このような過程をむしろ明確に記述するため
にこそ，必要なのだと。この「承認」と「再分配」の循環的関係に関するフレ
イザー自身の記述をそのまま受け取れば，「文化主義」批判は，グローバリゼ
ーション時代のフェミニズム一般に適用されるような大きな評価軸としては，

位置づけられないはずであろう。

　これらの問いを通じてさらに疑問に思うことがある。それはフレイザーが批判している第二波フェミニズムとはどのようなフェミニズムなのかということである。『99％のためのフェミニズム宣言』（Arruzza, Bhattacharya & Fraser 2019＝2020）において問題にしたフェミニズムとは，「個人主義的・エリート主義的フェミニズム」＝リベラル・フェミニズムであり，直接には，2016年アメリカ大統領選に民主党から出馬したヒラリー・クリントンが体現しているようなフェミニズムだとしている。しかし他方で，フレイザーは，第二波フェミニズムの文化主義的偏向を問題として挙げているが，このとき問題としているのは，リベラル・フェミニズムに限定されているわけではないと考えるのが妥当であろう。女性の公的領域への参加と法を通じての変革を主張するリベラル・フェミニズムは，文化主義的傾向はむしろ弱いとすら言いうるからである。「アイデンティティ」や「差異」「セクシュアリティ」を問題にしたのは，むしろ，リベラリズム批判を展開したラディカル・フェミニズムやポストモダン・フェミニズムである。そもそも，第二波フェミニズムの主流は，リベラル・フェミニズムではなく，私的領域における性差別を問題にする中で，近代社会の「公私二元論」の批判に向かったラディカル・フェミニズム以降のフェミニズムだったはずである。フレイザーは，これら第二波フェミニズムの主要な流れすべてを，「個人主義的・エリート主義的フェミニズム」として批判しているのだろうか。

　また，現代のフェミニズム（ジェンダー論？）の中には，直接的にネオリベラリズムと共振しているかのようなフェミニズム（それをフェミニズムと呼ぶかどうかには，論者によって差があるとしても）もある。菊地夏野は，そのようなフェミニズムを，ネオリベラル・フェミニズムと呼び，それを，「女性の解放を，消費や雇用のマーケットにおいて女性が力をつけ，男性と同様に地位を向上させ，収入を増やすことだと考える」「女性がそうできない要因の一つは女性自身の自己否定や抑制にある」とするフェミニズムと，定義している（菊地 2019b: 6）。このようなフェミニズムを，ネオリベラリズムと共通な価値観や認識に基づくフェミニズムと定義することに，異論はない。しかし，ここで菊地がネオリベラル・フェミニズムと呼んでいるのは，「反フェミニズム的感情に

よって特徴づけられる社会文化的状況」としてのポスト・フェミニズム[9]である。その意味では，本章において問題にしている第二波フェミニズムではない。また菊地がポスト・フェミニズムと呼んでいる主張を行っている当の人々にしても，「反フェミニズム的感情」をもっている以上，第二波フェミニズムと同一視されることには強い抵抗感をもつに違いない。したがって，現在菊地がネオリベラル・フェミニズムと呼ぶような言説がアメリカを中心とするメディアにあふれているとしても，またそのような主張を行う人々の中に，仮に自らを（第二波フェミニズムとは違う）フェミニストと自認する者がいるとしても，そこから，第二波フェミニズムとネオリベラル・フェミニズムを等号で結び，それを第二波フェミニズムがネオリベラリズム化している証拠として挙げることには，かなり無理があるように思う。

　だとすれば，やはりフレイザーは，ネオリベラリズムに結果的に「加担する」ことになった第二波フェミニズムの「文化主義」的方向を全体として批判していることになる。私は，フレイザーの危機意識を十分理解しているつもりである。本書自体，フレイザーと同じ危機意識から書かれている。しかしそれでも，フレイザーのこのような第二波フェミニズムの評価は，外在的評価だと思う。そして外在的評価のみからフェミニズムの今後の方向性を考えるような見方には，異を唱えたい。他の勢力に利用されるかもしれないという理由から，少しでもその可能性があるような主張を抑制することによっては，フェミニズム固有の理論化は実現できない。まさにそれは，第二波フェミニズムが勃興する前，フェミニズムの主張は労働者階級を分裂させる「利敵行為」だからという理由でその主張を抑圧しようとしたかつての左翼の論調を再び繰り返すことのようにすら思える。つまり「ネオリベラリズムの侍女」とか「加担行為」等の感情的な含みをもつ言葉による批判は，これからのフェミニズムの方向性を考えていくうえで「解きほぐすこと」が必要な問題を，まとめて「否定し去る」という効果をもってしまう危険性がある。それはこれからのフェミニズムがとりうる多くの方向性を閉ざしてしまう有害な効果をもたらすのではないか。

　「第二波フェミニズムは，ネオリベラリズムと同じ側である」という見方をとる人は，かなり多くいる[10]。けれども，それは本当にそれぞれの主張を精査したうえでの認識ではなく，全体の印象として述べられることが多い。つまり，

それはおそらく，この両者が，ともに，先進国の男性労働者の安定した雇用と性別役割分業家族からなる社会を，崩壊させる方向に作用したことが関連していると思われる。先進国男性労働者の安定した雇用と性別役割分業家族を守る立場からすれば，ネオリベラリズムとフェミニズムは，いずれも，それを破壊するような主張をしたという点において，「同じ側」なのである。

このことは，これまで本書において，何度も述べられてきた。前項で論じたエスピン＝アンデルセンの議論においても，1970年代から80年代に存在した「調和と幸福を保障した福祉国家」を危機に追い込んだのは，グローバリゼーションと「女性の生き方の転換」だったと位置づけられている。本書においても，グローバリゼーションが，「第一の近代」における男性労働者（のみ）の安定した雇用や性別役割分業家族，専業主婦に支えられた地域社会を崩壊させたこと，またそれらはまさに，第二波フェミニズムが批判の対象としたものだったことを指摘してきた。フレイザー的文脈で言えば，第二波フェミニズムは，「国家管理型資本主義」における家族の理想であった性別役割分業家族形態を批判の対象としたのである。そして，まさにフレイザーが指摘したとおり，このタイミングは，まさにグローバリゼーションによって，先進国において製造業の安定した男性労働者の雇用が失われ，性別役割分業家族が減少していく時期と一致していた。そこから，「フェミニズムはネオリベラリズムに加担した」「フェミニズムはネオリベラリズムの共犯者だ」という見方が生まれたとしても，ある意味当然だとも考えられよう。

しかし，ネオリベラリズムがきっかけの1つになって進行したグローバリゼーションによる先進国からの「製造業」の海外移転（および先進国の安定した男性労働者の雇用の喪失）とフェミニズムによる性別役割分業批判が同時期であったということと，この両者の間に「加担」というような言葉で表される関係があったとすることとは，同じでないはずである。ネオリベラリズムと（少なくとも一部の）第二波フェミニズムは，「ケア」に関する論点などにおいて，大きく異なっている。第2章で見たように，第二波フェミニズムは，ケアや家事を労働として位置づけ，資本主義社会においてケアや家事が無償労働であることによって，性差別が正当化されていることを明らかにした。またそこから，ケア労働や家事労働を無償で担っている（女性を中心とする）人々への社会的な経

済的支援の必要性や，ロールズなどのリベラリズムの既存の正義論におけるケアに関する議論の不在を，問題化した。このような方向性は，ケアを市場化されたケア労働と家族の責任に帰すネオリベラリズムとは，大きく異なる。それにもかかわらず，フェミニズムの中に一部ネオリベラリズムに沿った論調があるかどうかを探し，「利敵行為」かどうかということをもって，第二波フェミニズム批判を行うという論法は，フェミニズムにとって外在的な視点を評価に持ち込んでいる点で，妥当とは言えないのではなかろうか。

以上，ネオリベラリズムに加担したフェミニズムとはどんなフェミニズムなのかという問いを立て，論じてきた。この問題は，今後どんなフェミニズムが必要なのかという問題として，終章において，再度論じることにする。

▷本章のまとめ——第二波フェミニズムはグローバリゼーションの何を見逃したか

第2章において論じたように，第二波フェミニズムは，「公私二元論」の社会規範が生み出した女性差別を，「家庭にも正義が適用されるべき領域」と考える正義論や，家事を労働と見る労働論によって解明しようとした。その社会変革の方向は，「性別役割分業の廃絶」だった。女性はこれまでほとんどの国で，家事労働や育児，介護などのケア労働等を男性よりも多く担ってきた。この不平等分担こそが，男女の経済格差の主要な要因であると考えた。

ソ連崩壊とグローバリゼーションは，「階級廃絶」という理想を掲げてきた社会主義運動の勢力を衰えさせた。しかし，リベラリズムにおける平等主義を根拠とすれば，性差別の廃絶（つまりは性別役割分業の廃絶）も期待できるはずだと，多くのフェミニストが考えたとしても無理はない。国民国家単位の経済を前提とすれば，労働力再生産は不可欠の機能であり，それゆえそれを担う女性の平等要求と家事労働・ケア労働の負担軽減の主張は，当然にも十分考慮されるはずだと想像したはずだ。要するに，第二次世界大戦後一貫して「平等化」に向かっていた時期に生まれた第二波フェミニズムのフェミニストの多くは，社会主義運動が弱体化しても，平等化を要求する「正義」が今後も実現していくだろうと予想したのではなかろうか。

本章の冒頭で，フレイザーが，主流フェミニズムの自己認識を批判していることを示した。「米国の学問的なフェミニズムのサークル説の中で語られる標

準的な」第二波フェミニズムの物語,「白人,中産階級,異性愛の女性によって支配された排他的な運動」から,「レズビアン,有色の女性,そして／あるいは貧しい労働者階級の女性の関心も認めた,より広範な,より包括的な運動へと移行した進歩の物語は,自らが果たした本当の機能（ネオリベラリズムの侍女！）を認識し損ねた,自己満足のうえに立つ偽善的な物語だ」と,フレイザーは批判する（Fraser 2008＝2013: 138）。本章では,このフレイザーの批判の意義と彼女の危機意識の重要性を認めたうえで,フレイザーのこのような批判に対して以下のような3つの疑問を提示した。

　第1の疑問は,フレイザーの第二波フェミニズムが,「ネオリベラリズムによる社会民主主義体制の揺らぎに手を貸した」という主張の前提に対する疑問である。フレイザーは,社会民主主義とネオリベラリズムを,どちらかが他方に勝利する敵対的関係でありその結果（後者が勝利し前者に置き換わることによって）前者から後者への移行が起きたという見方をとっている。しかし,この2つを福祉国家の類型と見る見方も存在する。この見方の違いの背景には,グローバル資本主義においてはネオリベラリズム的政策が唯一合理的であり,どの国家もそうせざるをえないのかどうかという問題が存在する。国家がとりうる政策余地がほとんどなければ,国による政策の違いは微々たるものになるだろうからである。もし,国による違いが大きいのなら,フレイザーの「ネオリベラリズムによる社会民主主義体制の揺らぎに手を貸した」という認識は,どの国のどのような政治過程に当てはまっているのかが問われてもよいはずである。つまり,フレイザーが主張する「第二波フェミニズム」の問題点の評価は,一般性があるのかどうかが疑念になるはずである。この問題は,第5章で論じることとする。

　第2の疑問は,先進国において産業が空洞化し格差が拡大し,産業空洞化地域に取り残された人々が,リベラル離れを起こし,排外主義的右翼ポピュリズムに引き込まれていることに関連している。フレイザーは,その原因の1つに,第二波フェミニズムがネオリベラリズムに加担したことを挙げる。社会民主主義がネオリベラリズムによって揺らぎ,人々の連帯がまさに必要になっているときに,第二波フェミニズムは「文化主義」をとって,こうした問題に関心を示さなかった。フレイザーが問題にしているのは,この第二波フェミニズムが

「文化主義」をとったタイミングである。確かに，フレイザーの危機意識は理解可能である。産業空洞化地域に取り残された人々が「リベラル離れ」し排外主義的右翼ポピュリズムに引き込まれており，人々の間に分断が生じていることは，民主主義社会の存続にすら関わるような大きな危機である。しかしそうであるならば，フェミニズムの「文化主義」の是非に議論を進める前に，まず，産業空洞化地域に取り残された人々がなぜ右翼ポピュリズムに引きつけられるのかを，それ自体として考えることが必要ではないかという問いを立て，第6章で検討することとする。

　第3の疑問は，フレイザーが問題にしているネオリベラリズム寄りのフェミニズムとは，どんなフェミニズムなのかというものである。ネオリベラリズム寄りのフェミニズムとしてフレイザーが『99% のためのフェミニズム宣言』（Arruzza, Bhattacharya & Fraser 2019＝2020）で挙げているのは，女性が個人的に高い地位に就くことを求めるフェミニズムである。主流メディアがフェミニズムとして取り上げているのは，この種のリベラル・フェミニズムだと，フレイザーは批判する。またネオリベラル・フェミニズムと呼ばれるような女性の生き方を推奨するジェンダー論も，メディアでは多く出回っている。これらのフェミニズムをフレイザーが批判していることは確かである。しかしフレイザーは，「文化主義」をとったフェミニズム，あるいは「個人主義的」なフェミニズムなども批判している。本書では，フレイザーのこれらの批判は，時期的にネオリベラリズムの「利敵行為」となるような立場をとったということにあると解釈した。そのうえで，そうだとすれば，そのようなフェミニズムにとって「外在的」な視点で，今後のあるべきフェミニズムの方向性にも関わる「評価」を行うことには，慎重であるべきだとした。この問題は，終章で論じることとする。

　このような考察を行うのは，フレイザーの批判の意義を認めつつも，今後のフェミニズム，特に日本のフェミニズムの方向性について考えるためには，より丁寧な検討が必要だと考えるためである。日本では，アメリカとは異なり，少なくとも理論的には文化主義的傾向はそれほど強くない。けれども，私たち日本のフェミニストの多くも，グローバリゼーションによる格差拡大や雇用の不安定化に直面しても，なかなか的確な対応をしてこなかった。女性の雇用状

況はかなりひどいが，日本社会における女性の雇用の状況は，もともとひどかった。日本型雇用慣行が強固に維持されていたからだ。グローバリゼーションは，日本型雇用慣行に揺らぎを与えた。その結果政策的にも，男女共同参画やダイバーシティは，企業も行政も当然視する価値観となっており，「女性の職業参加」「女性の社会的地位向上」を明確に否定する人は少なくなっている。この方向でいけば，雇用状況も改善されるのではないかと考える人は少なくなかったはずだ。また近年では日本社会でも，かつては不条理にも非難されることすらあった性暴力被害者やDV被害者を支援する動きが加速しているとともに，セックス・ワークの脱汚名化もいまだ不十分だとは言え，少しずつ進んでいる。LGBTなどセクシュアル・マイノリティの人権問題も同様である。つまりは，「いろいろ問題はあるが，大筋において進歩している」という意味を込めて，日本でも「進歩の物語」としてフェミニズムの自己物語を語るむきは多いのではないだろうか。

　この「進歩の物語」に対して，フレイザーは批判を突きつけた。この批判の意義は大きい。しかし，第二波フェミニズムが，①家族賃金批判をしたこと，②「政治経済的批判を強化」すべきときに「文化主義」をとったこと，③福祉国家的パターナリズム批判を行ったこと（さらに国際機関と協調する運動形態をとったことを加える場合もある）をネオリベラリズムへの加担の証拠と考えるフレイザーの批判は，日本の文脈で考えると，大ナタで問題をぶち切るような乱暴さがあり，問題をさらに混乱させてしまうように思う。たとえば，このようなフレイザーの議論から，「セクシュアル・マイノリティの問題に論点を拡大することは『承認の政治』であり，それは右翼ショーヴィニズムの罠にはまることだからやってはいけない」と推論してしまうとすれば，それがいかに乱暴な議論であるかは，論じなくてもわかるだろう。フェミニズムは，「公私二元論」等の二項対立的概念が，さまざまな問題を覆い隠してきたことを明らかにしてきた。フレイザーの論に用いられている二項対立的概念もまた，問題の解明に必要な精妙さを欠き，過去の「階級一元論」[11]のような議論への先祖返りを導きかねないように思う。

　では私たちは「進歩の物語」をそのまま維持していてよいのだろうか。いや，それも違うだろう。グローバリゼーションは，1990年代に「格差拡大」や

「雇用の柔軟化」などに直面した第二波フェミニズムが依拠しようとした，2つの前提，つまり「労働力再生産を必須の機能要件とする国民国家単位の経済」と，「近代国民国家の，（近代人権思想・近代平等主義を含む）正義のフレーム」を，ともに揺るがせてしまった。その結果，多くのフェミニストの見込みとは異なり，「性の平等」の実現もなかなか進まず，不安定な雇用に苦しむ人々の関心は「平等」から「安定」に移り，国民国家以外の人々に対して「正義の適用外」を公言するヘイト・スピーチも，横行してしまった。もしこのように見ることができるならば，ここに，第二波フェミニズムの社会理論の問題があることになる。つまり第二波フェミニズムの社会理論は，グローバリゼーションの影響力を見誤ったのである。

　では，国民国家単位の経済が崩れることは，どのような影響があるのだろうか。次章では，グローバリゼーションが福祉政策にどのような影響を与えたかを検討することにしたい。

注 ────────────────

1）　フレイザーによれば，第二波フェミニズムの戦略は，ソ連崩壊の余波を受けて，再分配の問題から「差異の承認の問題」に移行したという。この第二波フェミニズムの戦略の「差異の承認」への移行が，ネオリベラリズムの台頭と時期的に重なっていたことが，「格差拡大」により貧困化した女性層のフェミニズム離れを帰結した，と分析する（Fraser 2008＝2013: 138-58）。フレイザーの「文化主義」という言葉は，「経済主義」との対比で用いられ，主に「差異の承認の問題」を意味する。

2）　菊地によれば，フレイザーの第二波フェミニズム批判には，「公正の範囲を国民国家の枠の外に広げようと試みた」ことを付加して，4点とする論文もあるという（菊地 2019a: 26）。

3）　フレイザーは，支配的価値観の中で低く評価されてきたマイノリティのアイデンティティや差異の存在を承認することを求める政治を，「差異と承認の政治」と呼び，経済的財の再分配を求める政治と区別した。

4）　生活給論とは，賃金は労働者の最低生活費を保障するものでなければならないという思想に基づく賃金論を言う。能力給論（賃金は労働者の職務に対する能力に応じて支払われるべきだとする思想）とよく対比される。

5）　2018年現在，ポピュリスト政党が政権に参画している国は，次の11カ国である。ハンガリー，ポーランド，ギリシャ，ノルウェー，フィンランド，ラトビア，ブルガリア，スロバキア，スイス，オーストリア，イタリアがそれである。ここでは特に東欧，南欧

の国々においてポピュリスト政権が誕生している様子がうかがえる。とはいえ，欧州
33 カ国のうち実に 3 分の 1 の国でポピュリスト政権がすでに誕生しているという（下
平 2020: 11）。

6）1970 年代後半以降のアメリカにおける政治的潮流。経済政策においては新自由主義
的な政策を主張するが，社会政策においては福祉社会政策をとらず，宗教勢力と結びつ
いて，家族の価値を強調する方向をとる。

7）フレイザーが批判する，「右翼ショーヴィニズムの高潮」に対するフェミニズムの闘
い方のまずさ（すなわち文化主義的な第二波フェミニズムの失敗）は，「女性の自己決
定権」や「性的マイノリティの権利」を前面に掲げることになり，「人工妊娠中絶反対」
や「同性婚反対」を主張して「家族の価値」の擁護を主張する宗教右翼の論点に，まさ
に自らはまっていったことにあると思われる。つまり，実際には宗教右翼と結びついた
共和党のネオリベラリズム的政策が，労働者の格差拡大と貧困化をもたらしているのに，
彼らはその責任を，「家族の価値」に反し「個人主義的な出世意欲に燃えた」フェミニ
ストに押しつけることに成功したのだ。フェミニズムと宗教右翼や共和党の「家族の価
値」をめぐる文化主義的全面衝突が，共和党の貧困層を直撃する経済政策を覆い隠して
しまったことで，多くの貧しい人々（そこには女性も多く含まれていた）が共和党に票
を投じる結果となったのだと。

8）redistribution の訳語は「再分配」と「再配分」の 2 つがあり，どちらも使われてい
るが，ここでは再分配という語を選択する。ただし引用はその限りではない。

9）ポスト・フェミニズムとは，意味としては「フェミニズム以降」であるが，ここでは
菊地の用法にしたがって，「男女平等には賛同するが，もはや男女平等は社会的に確立
されたので，フェミニズムは不用であるとし，フェミニズムに反対する考え方」を意味
する語として用いている。

10）たとえば政治学者の大嶽秀夫は，第二波フェミニズムが「個人の自由」を前面に押
し出す運動であったことを指摘し，そこから，第二波フェミニズムとネオリベラリズム
との親近性を指摘している（大嶽 2017）。

11）階級一元論とは，階級支配が終われば女性解放は自動的に実現されるとする，女性
抑圧の原因を階級のみに求める論。それに対して，ラディカル・フェミニズムは，性支
配こそ女性抑圧の原因だとする「性支配一元論」を展開したのに対し，マルクス主義フェ
ミニズムは「階級支配」と「性支配」の 2 つの原因が相互的に影響し合って女性抑圧
が生まれていると主張した（上野 1990）。

第5章

フェミニズム・ケア・福祉国家

前章では，主にナンシー・フレイザーの第二波フェミニズム批判を検討した。前章での議論をまとめると，「第二波フェミニズムはネオリベラリズムの侍女になり下がった」とするフレイザーの批判は，第二波フェミニズムの議論を引き継ぎつつ，グローバリゼーションの時代におけるフェミニズムのあり方を考えるためには，その主張の内容を精査する必要がある，ということである。

　以下では，フレイザーの第二波フェミニズム批判の中の，「家族賃金論を批判する」ことや「福祉国家のパターナリズムを批判すること」が「ネオリベラリズムに加担すること」になるという論点を手掛かりに，「第二の近代」におけるフェミニズムの方向性を考える。

▷フレイザーと福祉国家政策

　そのためにまず，フレイザーの第二波フェミニズム批判の意味を，再確認しておこう。フレイザーが上述のような第二波フェミニズム批判を行っているのは，彼女が，社会民主主義的政策としての福祉国家政策に肯定的な評価をしているからであることは，明らかである。実際，フレイザーは，1997年に次のように述べている。「経済的生産と社会的再生産をめぐる新たな世界，すなわち，雇用はより不安定で，家族はより多種多様な世界が現れつつある。(中略)出現しつつある世界は，家族賃金の世界と同様に，不確実性に対して人々に効果的に保険を与えてくれる福祉国家を必要とするであろう[1]。また，男性が家長を務める家族と比較的安定した仕事を前提としていた古い形の福祉国家は，もはやこの保護を提供するには不都合であることも明らかである。私たちは，雇用と再生産の全く新しい状況にふさわしい，何かしら新たなポスト工業化福祉国家が必要なのである」(Fraser 1997＝2003: 65)。この記述からは，フレイザーが，「第二の近代」における不確実性に対処するためには，社会民主主義的政策に基づく「福祉国家」の充実化こそが必要だと，考えていたことがわかる。

　ここからフレイザーは，社会民主主義がネオリベラリズムによって脅かされたなら，第二波フェミニズムは，福祉国家批判を行うことでネオリベラリズムに「手を貸」すのではなく，社会民主主義の福祉国家政策を擁護すべきであったと考えているのだと推測できる。フレイザーの非難は，第二波フェミニズムが，福祉国家擁護ではなく，逆に「家族賃金論を批判」したり「福祉国家のパ

ターナリズム批判」を行う等，社会民主主義的政策を叩く側に回ったことに向けられているのだと。

「第二の近代」においては「新たなポスト工業化福祉国家」が必要になるというフレイザーの基本認識は，基本的に正しいと思う。次節で検討するが，第二波フェミニズムが問題化した固定的性別役割分業を撤廃するためには，家事・育児負担を男女両性に平等化するとともに，「ケア」を家族だけが担うのではない，「ケアの社会化」が不可欠である。福祉国家政策は，この「ケアの社会化」の1つのあり方である。どのような「ケアの社会化」がよいのかということについては，すでに多くの議論があるので，ここではこれ以上論じないが，公的資金を投入する福祉施策の維持が必要であることは，論をまたないと思う。

しかし，この基本認識を共有したうえで，その他のフレイザーの議論の方向には，かなりの疑念がある。つまりフレイザーは，論点を第二波フェミニズム批判に絞ってしまうが，ここがまず納得できない。そもそも「福祉国家政策」が困難になったのは，フェミニズムが福祉国家を批判したからではない。「福祉国家政策」の危機が論じられたのは，グローバリゼーションによって，製造業が先進国から新興国に移転し，先進国における経済成長率が低下し，失業が増大するなど，経済的困難が生じたことが主な理由である。

そうであるならば，「福祉国家政策」が維持されるかどうかは，第二波フェミニズムが福祉国家批判を行ったかどうかとは，ほとんど関係がない問題だと考えるのが妥当である。いったい，グローバリゼーションの時代において，「福祉国家政策」は維持できるのかどうか。この問題こそ，最初に問うべき問題ではないだろうか。ネオリベラリズムは，このようなグローバリゼーションの時代においては，減税や福祉予算削減等によって財政的に小さい政府をつくるほか，「正しい」施策はないと主張した。「福祉国家政策」をとる国は，遠からず競争に負けてしまうことを意味すると。この主張は妥当だったのかどうか。福祉国家の維持が必要だと考えるのなら，第二波フェミニズムがネオリベラリズムに加担したかどうかと問うよりも，まずこの問いに向き合うことが必要ではないかと思う。

さらに問うてみよう。第二波フェミニズムの「家族賃金批判」や「福祉国家

のパターナリズム批判」を非難することは，はたして妥当なのか。この点についてもかなり疑問がある。「ネオリベラリズムに加担しない」ためには，「家族賃金論」を肯定し，「福祉国家のパターナリズム批判」をやめることが必要だとでも言うのであろうか。少なくとも，前章で見たように，このような主張が日本社会にも当てはまるかどうかということは，問うてよい問いである。日本社会では，グローバリゼーションによる賃金削減の要請は，「家族賃金論」による「男性＝一家の稼ぎ手，女性＝被扶養者」という性別役割分業の位置づけに基づき，女性労働者の過半数に及ぶ非正規雇用労働者化を生んだ。ならば，日本社会においては，フレイザーの言うように「第二波フェミニズムが家族賃金批判を行ったことがネオリベラリズムを強めた」というよりもむしろ，「家族賃金論を利用することで，ネオリベラリズム的施策が行われた」と言いうるのではないだろうか。

　ここから，フレイザーの第二波フェミニズム批判は，先進国すべてに等しく言いうることなのかどうかという疑問が生まれてくる。グローバリゼーションが世界各国でどのような社会政策や社会変動をもたらしたかに関しては，国ごとに大きな違いがあるにもかかわらず，フレイザーの議論においては，国による違いがほとんど論じられていないのだ。しかし，前章で見たように，エスピン＝アンデルセンらの議論によれば，福祉国家にはいくつかの型があり，その型によって実際の社会政策・福祉政策は大きく異なっていた。しかも，その違いは，ネオリベラリズムが台頭した後にも持続した。そのような違いを考慮に入れたうえで，各国におけるフェミニズムの方向性を見出していくべきではないだろうか。

　そこで以下では，次のような問題を考えていく。第1に，「グローバリゼーションは福祉国家を危機に陥れるのか」，つまりグローバリゼーションはネオリベラリズムという政治経済的思想（イデオロギー）を不可避にするのかという問題である。フレイザーは，政治経済的思想としてのネオリベラリズムと，経済的過程としてのグローバリゼーションを明確に区別せずに，ネオリベラリズム政策をとることがグローバリゼーションであるような論じ方をとっている。しかし，グローバリゼーションとネオリベラリズムの2つを区別できるものとすると，「グローバリゼーションと福祉国家」との関連性という問いを形成し

うる。エスピン＝アンデルセンは，福祉資本主義は，グローバリゼーションと女性の職業参加という2つの要因によって危機に陥っていると論じ[3]，グローバリゼーションが福祉国家を危機に陥らせたことを認めてはいるが，グローバリゼーションの時代においては，「福祉削減」は不可避とまで言えるのだろうか。

　第2に，福祉国家とパターナリズムの関連性。パターナリズムとは，父権主義，家父長制，家族主義などと訳される。強い立場にある者が，弱い立場にある者の利益のためだとして，本人の意思を問わずに介入・干渉・支援することを言う。親が子どものためによかれと思ってすることからきている。フレイザーは，第二波フェミニズムが，福祉国家のパターナリズムを批判したことをもって，ネオリベラリズムに加担したと批判する。ここには社会民主主義的「福祉国家」を守ろうとするフレイザーの意志が感じられる。しかし，福祉国家を選択することは，パターナリズムをも受け入れざるをえないのか。第二波フェミニズムが見出した「公私二元論」に基づく近代社会の性差別，つまり，家事・育児・ケア労働負担の性別不平等分担と，DVなど私的領域における暴力の存在と不正義という問題を解決するためには，パターナリズムに陥らない福祉国家の形成が必要である。この方向は不可能なのか。

　以下ではこの2つの問いを念頭に置きながら，フェミニズムと「福祉国家」について考察していこう。まずは，フレイザーの文脈を離れて，フェミニズムにとって「福祉国家」を論じることがどのような意義があるかを再確認するために，グローバリゼーションによって「福祉国家の危機」が論じられるようになる以前において，福祉国家とフェミニズムがどのような関係にあったのかを，振り返ることから議論を開始しよう。

▷フェミニズムと「ケア」

　ネオリベラリズム以前から，フェミニズムにとって「福祉国家」という主題は，非常に大きな重要性をもつ主題であった。それは，「ケア」という，フェミニズムにとってもっとも重要な論点を，「福祉国家」論と共有していたからである。

　先述したように，第二波フェミニズムの社会理論上でのもっとも重要な貢献は，近代社会の「公私二元論」が女性の人権の侵害の告発を困難にしてきたこ

とを，明確化したことにある。特に，家事・育児が「労働」とみなされず「私的領域」における「自由な活動」と位置づけられたことによって，女性の経済的自立は非常に困難になり，多くの女性が男性の経済力に頼らざるをえず，「自由」を侵害されることになったことである。

　主流派（当然男性研究者たちの）社会理論の多くは，家事や育児等の活動に対してほとんど関心を示さず，そうした活動が社会的に有用であるばかりでなくかなり義務的であり，生活時間の中のかなりの時間を要する活動であること，つまり「労働」とみなしてよい性質をもつ活動であることを無視・隠蔽した。女性の多くが担ってきた家事や育児は，「女性の生物学的な本能に基づく動物的行為」あるいは「愛情に基づく自由な行為」として位置づけられた。つまり家事や育児等の活動は「労働」とはみなされず，「余暇活動」や「生命活動」と同じく「無償」であるのが当たり前の活動とみなされたのだ。

　実際には，家事や育児などの活動は，他者の命に直結する活動なので，かなり義務性があり，自分自身が「自由な恣意」によって選択・放棄できるような活動ではない。ゆえに，このような義務的活動を全面的に負わされた女性は，自分の労働力のかなりの部分をこの義務的活動に充てざるをえず，結果として男性と同様に雇用労働に従事することが難しくなる。つまり，女性は労働力として「劣って」いるとみなされることになった。しかもそうした「労働力として劣っている」ことを，「自由意思」によって選択している「精神的に劣った者」あるいは「怠け者」であるかのように表象された。結果として，職場の体制（所定労働時間・残業制度等）は，家事・育児を担わない男性を基準に設定されたままになり，それに従えない女性は，「自らの落ち度」によって退職しているかのような認識が維持されることになった。職場のワークライフバランスが問題になるようになったのは，第二波フェミニズム運動が台頭してかなり後のことだった。

　また，家庭という場が私的領域であり，自由な振る舞いができる場と定義されることによって，家庭内において従属的位置に置かれた人々に対する搾取や強制・暴力という問題は，社会が関与するべき「正義に関わる問題」として位置づけられないままになってしまっていた。その結果，DV や虐待等の問題は，20 世紀末まで，社会問題化されなかった。「女性の人権は，人権」とされたの

は，1993 年の世界人権会議でのことであった。

　DV や虐待等家庭内の暴力が深刻な人権侵害を生み出してしまう大きな要因の 1 つは，「自立できない」人々が家庭内にしか居場所を見出しえなかったことにある。逃げ場がないことが，暴力等を容認せざるをえない理由となってきたのだ。

　では「自立できない」人々とは，どんな人々を含むのか。第 1 の種類の人々は，生きていくうえで必要な生命活動や身体を良好に保つために必要な活動を自ら行いえない人々である。誰もが，いわゆる「身辺自立」ができない状態で生まれてくる。人間の子どもは，生まれたばかりのときは，本当に無力である。歩くことも，手でモノを持つこともできず，自分で水分や乳などを摂取する行為を行うことが難しい。体温調節も難しい。自力で移動できないので，寒さを避けるとか，強い日差しを避ける等の行為も難しい。誰かに頼らなければ命を長らえることが難しい状態で，人間の子どもは生まれてくるのである。むろん子ども以外にも，身辺自立が難しい人が大勢いる。加齢や障がいによって精神的身体的に不自由のある人，けがや病気によって一時的に身辺自立できない人等。これらの人々は，誰かの世話，つまり「ケア」されることが，生きるために必要不可欠である。

　第 2 の種類の人々は，身辺自立できるが，自分自身で収入を得ることができず，家族に経済的に依存する人々である。学童期の子どもたち，失業者，就業能力は衰えたが要介護状態ではない高齢者などである。彼らは，経済的には誰かに依存せざるをえないけれども，自分の生活の面倒を自分で見ることができる。

　この 2 種類の人々は，男性中心的見方ではどちらも「自立できない依存者」として同じ人々となる。けれども，この 2 つの「自立できない」状態を区別すると，もう 1 種類の「自立できない」人々がいることが見えてくる。それは第 1 の種類の依存，つまり「身辺自立ができない人々の世話をしている」がゆえに，第 2 の種類の依存，つまり経済的に自立できない人々がいるということである。このタイプの依存は，第 1 の種類の依存とも，第 2 の種類の依存とも異なる。なぜならこのタイプの依存は，経済的には自立できていなくても，「身辺自立」に関しては，自分自身の身辺自立ができているだけでなく，他の人々

の「身辺自立」を手助け（ケア）しているからである。経済的に自立できない
のは，稼得能力がないからなのではなく，主に，「自立できない人々の世話」
を行わざるをえないがゆえに自分自身の労働力のすべてを雇用労働に費やすこ
とができないからなのである。このタイプの依存が，女性に多い依存であるこ
とは言うまでもないだろう[4]。

　言い換えれば，「自立できない」という状態を，経済的に自立できないとい
う意味でしか把握せず，「身辺自立」ができず生きるために他者による「ケア」
を必要としている人がいることを認識しないことによって，女性を「稼得能
力」をもたないかのように表象することが可能になっているのだ。実際には既
婚女性の多くは，「身辺自立」できない人に対する「ケア」を行っているゆえ
に，「稼得能力」において男性より劣るとみなされてしまうにすぎない。逆に
言えば男性労働者は，「ケア」労働の負担を，女性に不当に重く分担させ，自
分は逃れることによって，「稼得能力」において，女性よりも優位に立ってい
るのである。

　ここから，（近現代）フェミニズムにとって，もっとも大きな問題の1つは，
「身辺自立ができない人々を世話すること」（＝ケア）が女性に不当に重い負担
になっている状態をどのように是正するかという問題であった，と言うことが
できよう。それゆえ，第二波フェミニズム理論は，「ケア労働」の社会化に関
わる論点を，もっとも重要な論点の1つとして展開してきたのである。主要な
フェミニズム社会理論のほとんどは，この「ケア」をめぐって論じられている[5]。

　他方，以下で見るように，「福祉国家」は，第二次世界大戦後，ケインズ主
義的経済政策の中で，「自立できない」人々の「ケア」を，公的に行う施策と
して，生まれてきた。つまり，フェミニズムと「福祉国家」は，それぞれ誰が
「ケア」の担い手になるべきかという問題を，共有してきたのである。

　では，この両者はどのように関連し合ってきたのだろうか。以下では，主に
クリストファー・ピアソンに依拠しつつ，第二次世界大戦後における「福祉国
家」をめぐる政策の変遷と，第二波フェミニズムの「福祉国家」に対する見方
を，大摑みで把握しておくことにする（Pierson 1991＝1996）。

▷「資本主義」・「福祉国家」・フェミニズム

ピアソンによれば,「資本主義」と「福祉国家」が両立可能かどうかをめぐる議論は,これまで大きく変化しているという。19世紀後半においては,資本主義の擁護者も批判者もともに,「国家による福祉は,資本主義経済の動態とは両立しない」という見解で,かなり一致していた。しかし,20世紀に入ると,「両立できる」という見解をもつ者が,資本主義擁護者にも資本主義批判者にも生まれるようになり,第二次世界大戦後においては,「福祉国家と資本主義が共生の関係にあるという論理は,それが良いか悪いかは別としても,支配的な定説の位置を占めるにいたった」というのである（Pierson 1991 = 1996: 33）。

古典派経済学は,自由市場こそが経済の自動調節機能であり,国家による恣意的な介入は,経済を損なうと主張した。それゆえ国家による社会福祉も,「もし労働意欲や労働能力にかかわりなく,福祉が保証されるならば,労働者たちが,自ら労働力を売り渡す動機はなくなってしまうだろう。(中略) そうなると経済は損なわれ,最終的には,社会全体が荒廃してしまう」(Pierson 1991 = 1996: 28) と考えた。他方,マルクスは,逆の立場から「両立しない」という結論を出していた。彼によれば,「資本主義」国家における国家は,資本主義的国家でしかありえず,「広範な労働者人口の真の福祉を確保」することは絶対にないのだと (Pierson 1991 = 1996: 31)。

けれども,第二次世界大戦後には,「資本主義」と「福祉国家」は両立する(それどころか福祉国家政策こそが,資本主義を生き延びさせる) という見解が,左派・右派双方の陣営から主張されるようになった。社会主義的経済体制をとる国々が増えると,資本主義諸国と社会主義諸国は,経済発展において競い合うようになった。社会主義陣営は,社会主義に基づく計画経済の資本主義的経済体制に対する優位性の1つを,経済恐慌がないことに見出していた。実際,1929年の世界大恐慌は,資本主義各国の経済に大きな打撃を与え,第二次世界大戦の遠因の1つになった。

第二次世界大戦直後から,戦後の国際社会は,資本主義陣営と社会主義陣営が政治的に対立する「東西冷戦」体制に向かっていった。この中で,イギリスの経済学者ケインズは,社会主義者ではなかったが,資本主義は自動調節的経

済体系であるという古典派経済学および新古典派経済学の信念に反対した。つまり，課税政策，公共事業，通貨政策，利子率の操作などを通じて，国家が資本主義経済に介入することが，資本主義経済の安定的成長に不可欠と考え，「管理された資本主義」が必要だと主張した。特に彼が問題だと考えたのは，資本主義の自動調節機能は，十分に高い水準の有効需要を生み出さないということであった。有効需要とは，商品を欲しいと思い，実際に買うことができる需要のことである。いくら商品が欲しくともお金がなければ買うことができない。商品が売れなければ，生産者は商品をつくることができなくなる。生産減少・工場閉鎖・労働者削減などによって，労働者は職を失う。そうなると，さらに消費は落ち込む。経済は自動調節されるどころか，悪循環に陥るのである。ケインズは，この状況を変えるためには，政府が財政出動し，消費を刺激することが必要だと考えた。完全雇用水準での需給均衡を保証することができるように，十分に高い水準の「有効需要」を生む，消費性向と投資誘因の両方を刺激する形で市場に介入することが，政府の義務だとしたのである。

このケインズ主義的経済学は，先進資本主義国内の社会民主主義者に，彼らが以前とっていた「経済の社会化（国営化）政策」を放棄させうる理論的根拠を与えた。社会民主主義者は民主主義的に選ばれた議会を通じて社会変革を行おうとする立場であるから，資本家たちが強く抵抗するような施策をとることは難しかった。「生産手段の国有化」等，私有財産制度に手をつける政策を行えば，反対派からの猛反撃を予想せざるをえない。それに対してケインズは，生産手段が国有化されているかどうかは，経済を統制するうえで，それほど重要ではないと主張した。つまり伝統的社会主義者たちのように，「生産手段を社会化」しなくても，資本主義を管理することはできるというのである。ここから社会民主主義者たちは，自国の私的資本と全面的に対立することなく，民主主義的政治を通じた，労働者階級の利益のための政策を行うことができる可能性を見出した。労働者の賃上げや失業給付の増額，所得再分配などは，低所得者の生活を改善する「福祉国家」政策である。この「福祉国家」政策は，所得再分配等による経済的格差の縮小や平等化に寄与するだけではなく，消費性向を高め景気の好循環をもたらす点で，私的資本にとっても歓迎すべき政策であると主張できたからである。ここから，先進資本主義諸国において，「資本

主義」と「福祉国家」は両立する（それどころか福祉国家政策こそが，資本主義を生き延びさせる）という見解が，左右双方の陣営から主張されるようになったのである。ここに，「資本主義」にとって「福祉国家」とは，市場によって確保されない公共財を供給するために必要不可欠だという見解が，第二次世界大戦後の先進資本主義諸国の中で，かなり共有される状況が確立したのだ。

　では，フェミニズムは，このような「福祉国家」をどう見たのだろうか。ピアソンは，「福祉国家」に対するフェミニストの理論的考察は，1980 年代以降に多く現れたとし，その主な主張を，以下のようにまとめる。「一般にフェミニストのアプローチは，福祉国家を，女性を犠牲にして，男性と資本の利益のために組織されたものとして説明する」（Pierson 1991＝1996: 134）。つまり資本主義の市場は，「人間の労働力再生産に必要なものを決して十分には与えない」がゆえに，労働力再生産は常に，家族による私的供給か公的供給（国家による教育や保健医療政策等）に頼らなければならない。

　しかし，公的供給は，私的供給に完全にとって代わることはない。なぜなら，家族イデオロギーや性別役割分業観に基づいて主に女性によって供給されている労働力再生産のための無償労働は，資本が，労働力再生産費用を低く抑えるうえで不可欠であるからである。しかも，既婚女性が無償の家内労働を担っていることは，女性労働者を不況時には解雇できる「潜在的で安価な労働力」となしうることにつながる。公的福祉における女性労働者の賃金も抑制できる。男性労働者にとっても，女性の無償の家内労働を主たる「ケア」供給としつつ，一部の「ケア」を「福祉国家」から手に入れる「福祉国家」体制を維持することは，得るものが大きい。つまり男性は家庭内で，女性のタダの家庭内労働を享受できるだけではなく，職場においても女性労働者よりも優位な位置を享受できる。さらには「福祉国家」政策のコストも安くあがるので，税金も安くすむ。つまり女性の家庭内での無償労働を前提とした「福祉国家」体制とは，資本にとっても，男性にとっても，利益がある体制なのだ。

　むろん，「福祉国家」が，女性に恩恵をもたらしていることを強調する立場もあった。たとえば介護においては，以前にはもっぱら私的な（そして女性の）責任とされてきた「介護」の形態を，公的責任あるいは国家の責任に置き換えることによって，女性の負担を減らした。また，保育施設や保育サービスを提

供する等，女性が働きやすい環境をも整備した。しかし，このような「福祉国家」に対する肯定的評価もあったものの，第二波フェミニズムの基本的立場は，「福祉国家」を「資本と男性の利益を確保する国家形態」として，否定的に評価したと，ピアソンはまとめる。

▷「ネオリベラリズム」と「福祉国家」の危機？

「管理された資本主義」や「福祉国家」に関して，左派・右派双方が合意しているかに見られた状況は，1960年代後半以降，左右双方から批判にさらされるようになる。また1970年代には，先進資本主義国における景気後退が明確になり，福祉に関する社会的合意への人々の支持が低下した。その中で，景気後退・経済成長率低下の原因を，福祉施策のために企業や個人に高い税率を課す「福祉国家」に求めるニューライト（New Light）[6]の主張が，次第に支持を集めるようになった。

1980年代に入ると，ニューライトの主張は，実際にイギリスとアメリカにおいて，政権によって採用されるに至った。イギリスのサッチャー首相がとった「サッチャリズム」，アメリカのレーガン大統領がとった「レーガノミクス」である。ニューライトは，「社会民主主義及びそれと結びついた福祉国家政策」は，「自由主義的資本主義の健全な原理に対する侵害につながる」とし，経済的には自由主義をとりつつ，社会的には伝統回帰を主張する保守主義の政策を主張した。つまり（新）経済的自由主義（＝ネオリベラリズム）の主張は，イギリスおよびアメリカでは，「より攻撃的で国家主義的な外交政策や，民族的少数派に対する権利侵害，『伝統的家族生活』の賛美，道徳的多数派の宗教や道徳心を高める運動などと結びついてい」（Pierson 1991＝1996: 84）た。こうした福祉国家を批判する「福祉国家の危機」の文脈において特に重要なことは，経済的自由主義も，「伝統的家族生活」賛美等の保守主義も，いずれも「社会的支出の削減」という政策に結びついていたことである。第一次サッチャー保守党内閣は，「公共支出こそは，イギリスが直面する経済的苦境の元凶である」と主張した。

けれども，ピアソンは，1990年代初めまでのデータに基づき，このニューライトの「福祉国家の危機」言説は，「ほとんど的外れ」であったと結論づけ

る（Pierson 1991＝1996: 334）。確かに，先進資本諸国の経済成長率は，1970年代に入って鈍化するようになり，国家の税収の伸びは小さくなった。他方，社会福祉政策に必要な予算は，人口の高齢化によって増大し続けた。したがって，国家財政が厳しさを増したことは確かである。しかし，だからと言って，「福祉国家が近い将来に簡単に消失」することは考えられないという。なぜなら，ニューライトの主張をもっとも取り入れたサッチャー政権やレーガン政権においてさえ，福祉予算は減少するどころか増大し続けたからである。老齢年金制度等の社会保障政策に対する世論の支持率は，きわめて高いものがあり，保守政権であっても，維持せざるをえない。他方，マイノリティに対する福祉政策は，保守政権によって容赦なくカットされたのであるが。ここからピアソンは，1990年までに現実に先進資本主義国に起きたことは，「福祉国家の危機」ではなく，「福祉国家の再編成」であったと結論づける。しかもその「再編成」は，国によってかなり大きく方向を異にしていたと。

▷グローバリゼーションと「福祉国家」

　1990年代に入ると，ソ連崩壊によって，一挙に経済的グローバリゼーションが広がった。経済的グローバリゼーションによる企業の多国籍企業化は，どの国がもっとも企業にとって活動しやすい環境であるのかということをめぐる国家間の競争を煽り，政府に法人税率引き下げを迫った。その結果どの国も，国家財政の破たんの危機を意識せざるをえなくなった。社会的支出削減を主な主張とするネオリベラリズム的経済政策は，ソ連崩壊に伴うグローバリゼーションによって，世界各国にも拡大していった。

　先に置いた問い，「グローバリゼーションは福祉国家を危機に陥れるのか」という問いは，自由主義市場が世界を覆いつくすようになってから約30年経った今日において，「福祉国家の危機」という言説がどの程度的確に，この数十年の先進資本主義諸国の動きを表しているのかを，確認するという問いでもある。また，この問いは，グローバリゼーションの時代におけるフェミニズムが，将来社会に「福祉国家」政策をどの程度見込むことができるのかという条件を確認する問いでもある。もしネオリベラリズムが主張するように，「福祉国家」政策が，グローバリゼーションの時代においては経済成長をめぐる国家

間の競争において決定的に不利に働き，国内経済を破壊に導くことが必定なら
ば，その政策は民主主義社会においては，選択できないと思われるからである。
私自身の専門領域（社会学）からすれば専門外の領域（経済学・社会政策学等）
に入り込んでもこの問いを立てたのは，そのためである。

　あくまで自分の手もとにある文献に基づく，専門家外の一個人の判断にすぎ
ないが，この問いに対しては，ピアソンが1990年の段階において得た「福祉
国家の危機」言説に対する評価を，1990年代以降についてもそのまま通用す
ると回答してもよいように思う。つまり，以下に見るように，ネオリベラリズ
ムによって批判にさらされた「福祉国家」政策は，先進資本主義諸国において
それぞれ異なるいくつかの「福祉国家の再編成」をもたらし，その後も持続さ
れた。その意味で，ネオリベラリズムの「福祉国家の危機」という言説に反し
て，「福祉国家」政策が完全に不可能になるという事態はどの国にも生じなか
ったし，またその「危機」に対する対応と「福祉国家の再編成」の方向は，国
によって異なっていた。

　第4章で述べたように，エスピン＝アンデルセンは，「福祉資本主義」は3
類型をとったと分析する。それは，「自由主義」（アメリカ等），「保守主義」（ド
イツ等），「社会民主主義」（スウェーデン等）となる。このよく知られた3つの
類型は，第二次世界大戦後1970年代から80年代という時代をもとにつくられ
ている。それはまさに，本書の第2章で論じた，第二波フェミニズムが批判対
象とした社会，つまり「第一の近代」と一致している。しかし，このエスピン＝
アンデルセンの第二次世界大戦後の資本主義国における福祉のあり方について
の見方に基づけば，そこにはすでに福祉資本主義のあり方について方向を異に
する3つの類型があったということになる。

　その後，彼は，福祉資本主義を取り巻く環境が大きく変わったと認識する。
本書でグローバリゼーションによる社会の変動と呼んだものによって，福祉資
本主義が危機に陥ったとするのである。「新たなグローバル経済は，財政政策
や金融政策を政治が任意に使い分けることを困難に，また雇用と賃金のより大
きな柔軟性を不可避にしている」（Esping-Andersen 1999＝2000: 24）。

　しかし，エスピン＝アンデルセンの議論の特徴は，この「福祉国家の危機」
を生み出した要因に，グローバル経済だけでなく，「女性の役割の変化」をも

挙げていることである。「現代の福祉国家の危機の核心をなす徴候はすべて外からのもの，すなわち第一に労働市場が，第二に家族の安定性の崩壊がシステムに与えた衝撃である」（Esping-Andersen 1999＝2000: 208）。労働市場の問題とは，グローバル経済の結果，製造業の雇用が失われ，サービス経済化するが，教育程度や職業訓練などの不足・不充実などによって，労働力の需給のミスマッチが起こるとともに，余剰労働力が大量に生まれ，失業者数が増大すること等を意味する。他方，「家族の安定性の崩壊」とは，第二次世界大戦後全盛期を迎えた「福祉国家」が，「男性稼ぎ手と専業主婦」からなる安定的なカップルを前提としていたにもかかわらず，「女性の役割の変化」の結果，女性の就業率が高くなり，離婚率も上昇したことによって，その前提が崩れ，対応を余儀なくされたことを意味している。実際に多くの国において，稼ぎ手が1人の世帯は，稼ぎ手が複数の世帯よりも数が少なくなっているのである。

　エスピン＝アンデルセンは，「福祉資本主義」の3類型は，グローバリゼーションと女性の職業参加の増大という2つの要因が「福祉資本主義」にもたらした危機に対して，それぞれまったく異なる対応をとっているということを，見出している。「北欧諸国は過去数十年，脱家族化という独自の道を進んできた。自由主義的なアングロ・サクソン系諸国は，むしろ国家の犠牲の上に市場を強化してきた。これに対し，大陸ヨーロッパの（そしてとくに地中海沿岸諸国の家族主義的な）モデルは，レジームとしての変化をほとんど受けることがなかった」（Esping-Andersen 1999＝2000: 208）。確かにグローバリゼーションは，各国の労働市場に製造業雇用の縮小をもたらした。それに対し，各レジームはそれぞれ異なる対応をとった。「社会民主主義レジームは，強力で普遍主義的な社会保障を伴う比較的弾力的な労働市場を発展させ，それゆえ，労働市場が混乱に陥っても家庭に保障と福祉を与えることが可能だった。保守主義レジームは，例外もあるが，それとは反対を支持し，労働市場の混乱を最小限に抑え，そのうえでほとんどの福祉の責任を家族に肩代わりさせた。自由主義レジームは規制緩和を追求する手前，家族的福祉の線まで後退することはできず，またそれと並んで，福祉の空白を福祉国家で埋めることも潔しとしなかった。したがって，たとえ低い失業率を達成したとしても，不安定・不平等・貧困の増大が生み出された」（Esping-Andersen 1999＝2000: 201）。

ここからエスピン=アンデルセンは，主にアメリカの新自由主義者（ネオリベラリスト）から突きつけられていた，グローバリゼーションに伴う普遍的な「福祉国家の危機」という以下のような命題に対し，明確に否定する。つまりアメリカの新自由主義者は，「グローバル経済は，未熟練労働者に，賃金の引き下げと社会給付の引き下げを必然化する。彼らがこれを受けいれなければ，失業に追いやられる」「福祉国家が現在の水準の平等や社会的正義を堅持しようとするならば，その代償は大量失業である」（Esping-Andersen 1999＝2000: 24）という主張を繰り返し，このことを普遍的な法則であるかのように主張した。つまりあたかもヨーロッパもアメリカのようなネオリベラリズム政策をとらざるをえないかのように主張したのだ。だが，それに対する彼の回答は以下のようなものだった。「福祉レジームが別々の道を通って調整に向かっているのだとするならば，言われている危機が普遍的なものであると考えることは困難である」（Esping-Andersen 1999＝2000: 208）と。

　つまり，ネオリベラリズムが主張した，経済再生のためには福祉削減が不可避という主張は，福祉レジームを異にする国においては，必ずしも受け入れられなかったのである。確かにグローバリゼーションは，国家の枠を越えた多国籍企業を大量に生み出し，自国から多国籍企業が逃げ出すことを恐れた国家の法人税率引き下げ競争を引き起こした。その意味では，グローバリゼーションは，国家税収を抑制し福祉予算を切り詰めさせる効果をもったと言いうる。しかしそれにもかかわらず，多くの国が世論の支持が高い社会保障福祉制度を維持した。それは多くの国において，老齢年金等の社会保障や健康保険，社会福祉施策が，非常に高く支持されており，その削減が困難であったからである。「小さい政府」の実現は，現実的には困難だったのだ。

▷グローバリゼーション・パラドックス

　ネオリベラリズムの主張によれば，グローバリゼーションの時代においては，「小さい政府」を選択することが，経済構造にもっとも適合的となるという。「政府による介入がない場合のみ，市場は栄える」。政府による介入が大きな国家では，規制が多すぎて，世界市場から取り残されてしまう。それゆえ政府の介入をできるだけ少なくし，法人税率も下げ，労働規制も緩めなければいけな

い。こういうことが，言われてきた。

　しかし，これに反するような研究結果もある。国際経済学者ダニ・ロドリックによれば，「貿易開放度」が大きい国ほど，「政府は大きくなる」傾向があるという[7]。この発見に驚いたロドリックは，その理由を，「経済が国際市場からの圧力にさらされると，人々はリスクへの補償を求めるようになる。そして，政府は，社会プログラムであれ，公的雇用であれ，広範囲のセーフティネットを構築することで，それに応えようとするのだ。(中略) 市場がもたらすリスクや不安から人々を保護することで，市場の正当性が失われないようにしなければならないのだ」(Rodrik 2011 = 2013: 38) ということに求めた。

　ここから，ロドリックは，「国民民主主義と，深化したグローバリゼーションは，両立できない」という結論を導く。「自由貿易を政治経済における進歩に関連付け，保護主義を後進性や衰退と関連づけることは簡単」だが，「誤解である」。「実際の自由貿易論は，自由貿易に関する経済的側面だけでなく，分配に関する正義や，社会規範に与える影響についても，理解されなければならない」(Rodrik 2011 = 2013: 65)。

　自由貿易は，国内における分配のあり方にも大きな影響を与える。自由貿易に対する支持を政治的に調達するには，人々をリスクや不安から保護する必要がある（たとえば一部に保護関税をかけることを認める等）。深化したグローバリゼーションは，それを認めない。戦後国際経済体制のもとでは，完全な自由貿易は求められなかった。各国はそれぞれ国内産業の一部を保護しながらGATTのもとで，自由貿易比率を，次第に高めていった。しかしWTOの時代に入ると，国内事情による保護関税は否定される。その結果，国内政治における矛盾が高まり，自由貿易への支持が得られにくくなる。民主主義政治を前提とする以上，国内政治のためにとりうる政策余地を限りなく小さくすることを求める「深化したグローバリゼーション」は，民主主義による国内政治と，両立できないのだ。

　「国民民主主義とグローバル市場の間の緊張に，どう折り合いをつけるのか。我々は三つの選択肢を持っている。国際的な取引費用を最小化する代わりに，民主主義を制限して，グローバル経済が時々生み出す経済的・社会的な損害には，無視を決め込む」。「あるいはグローバリゼーションを制限して，民主主義

的な正統性の確立を願ってもよい」。「あるいは国家主権を犠牲にして，グローバル民主主義に向かうこともできる」。「これが世界経済を再構築するための選択肢だ。選択肢は，世界経済の政治的トリレンマの原理を示している。ハイパーグローバリゼーション，民主主義，そして国民的自己決定の三つを同時には満たすことはできない。三つのうち，二つしか実現できないのである」(Rodrik 2011 = 2014: 233)。ロドリックは，ここからとりうる唯一の選択は，ハイパーグローバリゼーションを犠牲にすることだと言う。

　エスピン＝アンデルセンが分析した時期からさらに十数年経て，ネオリベラリズムに対する世界各国の世論の批判は一段と厳しさを増している。ロドリックが問題にした 2009 年のリーマンショックに始まる世界金融危機は，「短期的利益を求める金融資本に乗っ取られた経済」の危うさを露呈させた。そして，2016 年のイギリスの国民投票における EU 離脱派の勝利やアメリカ大統領選におけるトランプの勝利は，まさに「ハイパーグローバリゼーションと国民民主主義」の矛盾を露呈するものだった。自国の製造業の空洞化や海外からの移民増大によって失業等の苦難を被った労働者層の人々が，ネオリベラリズムのグローバリゼーション政策に対する怒りをあらわにしたのだ[8]。さらに 2019 年からのコロナ禍は，国家の「公的予算」による施策の必要性を再認識させている。これらのことは，ネオリベラリズムによる国家への法人税率引き下げ圧力に対する抵抗をも生み出している。法人税率を一定以上にとどめる等の，国際協調が生まれているのだ。この数十年世界を席巻したネオリベラリズム的経済政策は，今おそらく変化の潮目にあるのである。

▷「福祉国家」と「パターナリズム」

　次にもう 1 つの問い，福祉国家を選択する限り，パターナリズムを脱しえないのかという問いに移ろう。

　まず，この問いの文脈を確認しておくと，本章で先に見たとおり，第二波フェミニズムは「福祉国家」を，「女性を犠牲にして，男性と資本の利益のために組織されたもの」として批判してきた。それは，ネオリベラリズムから批判を受ける前，つまり第二次世界大戦後多くの国でケインズ主義に基づく経済政策と「福祉国家」政策がとられていたときにおいては，「福祉国家」は，明確

に父権主義的性格を帯びていたからである。それゆえ，第二波フェミニズムが「福祉国家」のパターナリズム批判を行うのは，当然であったと言ってよい。他方，フレイザーは，第二波フェミニズムが「福祉国家」批判を行ったということをもって，ネオリベラリズムに加担したと批判する。このフレイザーの議論の中では，パターナリズム批判を行うことは，「福祉国家」批判を行うことに等しいかのような前提が見て取れる。

　では，「パターナリズム」に陥らない「福祉国家」は不可能なのか。もし可能であるならば，第二波フェミニズムの「福祉国家批判」は，「パターナリズムに陥らない福祉国家」論のための論として位置づけることができるのではないか。この方向を，これからのフェミニズムの方向性として位置づけることができるのではないか。——「パターナリズム」と「福祉国家」の関係を問うことの文脈的意味は，このようなものである。

　では第二波フェミニズムによって批判された「福祉国家」のパターナリズムは，「福祉国家」のどのような施策の中に，見出されたのだろうか。まず，第一に言いうることは，「貧しい人」に占める女性の比率は非常に高いにもかかわらず，女性に対する所得保障が低水準にとどまったことである。1987年のイギリスでは，「最低所得層」に多く占める世帯類型の中で一番多いのが「ひとり暮らしの年金受給者」であり，次が「ひとり親世帯」であった。「ひとり暮らし年金受給者の80%は女性であり，ひとり親世帯の89%が女性がひとり親の世帯であった」。「したがって，低所得世帯のかなりの部分を女性が占めていることになる」（Pierson 1991＝1996: 144）。しかしこの人々は，たとえ「福祉国家」によって所得保障されたとしても，給付水準が（男性よりも）かなり低いだけでなく，「福祉を享受する権利には，公的に男女格差が設けられていた」ことによって，大きく妨げられてきた。「それゆえ，所得保障という最も基本的な分野で，おそらく，福祉国家が救済を怠ったと思われる最大の対象は，ほかならぬ女性という社会集団であった」（Person 1991＝1996: 145）。

　「フェミニズムからの批判の第二の主要な論点は，女性の家内労働に報酬が支払われないことに関連するものである。女性は無報酬で，労働力を社会的に再生産し，無給の被扶養者を世話しているが，これは，サービスを直接に供給したり，企業増税をおこなったり，または労働者の賃金を引き上げるといった

手段を通じて，資本が負うべき経済コストを，女性が肩代わりしているのである」（Pierson 1991＝1996: 146）。家事は，当時平均週50時間を超えて女性によって行われていたが，「長い間，疑いもなく，女性の無報酬の仕事と考えられてきた」のである。さらに福祉国家は，「まったくあからさまに，育児を『女性の仕事』とみなしている。（中略）福祉国家は，しばしば，実にはっきりと，父親と母親に異なった待遇を与える」。その結果，女性の就業率は低くなり，「ほとんどの女性にとって，育児とは，男性配偶者の所得への，またはそれを欠く場合には，国家への，経済的依存を意味する」。たとえ女性が就業したとしてもパートタイムの仕事が多い。パートタイムの仕事に従事することは，「報酬の総額が低いだけでなく，低いレートの賃金で働かなければならず，雇用条件も悪く，昇進の見込みも少なく，福利厚生や雇用に関わる諸権利（年金・医療・失業・労災保険など）も弱い」立場に追いやるのである。

　この「福祉国家」のパターナリズムは，「福祉国家」が，「男性は稼ぎ手，女性は専業主婦」という「第一の近代」における「性別役割分業」を行う家族を前提としていたことから生まれている。「男性稼ぎ手」を前提とした社会においては，基本的に男性労働者の所得喪失リスクに対応させる形で，社会保険がつくられた。男性労働者が失業した場合には失業保険，男性労働者が死亡した場合には遺族年金，老齢になって働けなくなった場合には老齢年金が，支給された。女性は，「結婚」によって男性に扶養される存在とみなされていたので，「福利厚生や雇用に関わる諸権利」は不要と考えられていた。けれども，当然にも，すべての女性が安定した保険に加入している男性労働者の妻になるわけではなかった。保険に加入している夫をもたない場合，女性の生活保障は非常に不安定になる。女性の雇用は不安定であり，社会保険も整備されていなかったからである。夫が社会保険に加入していた死別女性の場合，生活は一定程度社会保険でカバーされたが，未婚シングルマザーや離別シングルマザーは，経済的苦境に陥ることが多かった。一生単身で安定した職をもった場合は，男性労働者と同等の安定した生活を享受しえた女性もいたが，非常に少なかった。安定した職のほとんどが，男性職だったからである。このようなケインズ主義的「福祉国家」においては，階級格差は小さくなったが，ジェンダー格差はその分非常に大きくなった[9]。だからこそ第二波フェミニズムが誕生したのだ。

その意味において，第二波フェミニズムにとって，「福祉国家」のパターナリズム批判は不可避だったと，私は思う。

　では「福祉国家」は，「パターナリズム」に陥るしかないのだろうか。そんなことはない。実際多くの国が，「福祉国家」のパターナリズムを乗り越えるような「福祉国家の再編成」に挑んでいる。エスピン＝アンデルセンが北欧型＝社会民主主義型レジームと呼んでいる型がそれである。先述したように，エスピン＝アンデルセンは，「北欧諸国は過去数十年，脱家族化という独自の道を進んできた」と述べ，「福祉資本主義」の３類型の１つである社会民主主義レジームにおいては，グローバル経済と「女性の役割の変化」という２つの外的要因による「福祉国家の危機」の後，独自の「福祉国家の再編成」が行われてきたとし，その特徴を「脱家族化」とする。

▷「脱家族化」する福祉国家

　では「脱家族化」とは何か。エスピン＝アンデルセン自身の「脱家族化」の定義は，「個人の家族への依存を減らす政策。家族や夫婦の間での相互依存から独立して，個人が経済的資源を最大限自由に使えるようにする政策」である（Esping-Andersen 1999＝2000）。

　エスピン＝アンデルセンの「福祉資本主義」の３類型は，非常に大きな反響を呼んだが，同時に，フェミニストからの厳しい批判も呼び起こした。それは主に，彼の「脱商品化」概念に対する批判だった。「脱商品化」とは，個人や家族が市場参加の有無にかかわらず，社会政策などによって一定水準の生活を維持できることを意味する。エスピン＝アンデルセンは，労働力を売らなければならない労働者の状況こそが，労働力を売れない子どもや障がい者，高齢者等の貧困状態をもたらしていると考えた。それゆえ，労働力を売らなくても「一定水準の生活を維持できる」ような「福祉国家のあり方」つまり「脱商品化」をめざすべき方向だと考えた。

　それに対してフェミニストたちは，このエスピン＝アンデルセンの「脱商品化」概念は，女性にとって市場労働につくことが「解放」としての側面をもっていることを，まったく考慮していない概念だとして批判した。社会政策によって市場労働に参加せずに一定水準の生活を維持できたとしても，女性は，か

えって無償の家事労働や育児労働に一日中拘束されてしまう。女性にとって市場労働への参加は，無償の家事・育児労働の苦役からの「解放」の意味をもっているのだと。

　このフェミニストたちの批判を受けて，エスピン＝アンデルセンは，「福祉国家」を評価する指標として，「脱商品化」だけでなく「脱家族化」という指標を立てる必要があるとし，「家族主義」と「脱家族化」という指標を提案した。家族主義的福祉レジームは保守主義的福祉レジームの亜種とされ，イタリアやスペインといった南欧諸国，そして日本をはじめとする東アジア諸国が，そこに分類される。家族主義的福祉レジームは，ケア＝福祉供給を「家族」に任せる程度が高い体制であり，結局女性の無償労働に依存する程度が高い体制となる。「脱家族化」とは，その程度が低くなる度合を測る指標となる（Esping-Andersen 1999＝2000: 86)。

　では社会民主主義的福祉レジームをとった北欧諸国は，実際どのように「福祉国家」を「脱家族化」しているのか。エスピン＝アンデルセンは，「家族化」という点から見た「福祉国家」のバリエーションを，次のように描き出す。「北欧諸国の福祉国家は，女性の経済的自立を最大限可能にしようという社会政策上の明確な目標を掲げている点で，唯一の存在である。このことは自由主義的な福祉レジームとの，はっきりした違いである。自由主義的な福祉レジームの下で提供されるのは，市場に対する補完的ないしは代替的な所得保障にすぎない。保守主義的なアプローチと比較すれば，対比はさらに鮮明である。なぜなら，北欧諸国の福祉国家は，これは，女性が労働市場にフルタイムで生涯参加することを，積極的に支援しているからである」（Esping-Andersen 1999＝2000: 78)。

　このような分析のうえで，エスピン＝アンデルセンは，グローバル化・サービス経済化するポスト工業社会においては，家族主義的な「福祉国家」は，家族形成と労働力供給において逆効果になっていると結論づける。「第一の近代」においては「男性稼ぎ手と（無償の家事労働の担い手である）専業主婦」という家族を前提とすることが，「福祉国家」にとってポジティブな意味をもった。ところがポスト工業社会においては，家族主義的福祉レジームをとり，「専業主婦」をあてにする「福祉国家」政策をとることは，ミクロ・マクロの両方の

レベルで，福祉の後退をもたらすという。「ミクロなレベルでは，家族主義が
いまや家族形成と労働力供給に対して逆効果となっている。このことは，低い
出生率，低い世帯所得，高い貧困リスクを意味している。（中略）マクロなレ
ベルでは，それが人的資本の浪費（教育を受けた女性の労働力供給の抑制）を意味
する。（中略）女性の有給雇用の低いレベルは課税基盤を弱め，低い出生率は
将来における福祉国家の財政的基盤を脅かしている」（Esping-Andersen 1999＝
2000: 108）。

　このエスピン＝アンデルセンの分析からすれば，「福祉国家」は必然的に
「パターナリズム」（＝家族主義）に陥らざるをえないのではなく，それを払拭
できる。それどころか，ポスト工業社会においては，「パターナリズム」を払
拭できない「福祉国家」は，ミクロ・マクロ両方のレベルで，「危機」に陥る
のだ。その意味では，「福祉国家の危機」とは，グローバル経済下にある国す
べてに対して当てはまる「危機」ではないかもしれないが，（日本のような）家
族主義的福祉レジームにしがみつく「福祉国家」にとっては，まさに「危機」
であるかもしれないのである。

▷「福祉国家」・グローバリゼーション・フェミニズム

　本書では，現代における「フェミニズムの困難」の原因を，主に第二波フェ
ミニズムが台頭した時代から現代社会が大きく変化したことに求めた。つまり，
第二波フェミニズムが台頭したときは，「第一の近代」であった。ケインズ主
義経済学に基づく「管理された資本主義」の時代であり，先進資本主義国は，
製造業における突出した優位性に基づき，安定した経済成長を経験した。男性
労働者は，高い収益性をもつ製造業の安定した職に従事しており，女性たちは
性別役割分業意識のもと，専業主婦として家庭に専念することが「望ましい生
き方」とされていた。この安定した核家族を前提として，失業や病気，けが，
高齢化等によって男性労働者の稼得能力が失われた場合にそれを補う「福祉国
家」政策がとられた。けれども，この時代において女性はまさに「資本と男
性」によって，無償の家事労働者，低賃金のパート労働者や福祉労働者として，
労働予備軍として，「便利にこき使われている」状態であった。自立できる職
業キャリアを追求することが困難なまま，男性か国家に依存せざるをえない状

況に置かれていた。第二波フェミニズムは，この状況を変革することを求めて，声をあげたのである。

　この状況ゆえに，第二波フェミニズムは，家庭内の性別役割分業を問題化するとともに，職場における女性差別を問題化した。先述したように，女性に重く課された家内労働は，女性のフルタイム就労を困難にし，賃金や昇進などの性差別を生んでいたからである。「福祉国家」体制は，確かに女性の状況を一部改善した。しかし「男性稼ぎ手，女性専業主婦」を前提とする「福祉国家」体制は，女性が男性に依存せざるをえない状況を強化してもいた。「男性稼ぎ手」が家族賃金を得られない状況になったときの所得保障を基軸とする「福祉国家」体制は，ピアソンが言うように「女性を救済することを怠った」のだ。

　それゆえ第二波フェミニズムは，男性稼ぎ手を前提とし性別役割分業に基づく近代家族とそれを前提とした資本主義だけでなく，「福祉国家」も批判の対象とした。本章で見てきたように，第二波フェミニズムは，「福祉国家」を，「資本と男性の利益のために女性を犠牲にする」制度として位置づけた。

　しかし，ケインズ主義経済学を否定するマネタリズム経済学（ネオリベラリズム）が優勢となり，経済のグローバリゼーションがその勢いを加速すると，「福祉国家」体制は，ネオリベラリズムによって主な批判の対象とされた。また，先進国の製造業の空洞化と所得格差拡大の動きは，女性の雇用労働者化をもたらした。その結果，ケインズ主義的な「福祉国家」体制の見直しがなされた。フレイザーの第二波フェミニズム批判，つまり「第二波フェミニズムは，ネオリベラリズムと同じく，社会民主主義の『福祉国家』を批判の対象とすることによって，ネオリベラリズムに加勢した」という批判は，この，ネオリベラリズムと第二波フェミニズムがともに，「福祉国家」批判を行ったことを，問題にしていると思われる。

　確かにフレイザーの批判も一定理解できる。1970年代や80年代半ばまでは理解できるとしても，なぜその後に至るまでも，ネオリベラリズムの所得再分配や福祉を否定し格差拡大を容認する「福祉国家」批判と，明確に袂を分かつことがなかったのかという問いは，確かに問われるべき意義がある問いだと思う。私見によれば，おそらくここには2つの推測が可能である。第1に，グローバリゼーションが，自国における労働者の労働力再生産を，資本にとって不

可欠の機能要件ではなくしてしまう可能性に対して，フェミニストの危機感は乏しかったという推測。第2に，「福祉国家」のレジームが異なることによって，「自由主義」レジーム以外のレジームの国においては，フェミニズムにとって，問題は異なっていたのではないかという推測である。

　自分自身の記憶をたどってみると，グローバリゼーションに直面し始めたころでも，当時の自分が，国民国家単位の経済と政治を当たり前に前提としていたように思う。だから，先進資本主義諸国の支配階級であるグローバル資本家層が，グローバリゼーションによって，白国労働者の労働力再生産に関心をもたなくなる可能性があることに，私は気づいていなかった。その意味では，確かに私はうかつだった。しかし，おそらく同時期を生きたフェミニストの多くも，自国支配層が，自国労働者の労働力再生産を当然の機能要件と考えると予想していたのではないか。

　1990年代以来私は，なぜ日本という資本主義国家が，日本国の経済的位置を著しく低下させるに違いない少子化問題を放置しているのか，不思議に思っていた。1990年代において少子化傾向が明確になってきたとき，必要な労働力を再生産するためにとりうる必要な政策は，私の視点から見れば明らかであった。出産によって仕事を失うリスクを恐れて，結婚・出産をためらう女性たちが大勢いた。男性も同様であった。男性にとっては，結婚や子どもをもつことが，自分1人の肩に家族に対する全経済的責任を背負うことになるのではという不安を意味した。悪化する経済状況の中で，その決意ができる男性は限られていた。そうであれば，政策的に必要なことは，男女とも「仕事と家庭」を両立できる「働き方」ができる雇用のあり方をつくることであり，つまりは「雇用における性差別」をなくすことであったはずだ。

　しかし日本の企業はこの方向に転換しないまま，女性労働者の非正規化を推し進めた。第3章で見たように，男性も含めた若い世代における非正規労働者化と，全世代の女性労働者の非正規化が加速した。このことは当然，経済的条件から次世代再生産が不可能な世帯を増加させた。その結果が少子化と人口減少の加速であった。それでも，日本という資本主義国家は，「雇用における性差別」をなくすために有効な施策はほとんど何もとらなかった。

　グローバリゼーションが明確になってきたとき，やっと私は合点した。第3

章で見たように，おそらくそこには，日本の労働者を「次世代再生産ができない経済条件」に「放逐」する論理が働いているのだと。つまりは，日本国の経済的位置（地位？）がどうなろうと，日本社会に生きる人々が子どもを産み育てられる経済的・時間的・空間的条件にあろうがなかろうが，サッセンの言うように，高度資本主義は，「考慮しない」のだ。次世代再生産に必要な「ワークライフバランスがとれる働き方」の実現や，非正規労働者の均等待遇の実現は，高度資本主義下の企業にとっては，「利益追求に待ったをかける制約」(Sassen 2014＝2017: 255)としてしか，位置づけられないのだと。[10]

　おそらく，私と同じく，多くのフェミニストが，国民国家単位の経済を前提として考え，それを前提とする限り，国内の労働力再生産はもっとも重要な機能要件の1つであるはずであると考えていたのではないか。それゆえ資本主義はこの労働力再生産機能を維持し続けるはずと考えていたのではないだろうか。

　特に，マルクス主義フェミニズムでは，それが当時の先進国の「福祉国家」に対するもっとも一般的な見方であった。資本家の利益を一番に考える資本主義国が，労働者に広範囲の福祉を保障することはありえないと考えつつも，社会主義社会への転換を阻止し，労働力再生産を維持するために，つまり資本主義社会を維持するために，一定程度の福祉政策をとらざるをえないだろうと考えていた。「福祉国家」とは，まさに産業社会・資本主義社会維持のために導入された政策であったからである。資本主義国家にとって，労働力再生産は，欠かすことができない機能要件なのであるから。そうであれば，たとえ社会主義思想が退潮したとしても，「福祉国家」は維持されるはずである。そう考えたかもしれない。またリベラル・フェミニストであれば，政治的リベラリズムにより，国民国家という政治的単位の中での平等の達成こそが「正義にかなって」いるのだから，「男女平等」や「女性の社会参画」路線は続くはずだと考えたと思う。つまり，理由はさまざまであったとしても，第二波フェミニズムのフェミニストの多くは（一部にすぎないかもしれないが），グローバリゼーションによる女性の状況の経済状況の悪化や改善の遅滞に対する警戒心が弱かったのではないだろうか。

　しかし経済のグローバリゼーションは，自国の労働力再生産に依存せずとも生産を維持できる環境を，資本に与えることになった。グローバリゼーション

時代の資本家は，自国労働者の労働力再生産ができなくなろうと，海外に生産基地を移せばすむので，労働者に「家族賃金」を支払い，高い法人税によって国内の社会福祉を維持する必要はないのだ。もしかすると，ナンシー・フレイザーの第二波フェミニズムに対する批判は，このグローバリゼーションの時代にもそれ以前と同じく国民国家単位の機能要件が維持され続けると考えてしまったフェミニストのうかつさを，批判しているのかもしれない。つまり，「ネオリベラリズムとグローバリゼーションによって，社会民主主義的な福祉国家政策が危機に瀕したならば，フェミニズムは福祉国家批判を行うのではなく，福祉国家政策を維持する方向に転換するべきだったのだ。それほど福祉国家政策の危機は深かった。当時フェミニストがするべきだったのは，文化主義に走ることではなく，ポスト工業化時代の福祉国家について構想することだった。なぜそうせずに，ポストモダンや社会構築主義に走り，アイデンティティ政治の方向に行ってしまったのか。なぜそんなにも愚かだったのか。フレイザーの批判は，そんな嘆きだったのかもしれない。

　しかし，おそらくフレイザーが見逃しているのは，異なる福祉レジームでは，危機が異なる形で現れたということである。つまりおそらくフレイザーは，自由主義レジームのアメリカの「福祉国家」が陥った状況でしか，問題を見ていなかったのではないか。社会民主主義レジームの「福祉国家」や家族主義レジームの「福祉国家」において，フェミニストが直面した問題状況は，異なっていた。確かに自由主義レジームの福祉国家では，ネオリベラリズム政策がとられ，「小さい政府」「法人税減税」「未熟練労働者の賃金低下」「公的福祉の削減」「福祉削減」がめざされた。

　しかしこれまで見てきたように，社会民主主義レジームの福祉国家においては，この方向は明確ではなかった。むろんそこでも危機は存在した。グローバリゼーションによって労働市場が変化し，失業が増大した。しかし社会民主主義レジームにおいては，雇用の不安定さを，公的福祉（たとえば失業対策）の充実によって補うことを試み，労働市場の不安定さを生活の不安定さに結びつかなくするような政策がとられた。また「脱家族化」の推進によって，共働き化による家計の安定化と税収基盤の確保が試みられた。この「脱家族化」という方向は，「福祉国家」のパターナリズム批判と同じ方向である。つまりこの社

会民主主義福祉レジームにおいて「福祉国家」のパターナリズム批判を行うことは，ネオリベラリズムに与して「福祉国家」に敵対することではなく，むしろ新しい「福祉国家」をつくるためにこそ，行われていると，考えることができる。

　他方家族主義レジーム，特に日本では，グローバリゼーションに適応するために，男性雇用労働者の雇用の不安定化を極力避け，その分若者と女性の雇用を不安定化させる政策がとられた。その際利用されたのが「家族賃金」イデオロギーであった。「家族賃金」は，女性や若者を，「被扶養者」として位置づけうるからである。「家族賃金」というイデオロギーを利用することで，若者と女性の雇用の非正規化により，人件費削減が図られた。つまり日本では，「家族」イデオロギーや「家族賃金」イデオロギーは，グローバリゼーションに適応するためにこそ，フルに使われたのである。逆に言えば，そこでは，「家族賃金批判」は，ネオリベラリズムに与するためではなく，それを打破するためにこそ，必要とされたのである。

　では，私たちは，今後フェミニズムにどのような方向を求めることができるのか。これまでの考察をもとに考えれば，次のように言うことができそうである。確かに世界は，第二波フェミニズムが誕生したときとは大きく変わった。先進工業国は，今や「追われる国」として，低成長にあえいでいる。安定した製造業の職は少なくなり，男性労働者が「家族賃金」を得て，妻子を養うことができるような経済環境は喪失している。しかしこの変化は，ネオリベラリズムが主張するほど一方向的でも普遍的でもない。確かに先進国のこの状況は，今後も続くだろう。けれども，市場原理主義の限界も見えてきた。おそらくこれからも，一定程度の「公的福祉」を行う「福祉国家」政策がとられていくだろう。その「福祉国家」を「脱家族化」するかどうかは，各国の政策余地の範囲内だと。[11]

注

1)　ここから，フレイザーが第二波フェミニズムの「家族賃金」批判を行った理由を知ることができる。つまりフレイザーは，家族賃金は不確実性に対する保険を与えてくれる

と，評価していたのだ。

2) たとえば，上野（2011），Tronto（2015），岡野（2012）等を参照のこと。

3) 「福祉資本主義」という概念は，公的福祉以外の民間福祉も含めて，現実をとらえようとする場合に，福祉国家に代わって使用される言葉である。同じように使用される言葉として，「福祉レジーム」という言葉がある。エスピン＝アンデルセンによれば，福祉が生産され，国家，市場，家族の間に分配される総合的なあり方が「福祉レジーム」であり，「福祉レジーム」が資本主義の原理を基礎にして成り立つとき，「福祉資本主義」と呼ぶという。ここでは，福祉国家という概念を，民間福祉も含むものとして定義し，「福祉資本主義」あるいは「福祉レジーム」と同様の意味で使用する。渡辺（2004）参照。

4) このような問題については，「依存」と「依存労働」「依存労働者」等に関してのキティの論を参照した（Kittay 1999＝2010）。キティの哲学についての私自身の理解については，江原（2011）参照。

5) フレイザーも，ポスト工業化社会における福祉国家のあり方に関して，「総稼ぎ手モデル」と「ケア提供者対等モデル」「総ケア提供者モデル」の3つのモデルを比較し，「総ケア提供者モデル」がもっともよいと結論づける（Fraser 1997＝2003: 78-100）。

6) ニューライトとは，新自由主義と新保守主義が結びついた立場をとる右派のことを意味する。

7) 「国際市場にさらされた国ほど，政府は大きくなる傾向にある」ということを見出したのは，実際にはデヴィット・キャメロンの論文（Cameron 1978）であるという。ロドリックは，この論文を読んで，通説とまったく逆であるゆえに，非常に驚いたが，「思いついたすべての要素で再検証した——国の規模，地理，人口，所得水準，都市度の度合い，そして関連した他の多くの要素などだ。どんなやり方でデータを切り取っても，その国の貿易開放度と，政府の規模とは強い正の相関があった」（Rodrik 2011＝2013）。

8) 吉田徹によれば，この2つの出来事は，従来労働者の党であったはずのアメリカ民主党やイギリス労働党が，グローバル経済を推進する経済的（ネオ）リベラリズム政策に舵を切り，他方保守党や共和党（主流派）が階級を除く差別問題解決の方向（政治的リベラリズム）へ舵を切るという「リベラル・コンセンサス」が成立したことに対し，それから見捨てられたと感じた労働者たちの怒りの表れとして，位置づけられるという。つまり本書第4章で見たように，経済的ネオリベラリズムが保守主義と結合しているのではなく，むしろ人種問題やジェンダー問題に敏感な政治的リベラリズムと結びついた結果，それに対する対抗軸は，保守主義と排外主義という極右的な主張になったと説明する。この問題は，第6章でさらに考察する（吉田 2020: 123）。

9) レンツは，近代日本社会のジェンダー秩序の変遷を3段階で論じ，第二次世界大戦後から1990年代半ば以降までを第二期とした。第二期は，「組織された国家的近代化」期であり，国家による労働者福祉政策として福祉国家が制度化された時期とする。このレンツの「組織された国家的近代化」期は，本書の「第一の近代」に対応する。この時期の特徴として，レンツは，階級が見えにくくなり，ジェンダーが突出したことを挙げて

いる。それに対し，1990年代以降現代までの「再帰的近代化」期（「第二の近代」に対応）においては逆に，「階級が見えやすくなりジェンダーがぼやけてくる」現象が起きると指摘している（Lenz 2007）。

10）　本章で論じたようなグローバル化による先進国から中進国・途上国への製造業生産拠点の国際移転は，人件費（＝賃金）が国によって大きく違うことから生じるのは，明らかである。第二波フェミニズムの1つであるマルクス主義フェミニズム，特に世界システム論の立場に立つマルクス主義フェミニズムは，「なぜ賃金水準が国によって違うのか」という問いに答えようとした。その理論では，資本主義市場経済社会はこれまで常に非資本主義的・非市場経済的社会と共にあり，非資本主義的社会における無償の労働を搾取することで利潤を得てきたという前提を置く。資本主義勃興期，労働者の多くは，非資本主義的・非市場経済的生産にも関わりながら生きていた。彼ら・彼女らは，自家生産物等の市場を経ないで入手できる食料や生活必需品を多く使用し，貨幣経済への依存度が低い状態で労働者として生活していた。その場合，賃金が少なくても，生活は成り立つ（労働力再生産が可能な）ので賃金は安くなる。資本主義経済が発達すると，貨幣経済がほとんどすべての生産を覆い尽くすことになるので，労働者の生活は資本主義的生産によって生み出された商品を購入することで営まれることになる。つまり，生活費が高くなるので賃金を高くせざるをえなくなる。先進国労働者の賃金の相対的高さは，その国における資本主義（市場経済）浸透度によって，規定されているのである。家事労働・ケア労働など，フェミニズムが問題にした無償労働は，先進国で最後まで残った非資本主義的・非市場経済的労働であった。この無償労働を主に担わされた女性たちは，資本主義的市場経済において経済的不利益を被らざるをえず，それゆえに第二波フェミニズムが台頭したのであった。この立場から見れば，経済的グローバリゼーションは，企業の活動の余地を海外にも広げることによって，資本主義勃興期に享受しえた安い労働力を，企業が再び豊富に入手できるようにしたこととして，説明されよう。途上国では，市場経済の浸透度はそれほど高くなく，非資本主義的・非市場経済的な労働力再生産が行われているので，賃金は相対的に安い。その結果先進国から途上国への工場移転が加速したとされる。先進国国内の労働力しか使用できない場合，国内労働力不足はまさに生産持続の困難を生み出すので，先進国の企業は国内労働者の次世代再生産費用をもまかなうべく，賃金を上げざるをえなかった。また高齢者介護に必要な費用も，税金や社会保障費の形で支払わざるをえなかった。けれども，途上国の労働力を自由に使用できるようになることで，企業は先進国における高い労働力再生産費用を支払わなくてもよい立場を手に入れたと考えるのである。

　　もし実際にこのような分析が妥当であることが確認できるならば，経済的グローバリゼーションが女性に与える影響を，より子細に分析できるはずである。先進国の賃金水準や法人税率と女性による再生産労働の関係をもとに，ネオリベラリズム的政策の意味や，国際移動家事労働者の増大の意味を分析することもできるはずである。こうした分析はまた，経済的グローバリゼーションの今後の持続や終焉の可能性等についても，一定の見解を提示することができるかもしれない（Mies, Bennholdt-Thomsen & Werlhof 1988＝1995）。

11) 本章の考察においては,「福祉国家」のレジームに焦点を絞ったため,グローバリゼーションに関わる重要な論点が抜けている。それは国際移動家事労働者の問題である。「自由主義」レジームにおいては,「公的福祉」の欠落を補うために,ベビーシッターや家政婦等,家事労働者の私的雇用が増大している。その需要に利用されているのが,外国籍の移動労働者である。彼らは,たとえ賃金が低くとも,雇用を必要とするので,家事労働者として働くことが多い。先進国の「ケア」労働分野には,多くの外国籍移動女性労働者がいる。先進国の「福祉国家」がどうなるのかを考えるうえで,この問題は,不可避であるが,今後の課題としたい。

第6章

追われる国の政治的分断とフェミニズム

ネオリベラリズムは，「グローバル市場経済の中においては，福祉国家政策をとる余地がなくなる」ことを，あたかも「普遍的」な命題であるかのように主張してきた。第5章ではこのネオリベラリズムの主張が，必ずしも正しくなく，国による政策の違いが大きいこと，つまりは一定程度の政策余地があることを確認した。

　このような確認を行った背景には，女性の社会問題の解決には育児や介護など「ケア」に関する公的支援が不可欠という認識がある。「ケア」に関わる公的支援がまったくなくなってしまえば，身辺自立できない人に影響があるだけでなく，身辺自立できない人をケアする人（多くは家族）にも影響があることは，前述したとおりである。ジェンダー平等の確立には，「ケア労働」のジェンダー平等的な分担だけでなく，一定程度の公的支援が不可欠である。その政策余地がなくなってしまうのかどうかということは，ジェンダー平等確立の可能性にとって，大きな意味をもつ。その意味で，私は，フレイザーと同じく私たちは，雇用と再生産のまったく新しい状況にふさわしい，何かしら新たなポスト工業化福祉国家が必要だという意見に賛同する。確かに国民国家単位の政治はパターナリズムに陥りやすい危険性を伴う。しかし，ロドリックの世界経済トリレンマの指摘（Rodrik 2011＝2013）を受け入れるならば，とりあえず21世紀前半のフェミニズムの政治経済的環境を考えると，世界政府の形成が困難であることは明らかなので，ハイパーグローバリゼーションに一定程度の歯止めをかける国際協調体制を次第に強化しつつ，民主主義的な国民国家体制を維持していく道がもっとも妥当な方向だと思う。

　ではそこでフェミニズム的な施策を現実的に実現していくためには何が必要なのか。仮に国民国家単位の政策において，ジェンダー平等を実現するために必要な政策を選択しうる余地があったとしても，実際にそうした政策をとることができるためには，民主主義を前提としたうえで，政府によってこの政策が選択されなければならない。けれども，すでに第4章で見てきたように，多くの民主主義の先進国において，マイノリティに対するさまざまな支援策をフェアでないと批判するような政治的風潮が強まっていることも確かである。もしそうであるのなら，グローバル化が先進国のマイノリティに対して及ぼす影響は，経済的な問題以上に，政治的な問題である可能性がある。この章では，こ

のような問題意識に基づき，「追われる国」の政治的状況について概観するとともに，グローバリゼーションによる人々のアイデンティティの揺らぎとそれによる政治的立場の分断という問題を考察してみたい。おそらくこの問題が，ジェンダーやエスニシティなどにおいてマイノリティの人々の状況を改善するような施策をとりうる政治的可能性にとって，もっとも重要だと考えるからである。

▷先進国における「右翼ポピュリズム」の台頭

　第4章で述べたように（80頁），グローバル化によって，多くの先進国で「右翼ポピュリズム」が台頭している。

　このような「右翼ポピュリズム」の台頭は，民主主義政治体制を維持するうえで，大きな懸念を生じさせる。扇情的な政治手法，敵味方を単純化し敵に対する憎悪を煽るような政治手法は，民主主義的に選出された政府ではなく，カリスマ性をもつ独裁的な指導者に率いられた政府を生み出す危険性がある。2020年11月の選挙で敗北したトランプが，翌年1月に自分の支持者にアメリカの国会議事堂に行進するよう指示したことで一部暴徒化した支持者が国会議事堂を占拠したことは，まさにこの意味での「民主主義」の危機としてとらえられた。

　日本社会においては，先述したように，外国人労働者の流入を強く抑制する施策がとられている結果，現在においても外国籍居住者割合は，欧米諸国を大きく下回っている。それゆえか，欧米のような「排外主義」的な他民族排斥運動を背景としたポピュリスト政党の台頭は，今のところ相対的に抑制されているようにも見える。けれども，欧米の「右翼ポピュリズム」の台頭と並行的な現象として位置づけられる政治的事象は，いくつも指摘されている。たとえば，齋藤英之は，政治学のポール・タガートの「新ポピュリズム」の定義を採用するならば，日本にもそれと並行的な政治運動の存在が指摘できるという。タガートの定義は，「西欧の戦後合意」・「戦後システム」の崩壊によってもたらされ，「左翼」の「新しい社会運動」に対抗して，イデオロギー的には「右」でありながら，現在の政権を批判する「反体制」の立場をとり，既存の政治家・官僚・知識人，また彼らによって守られている福祉受給者や移民などマイノリ

ティを排斥し，自らを「普通の人」「社会の本流」とする政治運動である（齋藤 2003: 82）[1]。日本では 1992 年の日本新党，1999 年都知事になった石原慎太郎，2001 年総理大臣になった小泉純一郎等の政治手法が，それにあたるという。

　これらの例においては政治家の暴言を別とすれば，西欧の右翼ポピュリズムに比較して直接的な強い排外主義的政策の存在が一見わかりにくいかもしれない[2]。しかし，1990 年代以降，政治家の暴言などに表されたナショナリズムや排外主義によって鼓舞された「新しい歴史教科書をつくる会」等が，日本の戦争責任や慰安婦問題の存在を否定する等の活動を強めていく。2000 年代に入ると，拉致問題の表面化や FIFA 日韓同時開催におけるトラブルなどがきっかけとなって，在日コリアンに対しても嫌悪感を表明する団体が生まれた[3]。「在日特権を許さない市民の会」（在特会，2006 年結成）である。在特会は，在日コリアンに対するヘイト・スピーチを繰り返す「排外主義」的運動を展開している。そしてこの流れが，「従軍慰安婦問題」という形で，反フェミニズムと結びつく安倍政権の姿勢を生み出していくのである。

▷右翼ポピュリズムとフェミニズム

　フェミニズムの今後の方向性を考えるにあたって，右翼ポピュリズムが台頭している現在の欧米の政治情勢は，非常に重要な懸念要因である。

　フェミニズムと「右翼」は，そもそも，以下のような対立的な関係にある。第 1 に，「右翼」の原義は，フランス革命期に啓蒙思想に基づいて「人権」や「平等」を主張した「革命派」と，それに反対した「反革命派」「保守派」の議会の席によるという。前者が左翼，後者が右翼となる。フェミニズムの出発点は，啓蒙思想に基づいているので，その意味で「左翼」に位置づく。

　その後，産業化が進んだ近代社会において「左翼」と「右翼」の語義は変化し，資本主義体制に賛成か反対かを主に含意するようになった。資本主義体制が生み出す階級社会に反対し社会主義や共産主義等の社会変革を求める政治イデオロギーを「左翼」，資本主義体制を維持する政治イデオロギーを「右翼」という含意が広まった。フェミニズムにはこのいずれの立場も存在した（社会主義フェミニズムとリベラル・フェミニズム）。ゆえに，この「右翼」「左翼」の意味で，フェミニズムをどちらかに割り振ることはできない。

けれども，第二次世界大戦以降，「左翼」「右翼」という語には，もう1つの含意が加わる。それはナショナリズムに関わる含意である。第二次世界大戦前の先進国においては，帝国主義政策が維持されていたこともあり，多くの国が軍事化していたが，植民地争奪戦や産業革命に遅れたドイツ・イタリア・日本などにおいては，強い軍事力による植民地獲得を求める政治イデオロギーが強まった。それらの国々で生み出されたイデオロギーが，民族主義・排外主義・人種差別主義などの政治イデオロギーである。エスノセントリズムに基づいて多民族や自国内の異民族を排斥する思想に対する賛成・反対が，「右翼」「左翼」を分ける軸に加わったのである。民族主義・排外主義・人種差別主義に立つ政治イデオロギーが「右翼」，それに反対する政治イデオロギーが「左翼」を意味する。現代の「右翼」「左翼」は，この時期につくられた語義をも大きく引き継いでいる。

　この3番目の「右翼」「左翼」の語義は，ジェンダーと大きく関わることになる。一般に「排外主義的な民族主義」は，自国文化の価値を他文化よりも称揚する。その結果，「伝統的」社会組織である農村共同体や家族制度，宗教的伝統などの価値を重んじることが多い。多くの「伝統」社会では，男女の不平等や役割分業，固定的ジェンダー観などが維持されていたので，「伝統」回帰の主張は，女性抑圧を帰結することが多い。また軍事力を強化した国では，男性性は「軍事化」される。さらに，強い兵隊による強い軍隊をもちうるよう，人口ナショナリズム（人口増加に国力増強を見る思想）や優生思想が強まる傾向がある。つまり女性には，強い子をたくさん産み育てる役割を割り当てるのである。第二次世界大戦時のドイツ・イタリア・日本等の枢軸国では，母性イデオロギーが強化されるとともに，固定的なジェンダー観が強化された。

　現代の「右翼ポピュリズム」が，民族主義・排外主義・人種差別主義的意味での「右翼」性に基づいていることは，フェミニズムにとって大きな問題を含んでいる。民族主義・排外主義・人種差別主義等のイデオロギーは，「ジェンダー」に関わる要素を多く含んでいるからだ。民族主義や人種差別主義は，自国の軍事力強化を求める主張になりやすく，軍事化イデオロギーを伴いやすい。他民族に対する否定的行為は，攻撃的な態度を伴いやすい。また攻撃性は，男性性の誇示と結びつきやすく，女性に支配的態度をとることと結びついている。

また，他民族の男性による自民族の女性への性暴力（それがデマであろうがなかろうが）は，排外主義を燃え上がらせるきっかけになることが多い。このように，民族主義・排外主義・人種差別主義的意味での「右翼性」は，ジェンダー平等ではなく「男女を区別する固定的男性性・女性性イデオロギー」と結びつきやすいのだ。

　このことは，フェミニズム運動の展開にとって大きな障害になっている。1980年代以降，アメリカ社会や日本社会では，フェミニズムに対するバックラッシュ運動が先鋭化し，ジェンダー施策が滞る事態が生じている[4]。このような政治情勢は，家事労働やケア労働に対する十分な支援策を行うような政策を実現するうえで，難しい状況をつくっていると言わざるをえない。つまり先述したように，「国民国家単位の政策において，ジェンダー平等を実現するために必要な政策を選択しうる余地があった」としても，民主主義を前提とした政治体制で，この政策が選択されることは，大変難しいということになる。グローバリゼーションによるフェミニズムの困難は，経済的問題である以上に政治的問題なのかもしれない。

▷「ポピュリズム」の培養土としての「格差拡大」

　現代の「右翼ポピュリズム」は，ほとんど移民問題を主要なイシューとしている。ではこのことは，グローバリゼーションとどのように関わっているのだろうか。

　第1に当たり前のことであるが，移民問題が問題化するのは，グローバリゼーションによって移民労働者が増加しているからである。では，現代の先進国では海外からの移民労働者数はどの程度増加したのだろうか。図6-1は，主要国の移民人口比率の推移を表している。グラフに記載がある9カ国の中で，10％以下の国は，1999年にはイギリス・スペイン・ノルウェー・デンマークと，4カ国あった。しかし，2017年には，9カ国すべてが10％を超えている。イギリスは，1999年には7.6％だったが，2017年には14.2％とほぼ倍増し，ノルウェーに至っては，1999年には6.6％だったのが，2017年には15.1％にまで増えている。日本社会においても，1999年には19.1万人だった外国人労働者数が，2017年には127.9万人に急増している[5]。

図6-1　主要国の移民人口比率の推移

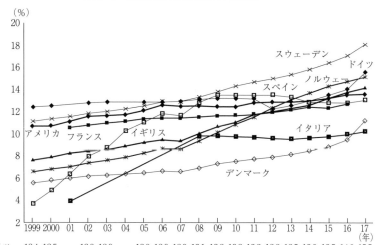

	1999	2000	01	02	03	04	05	06	07	08	09	10	11	12	13	14	15	16	17
◆ ドイツ	12.4	12.5		12.8	12.9		12.8	12.9	12.9	13.1	13.2	13.2	13.2	12.2	12.5	13.0	13.5	14.0	15.5
■ フランス			10.5	10.7	10.9	11.1	11.3	11.4	11.4	11.5	11.6	11.7	11.8	11.9	12.1	12.4	12.3	12.6	
▲ イギリス	7.6	7.9	8.2	8.4	8.6	8.9	9.2	9.5	9.4	10.0	10.7	11.0	11.8	11.9	12.3	12.5	13.1	13.7	14.2
■ イタリア			3.9							9.8	9.8	9.7	9.6	9.6	9.5	9.6	9.7	9.9	10.2
✕ スウェーデン	11.1	11.3	11.6	11.8	12.0	12.2	12.5	12.9	12.8	13.3	13.8	14.3	14.6	15.0	15.3	15.8	16.4	17.0	18.0
◆ アメリカ	10.6	10.7	11.1	11.5	11.6	11.7	12.1	12.5	12.4	12.5	12.4	12.4	12.8	12.8	12.8	12.9	13.2	13.4	13.5
□ スペイン	3.7	4.9	6.4	8.0	8.8	10.2	11.0	11.8	11.6	12.8	13.4	13.5	13.4	13.5	13.3	12.9	12.8	12.8	13.0
✳ ノルウェー	6.6	6.8	7.0	7.4	7.6	7.9	8.2	8.7	8.6	9.3	10.1	10.8	11.5	12.3	13.1	13.7	14.2	14.7	15.1
◇ デンマーク	5.6	5.8	6.0	6.2	6.3	6.4	6.5	6.6	6.6	6.9	7.3	7.5	7.7	7.9	8.1	8.4	8.8	9.5	11.2

（注）　外国生まれの人口の比率。
（資料）　OECD, International Migration Outlook 2018.（2006年以前のデータは同2010〜17年版）
（出所）　「社会実情データ図録」honkawa2.sakura.ne.jp/1171.html より。

　第2に挙げられるのは，グローバリゼーションによる「格差拡大」と国民の分断がもたらした影響である。グローバリゼーションによる先進国の製造業の工場の海外移転による産業空洞化は，製造業労働者の失業や収入低下をもたらした。他方，グローバリゼーションは，金融等の高収入を期待できる職も生み出した。その結果，国内の経済格差が拡大し，「エリート」と「大衆」，「俺たち」と「奴ら」といった分断を生み出した。「右翼ポピュリズム」がもつ敵味方を二分するイデオロギーは，「格差拡大」による国民の分断に適合的であり，それゆえに，支持が増大したという見方である。

　「右翼ポピュリズム」を支持しているブルーカラー層が多いというデータに基づいて，この見方に賛同する論者は多い。「ポピュリズム」は，先述したよ

うに，「エリート対大衆」等の二分法によって，敵味方を定義し，カリスマ性をもつ政治家（デマゴーグ？）の巧みな誘導によって，人々の「敵」に対する怒りという感情を煽り，人々の理性ではなく感情を動員することで，人々の支持を得ようとする政治手法である。それは，ドイツのヒットラーやイタリアのムッソリーニ等の政治手法を彷彿とさせる。けれども，第二次世界大戦時のナチズムやファシズムを支持したのは，没落の不安におののく旧中間層であったと言われているのに対し，現代の「右翼ポピュリズム」支持層は，中間層ではなく，ブルーカラー層だという。下平好博は，「戦前のファシズムの支持者が中小零細自営業者や農民，またホワイトカラー労働者であったのに対し，こんにちの『新極右主義者』の支持者の多くが社会変動に取り残されたブルーカラー労働者である」という研究を紹介している（下平 2020: 2）。

　たとえば，イギリスにおける「右翼ポピュリズム」政党と位置づけられるのは，UKIP（英国独立党）であるが，UKIP とそれに同調した保守党の一部政治家によって引き起こされたイギリスの EU 離脱問題も，国民投票で離脱に賛成票を投じたのは，製造業が衰退したイングランド北部地域の労働者層に多かった。田中素香は，イギリスの EU 離脱に関する国民投票の結果を子細に分析し，地域差が非常に大きかったことを示す（田中 2019: 35）。確かに独立問題に揺れるスコットランドでは 63％ が残留を望んだものの，イギリスの人口の圧倒的多数を占めるイングランドでは離脱賛成票が 53％（ウェールズも同じく離脱賛成が 53％）であり，ここが離脱派勝利を決定づけることになった。注目するべきは，イングランド内の地域による離脱／残留それぞれへの賛成度の違いである。「イングランドでは北部・中部で離脱多数，ロンドンでは残留が 60％（中略）イングランド中部・北部にはかつて栄えた工業地帯があり，米トランプ候補を大統領に押し上げた中西部の『さび付き地帯 Rust belt』と共通性のある地方を擁する。そうした旧工業地帯・田園地方・小都市・農村で離脱多数，ロンドンやその周辺都市（大学都市を含む），イングランド北部でもマンチェスターやリバプールのような大都市では残留多数，であった」（田中 2019: 35-36）。

　つまり田中は，このような離脱／残留票の地域による相違は，少なくともイングランドに関する限りは，1人当たりの所得，学歴，年齢等，社会経済変数が大きく影響しているとする。「1人当たり所得の高い地方」「学位保有者のシ

ェアの高い地区」ほど残留派が多く，逆に「低所得－低学歴層のシェアの高い投票区，またブルーカラー労働者のシェアの高い投票区」ほど，離脱派が多い（田中 2019: 36）。しかも，各地域の所得格差は，この十数年拡大する一方であった。

　2010 年に政権に就いた保守党のキャメロン首相は，緊縮財政策をとり，生活保護・失業手当・子どもケア・住居・医療・教育等の予算を大幅カットした。結果として不況が深刻化し，暴動を引き起こしすらした。田中はここから，EU 離脱を問うた国民投票は，実際には EU 離脱や移民問題に対する国民投票であっただけでなく，保守党のキャメロン政権の政策に対する賛成／反対を問う投票でもあったと結論づける。「Brexit 国民投票は『格差・福祉争点』を入れないと正しい理解に到達できない」（田中 2019: 49）「ポピュリズムの問題は，グローバル化，リーマン危機がもたらす中流・下層の貧困化・窮乏化が政策により救済されなかったことであろう」（田中 2019: 40）。まさに「格差拡大」こそが，「右翼ポピュリズム」の培養土なのだ。

▷なぜ「リベラル」はブルーカラーから嫌われたのか

　しかし，ここに 1 つの問いが生じてしまう。確かにグローバリゼーションは，社会変動から取り残された労働者たちの怒りを生み出した。しかし，なぜそれが「右翼ポピュリズム」，つまり，移民問題を主なイシューとし，移民排斥や自国民ファーストを主張する政党によって扇動された政治的動きを支持するような方向に行ってしまうのか。

　確かに，移民労働者が急増することは，自分の仕事が奪われるかもしれないという不安感を生み出したろう。実際，イギリスの若者の労働市場は，その半数が移民労働者によって奪われたという政治家の発言もある。さらに移民労働者の増加は，福祉国家制度において提供されている社会保障・社会福祉の享受者を増加させることになった。病院や公共交通機関が混むようになり，利用しにくくなったという不満もあるし，貧しい移民労働者が増えることで，限りある福祉予算はすべてそれらの移民に対して使われてしまい自分たちには回ってこないのではないかという不安感も生まれた。これらの生活不安が，労働者を，移民排斥を叫ぶ「右翼ポピュリズム」に引き寄せたということも考えられる。

けれども，グローバリゼーションによって苦しんでいる点では，女性や有色人種など，マイノリティの人々も同じであるはずである。そのことは，ブルーカラー労働者たちもわかっているはずである。なのになぜ，他のマイノリティの人々を攻撃するような「右翼ポピュリズム」になびいてしまうのか。しかも，イギリスには「人種差別主義者」であることを否定する価値観が，非常に強くある。それにもかかわらず，なぜそうなってしまうのであろうか。以下では，この問題を，「反リベラル」意識という切り口から考えてみたい。

　「反リベラル」意識とは，労働者たちが社会民主主義政党等の「リベラル」な政治的立場を，自分たちの「敵」として認識するようになっていくことをいう。それは支持政党に関する論点，つまり左翼社会民主主義政党が変質し，労働者たちがそれらの政党を自分たちの政治的意見の受け皿としてみなせなくなっていったという問題と，階級間対立意識，特に中間階級が「人種差別主義」というレッテルを，労働者階級に対する攻撃手段として使用したことに対する反発という問題から，考えてみたい。

　まず，労働者の政党支持に関する論点から。第二次世界大戦後，先進国の労働者階級は，階級政党（イギリス労働党等）によって，自分たちの政治的主張を十分政治に反映させられる立場にいた。マルクス主義においては，労働者階級は「歴史の主体」に位置づけられ，その政治的動向が未来社会に結びつけられて論じられた。つまりその時代の労働者階級は，搾取される階級ではあったけれども，同時にまさに未来を拓く政治的勢力として位置づけられたのだ。多くの労働者たちが，自分の階級的位置にプライドをもっていた。

　ところが，社会主義退潮とソ連崩壊によって，長く社会主義的な政治的立場をとっていた社会民主主義政党や労働者政党も，政党の政治的主張を変化させることを余儀なくされるようになった。同年齢人口の過半数が大学に進学する「大学のユニバーサル化」は，高学歴・ホワイトカラーに焦点を合わせた政治的主張を行うことを必然化した。労働者人口比率の減少も，政党の方向に大きな影響を与えたであろう。[6] 他方，これらの政党は，1970年代以降の「新しい社会運動」論によって，性差別問題や人種差別問題を闘う社会運動の主張をも，党の方針に取り入れるようになった。このことは，「ブルーカラー労働者」にとっては，従来自分たちの政党であったはずの政党が，「高学歴化・ホワイト

カラー化・女性化に伴いその政党綱領を大きく変え，もはや彼らの利害を代表しなくなった」（下平 2020: 2）と受け止められたという。

　吉田徹も，同様の分析を行う。吉田によれば，第二次世界大戦後の社会においては，東西冷戦体制もあり，保守派とリベラルが政治的に協力し，社会主義に対抗する「保守対革新」の構図による政治が持続した。「戦後の階級政治にあっては，左派による生産手段国有化と保守の私的私有権擁護は，重要な争点であったが，戦後に中間層が肥大化したことで，その役割を減じていった」（吉田 2020: 107）。

　その政治的空白に食い込んだのが，アメリカの政治学者であるイングルハートが言うところの，「脱物質主義的価値観」に基づく政治的イシューだったという。すなわち「富の分配」という争点よりも，「生き方の問題や，女性の地位，マイノリティの権利，環境問題やインターネットを含む科学技術による倫理上の問題，そして何よりも個人の尊厳の問題」等の争点が争われるようになったのだと。[7] この「脱物質主義的価値観」は，「個人の自己決定権」を重視する「リバタリアン」と「権威」を重視する「権威主義」という 2 つの対立する立場を形成するようになる。「90 年代以降の西欧諸国で見られたのは，やはり脱物質主義的であっても，権威主義的で右派的な政治勢力の台頭だった」[8]（吉田 2020: 113）。吉田がこの具体例として挙げるのが，「移民を政治的な問題と逸早く主張していたフランスの極右政党 FN」「イスラム排斥を訴えていたオランダのピム・フォルタイン党」「移民規制を主張するフィンランドの真フィン党」等である。これらの党は，先に見た「右翼ポピュリズム」政党と一致している。

　このような党を吉田は「反リベラルなニュー・ライト」と呼び，それを生み育てたのが，社会民主主義政党の変質であったとする。つまり社会民主主義政党が，「脱物質主義的価値観」に基づいて，物質主義ではなく文化主義的な方向に転換したことによって，「右派」もまた，民族主義や伝統主義などの文化主義に転換したのだと。さらに，社会民主主義政党は，経済政策においても「生産手段の国有化」路線を離れ，「（ネオ）リベラル化」していった。革新＝左翼政党が，戦後基調としてきた政策路線を放棄して経済的リベラリズムをとったことで，労働者階級の「左翼」離れと，反リベラル化，すなわち「反リベ

ラルなニュー・ライト」「右翼ポピュリズム」化を引き起こしたという。具体的には，民主党のビル・クリントンが，「財政均衡」「減税」「規制緩和」等の経済的リベラリズム的（経済的グローバリゼーション）経済政策をとったこと，イギリスのブレア政権が「新自由主義寄りの」経済政策をとったことなどが挙げられる（吉田 2020: 123）。

　イギリスでは，2000 年代に入り，UKIP は，「白人労働者階級」をターゲットとして，移民問題を論じ始める。そのとき彼らが用いたのが，「エスタブリッシュメント」批判であった。「エスタブリッシュメント」（支配階級）は，EU からの移民の増大やネオリベラリズム政策によって大きな富を得ている。それなのにイギリスの白人労働者たちは，職を失い生活不安に苦しんでいるという「ポピュリズム」的言説を用いた。結果として，グローバリゼーションによって生活不安に直面しているのに，自分たちの状況を代弁してくれる政治政党を失ってしまったブルーカラー労働者たちは，「彼ら」（＝支配階層）ではなく，「俺たち」の声を代弁してくれる「右翼ポピュリズム」を，支持するようになったのだ，と。[9]

▷階級差別と「人種差別主義者」というレッテル

　「格差拡大」こそが「右翼ポピュリズム」の培養土であるという見方や，労働者階級の支持政党が変質してしまったことが「ニュー・ライト」への支持を生み出した等の見解は，労働者階級は「右翼ポピュリズム」の人種差別主義等に対して直接的に賛同しているわけではなく，保守党や労働党等の二大政党のいずれにも失望している自分たちの意思を表明するには，それしか選択肢がなかったからだという分析を含意する[10]。確かにそういうことは起こりうる。複数のイシューがまとめて示され，賛成か反対かの選択を強要される場合，積極的には選択していないイシューまで含めて，選択せざるをえないからである。

　しかし，ブルーカラー労働者と人種差別主義等との関係をこのような関係として見ることは，一般的な見方ではないという。河野真太郎によれば，「この投票結果について，当時から現在までずっと繰り返されている説明の『型』がある」という（河野 2020）。「それは，EU からの移民労働力によって自分たちが職を脅かされていると考えた『排外主義的な労働者階級』が，移民排斥の意

図をもって離脱を支持した」という説明の型である。このような説明の型は，当然にも「リベラルで排外主義的でない『多文化主義的な中流階級』は，EU残留に票を投じた」ということを前提としている。この説明の型は，労働者階級と中産階級という社会的階級の問題を，「排外主義」と「多文化主義」という価値観に結びつけ，労働者階級に「排外主義」というレッテルを貼ることで，労働者階級を批判することを可能にしているのだ。

　実は，これと同じことは，アメリカでも起きている。A. ホックシールドは，アメリカ南部のミンシッピ州の聞き取りにおいて，住民の次のような言葉を引用している。

　　　リベラル派はこう思っているのよ。聖書を信じている南部人は無知で時代遅れで，教養のない貧しい白人ばかりだ。みんな負け犬だって。私たちのことを，人種や性や性的指向で人を差別するような人間だと思っているのよ。それからたぶん，でぶばかりだってね (Hochschild 2016＝2018: 35)。

　ここには，2つの社会的な上下関係に関する認識が，表明されている。1つは，社会階層的な上下関係である。リベラル派が南部人に対してもっているとされる，「無知」「時代遅れ」「教養がない」「貧しい」等の形容詞は，社会階層的にリベラル派のほうが上であるという認識である。南部人は北部リベラル派の言動の中に，こうした見下しを感じている。もう1つは，道徳的に正しいと評価されるか，正しくないと評価されるかということに対する上下関係である。リベラル派だけでなく南部人もまた，「人種差別・性差別・性的マイノリティ差別」は道徳的に非難されるべきことだという認識を，一定程度分けもっている。リベラル派は，「右翼ポピュリズム」に引き寄せられる南部人に「人種差別主義者」「性差別主義者」「性的マイノリティ差別主義者」等のレッテルを貼り，彼らを批判する。他方，南部人もまた，「人種差別主義者」などのレッテルを貼られることには，苦々しい思いをもっている。北部のリベラル派が本当は彼らを，その階層性ゆえに下に見ているにすぎないのに，言葉では彼らを「人種差別主義者」等に仕立て上げ，正義派を気取って批判している。このことが許せないのだ。

イギリスのコラムニストで左派活動家であるオーウェン・ジョーンズは，
『チャヴ——弱者を敵視する社会』（2011）において，これと類似する問題を論
じている。彼は，イギリスで「チャヴ」という言葉が，「白人労働者階級」と
同意語として使用されており，彼らに対してはどんな非難や悪口を言っても構
わないかのような風潮が，メディアやジャーナリズムを含むイギリス社会にあ
ることを，批判的に論じた（彼のこの本は，ベストセラーになった）。

　　　「階級」は政界有力者の間で長く禁止用語だった。だから，政治家やメ
　　ディアが議論する「不平等」は人種差別に関するものだけだった。その間，
　　白人労働者階級は，ひとつの新しい民族的マイノリティとして疎外され，
　　彼らの問題は「人種」というレンズを通してのみ理解された。すなわち，
　　「白人労働者階級」は歴史の裏側にまわり，「失われた民族」とされたのだ。
　　そして「多文化主義のなかで混乱し，大量移民による文化の荒廃から自分
　　たちのアイデンティティを守ることにとりつかれた人々」として描かれた。
　　こうして，「白人労働者階級」という概念の登場とともに，新たな偏見が
　　広がった（Jones 2011＝2017: 16）。

　オーウェン・ジョーンズによれば，「白人労働者階級」という言葉を使って
行われた批判は，実際には労働者階級すべての人々に対する批判だったという。
では誰がこれを行ったのか。基本的には右派のジャーナリストだった。サッチ
ャー首相の政策に賛同するかのように，「イギリスにはもはやかつてのような
労働者階級はいない。彼らの多くは，努力して今は中流階級になっている。い
まだ労働者階級に甘んじているのは，働くことが嫌いな怠惰な下層労働者だけ
である」等の批判を行い，彼らを税金による福祉依存者として定義した
（Jones 2011＝2017: 14）。働かず，暴力事件を起こし，ドラッグにおぼれている
とされる「チャヴ」＝「労働者階級の若者たち」という，彼らを敵視させるイ
メージをつくりあげた。実際には，そうしたイメージは，サッチャー政権以降
の労働者階級を敵対視する政策が生み出した歪んだ像にすぎない。それは「最
下層の人々を劣等視」させることで「不平等社会を正当化する便利な手段」な
のである。「その根本にあるのは，イギリス階級闘争の名残だ。1975 年，首相

に就任したマーガレット・サッチャーは，労働者階級への総攻撃を開始した。これによって，労働組合や公営住宅などの制度は廃止され，製造業から鉱業にいたる数々の産業が破壊された。回復できないほどバラバラになったコミュニティもあった。連帯感や共通の向上心といった価値も一掃され，そこには厳しい個人主義が居座った。労働者階級は力を奪われ，誇りある集団とはみなされなくなった。代わりに冷笑され，スケープゴートにされた」（Jones 2011 = 2017: 17-18）。

　階級が強く維持されているイギリス社会においては，階層が上の者が弱者を劣等視することは，ずっと行われてきた。その意味では，「チャヴ」を非難する風潮は，取り立てて新しい現象ではない。しかし問題はそれにとどまらない。「チャヴ・ヘイトを，うるさい右派コラムニストに限られた特異な病と切り捨てることができたら，どれほどいいだろう。だが，『リベラルな偏見』と結びついたチャヴ・ヘイトもある。そうなった人々は，ある集団が偏見を持っていると想定することで，自分たちの偏見を正当化する。たとえば，労働者階級の問題に『人種』を持ち込み，彼らを『白人』と見なすことで，チャヴを嫌いながら進歩的と感じていられるようになった」「無知な白人労働者階級から，さも移民を守るように振舞」い，「白人労働者階級を，『社会階級』ではなく『民族』としてとらえ，社会問題を，経済的要因ではなく，文化的要因のせいにする。問題があるのは彼らの生き方であって，社会の不平等な構造ではない」（Jones 2012 = 2017: 145）かのように。

　「リベラル派」を含む政治家やメディアの評論家が，ことさら「白人労働者階級」について話すようになった背景には，極右ポピュリズムの台頭に対する懸念があった。ジョーンズは，民族的マイノリティの人々がいまだに大きな差別や不寛容に苦しんでいることを認識している。だからこそ，「人種差別主義」は許してはならない。ジョーンズもそのことは認めている。「人種差別主義」は「ポリティカル・コレクトネス」に反するのだ。

　1960〜70年代以降強まった「新しい社会運動」によって，多くの先進国内では，人種差別問題や性差別問題など，さまざまな差別問題が社会問題化され，その解決がめざされた。その影響は日常生活にも及び，「人種・宗教・性別などの違いによる偏見や差別を避ける態度」「政治的に正しい妥当な態度」をと

ることが，一般の人々にも求められた。そこに生まれたのが，「ポリティカル・コレクトネス」という言葉である。「人種差別主義」や「性差別主義」は「ポリティカル・コレクトネス」に反するのだ。

　この言葉は，まず左派の間で自嘲的に使い始められた。「自嘲的」なニュアンスとは，おそらく「政治的に正しい」態度を形だけとるけれども，実のところ実際にはマイノリティの立場に対して十分な理解をもっているわけでもその状況の改善に真に努力しているわけでもない「マジョリティ」（普通）の人々の，偽善者的態度を揶揄するような意味だったのではないかと思う。けれども，この使い方は，形だけの「ポリティカル・コレクトネス」という態度すらとりえない人々に対しては，まさにあからさまに「侮蔑」してよいという含意をも，もつようになる。「ポリティカル・コレクトネス」という言葉が含意するように，まさにそれが政治的場面において「正しい妥当的な態度」になり，それに反する人々を非難する含意をもち始める。ここから，右派は，左派が右派に対して行う「ポリティカル・コレクトネスに反する」という批判を，「個人の政治的自由を否定する」言葉として，批判する文脈で使用し始めたのである。

　ジョーンズが「リベラルな偏見」と呼ぶものは，アメリカの南部の人々が「北部のリベラル派」に対して見出した偏見，すなわち「南部人は人種差別主義者だという偏見に基づく見下し」と，同じものだと言ってよいだろう。差別主義者に対してなされる，リベラル派のあからさまな侮蔑は，「リベラル派」の社会階層的特徴，すなわち学歴や知識や職業などによって相対的にグローバリゼーションに適合した勝ち組という社会階層的特徴と結びつけられるとき，グローバリゼーションによって手ひどい痛手を被った労働者階級の人々を見下す「許しがたい行為」としても，解釈されうるのである。そうであるならば，リベラル派による差別主義者というレッテル貼りに対する反感は，労働者階級の人々を「反リベラル」に追いやるに十分な動機になったと思われる。

▷マジョリティにとどまろうとする意識

　しかし，もし「労働者階級」の人々が，社会階層上の「弱者」になり，人口上もマイノリティになったとするなら，その状況そのものが，移民労働者や女性等の社会的マイノリティの人々に対する共感や連帯につながってもよかった

はずである。確かに中間階級「リベラル派」は、「ポリティカル・コレクトネス」の名のもとに、労働者階級（あるいは南部人）差別を行う「許しがたい」奴らかもしれない。しかし、移民労働者や女性がすべて中間階級であるわけではない。それどころか、ジョーンズも認めるように、移民労働者は白人イギリス人労働者よりも、ずっと過酷な状況を生きていることが多い。グローバリゼーションによって、ブルーカラー労働者が経済的に下方移動を強いられたとするなら、その経験は、これまでなかなか想像できなかったマイノリティの人々の悔しさや不安や怒りを理解することにも、つながりえたはずである。おそらく多くの労働者階級の人々は、そのような理解をもったはずである。しかし、少なくとも表面的には、「EUからの移民労働力によって自分たちが職を脅かされていると考えた『排外主義的な労働者階級』が、移民排斥の意図をもって離脱を支持し」ているという説明が「型」になってしまっていることに見られるように、「排外主義的な労働者階級」という像が、定着してしまっている。なぜなのだろうか。

　ここでは、それを「周辺化に対する抵抗」という概念で把握してみたい。「周辺化」とは、ここでは中心から外されること、関心を集めなくなること、忘れ去られることなどの意味で使用する[11]。おそらく白人男性労働者たちは、かつては自分たちこそ、地域の中心的支え手であるというマジョリティ意識をもっていたのではないか。自分たちの政治的立場を代弁してくれる政党もあり、さまざまな問題を解決する能力ももち、自信をもっていた。けれども、産業空洞化等により地域の産業は変化し、自らの経済状況も悪化した。かつて自分たちの政治的主張を代弁してくれた政党が、今は自分たちに関心を寄せないどころか、かつては中心にいた自分たちを差し置いて、マイノリティのほうに顔を向けている。白人労働者階級は、かつては政治の中心だったのに、今や「周辺化」されてしまいかねない状況にいるのだ。この状況に対する抵抗感が、自分たちをマイノリティに重ねて考えることを妨げる。マイノリティの奴らとは違う。自分たちは「本流」なのだと。「右翼ポピュリズム」に傾倒する者は、まさにこの点において、マイノリティと自分とを重ね合わせることを拒否するのである。

　ポール・タガートによる新ポピュリズムの定義を再度見てみよう（齋藤

2003)。先述したように，タガートは，現代の「新ポピュリズム」を，「西欧の戦後合意」「戦後システム」の崩壊によってもたらされ，「左翼」の「新しい社会運動」に対抗して，イデオロギー的には「右」でありながら，現在の政権を批判する「反体制」の立場をとり，既存の政治家・官僚・知識人，また彼らによって守られている福祉受給者や移民などマイノリティを排斥し，自らを「普通の人」「社会の本流」とする政治運動と定義する。ポピュリズムにおいては，自分たちは特定の立場なのではなく，「国民」そのものである。確かに，エリートではない。学歴も高くないし，政治家でも官僚でもない。でもだからこそ，自分たちこそが「本当の国民」なのだ。移民労働者を使用することでたんまりためこんでいる資本家や，そのおこぼれをもらっているエリート官僚や政治家ではなく，自分たちこそ，「普通の国民」なのだと。「反エリート主義」を掲げる「右翼ポピュリズム」は，支持者に「エリート階級に対抗する大衆」という位置を与えるが，それは同時に，「自分たちこそ，この国の本当の主人公だ」というマジョリティ意識を，与えることになるのである。

　おそらくこの「右翼ポピュリズム」の政治的主張がもつ「反エリート主義」的なマジョリティ意識こそ，「周辺化に対する抵抗感」をもつ労働者を「右翼ポピュリズム」に引き寄せるもっとも大きな要因になっているのではないか。生活の困窮をマイノリティと連帯して改善していくのではなく，自分たちをマイノリティと同じ「周辺的存在」にしてしまう「周辺化に抵抗」することで，もとの自分たちの立場を回復しようとするのではないだろうか。「周辺化に抵抗し」中産階級が擁護するマイノリティを叩くことによって，自分たちのマジョリティとしての位置を回復し，そこに，感情的満足感を得ているのではないか。

　ホックシールドは，2016年大統領選でトランプを支持した南部の貧しい白人層にインタビューを行い，彼らの信条の根底に，次のような「ディープ・ストーリー」を見出している。[12] 毎日きちんと働き頑張れば成功して豊かになれる。それがアメリカだ。むろん大成功を収める頭が良い奴らや運のいい奴らもいる。そうした連中が貧しい自分を追い越して，先に成功をおさめ，贅沢三昧に浸っていようが，それに文句を言うつもりはない。それこそがアメリカだからだ。いつか自分の番がくる，そう考えて，毎日まじめに働きながら，自分の順番が

来るのを，みんなじっと待っているんだ。でも許せないのは，列の前に割り込むやつらだ。成功した人に対するリスペクトもなく，言いたい放題文句を言って，横入りする。そんな奴らが大手を振って自分たちの先に行く，これだけは許せない（Hochschild 2016＝2018: 194-198）。ホックシールドはこのような「ディープ・ストーリー」をインタビューした人々に聞いてもらい，その多くの人々からこれが「真実と感じられる物語」であるという回答を得ている。

　このホックシールドの「ディープ・ストーリー」は，トランプ支持に回る南部の人々のマジョリティ意識を明確に示している。ここでは，横入りをする奴らは，移民労働者であろうが，女性であろうが，黒人であろうが，みな等しく「卑怯な奴ら」となる。つまり，このストーリーに真実性を見出した人々は，自分たちこそマイノリティよりも先に豊かになる権利をもっていると考えていること，つまり「じっと順番を待っている自分たちの列の前に」割り込んでくる女性や黒人は「順番を守らない卑怯な奴ら」なのであり，それを正しいとして応援する民主党は「不正義」な政党となる。他方，「卑怯な横入りを許さない」トランプ氏の中に，「アメリカン・ドリームに向かって正当な闘いを行っている我々を見捨てず応援する真の勇者」を見たのである（Hochschild 2016＝2018）。

▷グローバリゼーションは「正義の論じ方」を変えるのか

　このホックシールドのディープ・ストーリーは，グローバリゼーションがもたらす分断現象の難しさの一部を明らかにしている。つまりこの分断は，「正義をめぐる分断」なのだ。そこでは異なる「正義」がぶつかりあっている。だからこそ，「妥協」できないのである。ではなぜ異なる「正義」が生まれたのだろうか。

　フレイザーによれば，「戦後期のほとんどの正義の言説をフレーム化していた」のは，ケインズ的＝ウエストファリア的フレームであった（Fraser 2008＝2013: 77）。戦後社会においてまず問題になったのは，経済的不平等の問題，すなわち「公正な経済的分配」の問題であった。その後，「何の正義か」が問われ，「文化的承認」の問題が「正義の問題」として浮上した。しかしその場合も，多くは「近代領域国家が正義の適用される唯一の単位である」という，

「ウエストファリア的フレーム」の中で論じられてきた。「ウエストファリア的フレームは，正義を事実上領域化し，その範囲を境界づけられた政治的共同体の市民に限定していたのだ」。しかしその「ウエストファリア的フレーム」は，グローバリゼーションによって大きく揺らいでしまう。国民生活に影響を与える主体が，国民国家・近代領域国家の外にある場合，あるいは逆に，国民国家・近代領域国家の内にある主体が，外にある主体に影響を与える場合が，爆発的に増えていく。その結果，「正義をめぐって共有された見解の欠如」が生じてしまう。「何の正義か」「誰の正義か」「いかにして正義か」という3点にわたって「敵対する見解が出現」している，と。

　第二波フェミニズムの理論が依拠していた，近代人権思想や近代平等思想は，実際には「近代領域国家の中で適用される」ことを前提とした思想であり，その限りにおいて先進国の中で，正当な価値観として確立していた。しかしグローバリゼーションは，「誰の正義か」を，問題化するような出来事を，多発させる。外国から来るテロリストにも「正義は適用されるべきか」，不法移民労働者にも「公正な経済的分配は適用されるべきか」，富裕国と貧困国の間の格差にも「公正な経済的分配は適用されるべきか」など，「正義の適用」をめぐる問題が多発する。その結果，近代人権主義や平等主義そのものの正当性も揺らいでしまう。国民国家単位の経済の崩壊の中で，そもそも先進国の国内労働者の中にも，「システムから放逐された」人々が大量に生まれている。その結果，国民国家の外に位置づけられた人々に対して「公正な経済的分配」を行うか考える以前に，自国民である「自分たちにこそ，まず公正な経済的分配を行ってほしい」という議論が必ず生まれてくる。それは属性によって「正義の適用範囲」に優先順位をつけるよう要求することだ。このことは結果的に，「正義の適用外」を論じることになる。つまりは「正義の文法」の弱体化を招くことになる。

　このフレイザーの議論を，私は，グローバリゼーションが第二波フェミニズムに与えた衝撃の1つに，的確に照準を当てていると評価する。確かにソ連崩壊とともに，「階級社会の廃絶」を掲げる社会主義思想は弱体化し，ネオリベラリズムが大手を振って跋扈するようになった。しかし，ネオリベラリズムといえども，啓蒙思想以来の「自由と平等」という市民社会的価値観を否定する

ことはできないはずだ。だからこそ,「差異」や「アイデンティティ」の構築自体の中に権力作用の効果を見出す構築主義的フェミニズム, 人種・階級・ジェンダーの複雑な効果としてある構造的不平等を見えるようにしうるそれらのフェミニズムは,「承認」要求を行うことが, 不平等を是正することにつながるはずだと, 期待したのである。そもそも「階級社会の廃絶」を掲げる社会主義思想の中でも, 人種差別問題や性差別問題は, 十分な考慮を払われてきたわけではなかった。だからこそ, 第二波フェミニズムは, 社会主義思想に別れを告げて,「ラディカル・フェミニズム」として確立したのだ。したがって第二波フェミニズムが社会民主主義的な「再分配」ではなく,「承認」の政治に向かったとしても, まったく不思議ではない。

　しかし, まさにここに, 第二波フェミニズムが見落とした問題があるのではないだろうか。つまり, グローバリゼーションによって,「正義をめぐって共有された見解が欠如」してしまう可能性があるということ, つまり国民国家・近代領域国家の境界やその内部において,「公正な分配」や「平等な人権」等の啓蒙主義的価値観が揺らぐ可能性があるということである。つまり,「承認」の要求が通らない場合や, 表では通っても実際には差別が持続し「再分配」の政治につながらない場合が増大する可能性を見落としたのだ。

　このフレイザーが指摘するグローバリゼーションによる「正義の論じ方」の変化において重要なことは, このような変化の影響を被るのは, 国民国家の外部にいる難民や, 国籍がない不法滞在の外国人労働者だけではないということを認識することである。近代領域国家の国籍をもつ人々であっても, マイノリティの人々は,「正義の適用範囲外」「公正な再分配の範囲外」に容易に置かれてしまう。国家の境界が揺らぐことで生じる,「正義の適用範囲」の優先順位の議論は, 近代領域国家の中にいる人々にも適用されてしまうのだ。なぜなら,「ケインズ的＝ウエストファリア的フレーム」である近代領域国家は,「正義の適用範囲」を, その「領域内」の市民に限定していただけでなく, 領域内の「市民」に限定していたからである。近代領域国家の中で, そもそも女性や黒人（さらに告発された性的マイノリティも）は,「市民」とはみなされていなかった。つまり「近代領域国家内の市民」の中にも, 本来「市民」であった人々と, 社会運動の結果「市民」になった人々がおり, その両者は,「正義の適用範囲」

や「公正な再分配」に際しての「優先順序において異なる」と考える人々が多いのである。大量の移民や難民の流入，国内産業の流出と安い外国産商品の流入などのグローバリゼーションによる出来事が，「正義」が適用される領域の境界を揺るがすに従って，国内の「優先順位をめぐる争い」も激化するのだ。

▷なぜマイノリティを排斥するのか

「周辺化に対して抵抗する」ことでマジョリティにとどまろうとする人々は，結果として「周辺化」という経験がもたらす「マイノリティの状況」に対する貴重な認識の機会を失ってしまう。一般に，マジョリティが，マイノリティのさまざまな差別的状況や困難を理解するうえで決定的に重要なことは，マイノリティが，自分たちマジョリティとは異なる状況にいるということに，気づくことである。マイノリティは「周辺化」されているので，マイノリティが生きている環境についての情報は，マジョリティには見えないままである。その結果マジョリティは，マイノリティの状況が自分たちといかに違うのかに，気づくことができない。「周辺化」という経験は，生活の困窮等自分たちが抱える問題が，「本流」の人々には見えていないという悔しさの経験でもある。前述した，中流階級が労働者階級に対して「人種差別主義者」というレッテルを貼るという攻撃には，多くの人が怒りを感じるだろう。労働者階級の人々がグローバリゼーションによってどれだけ生活を脅かされたかについては認識もせず，彼らの失業や低賃金を，労働者階級の無能さや時代遅れ，さらには「人種差別主義者」などの道徳観の欠如のせいにする。「弱者を敵視する」ことの卑劣さに怒りを感じない人はいないだろう。

けれど，これこそまさに，マイノリティの人々がこれまでずっと経験してきた「周辺化される経験」なのである。マイノリティの人々は，労働者階級の人々が怒りをもって経験したような，「弱者を敵視する」偏見に，ずっと苦しんできた。「周辺化される」という経験は，まさに，マイノリティたちが経験してきた差別を理解することを，可能にする機会を得ることでもあった。しかし「周辺化に対して抵抗する」ことは，マイノリティと経験を共有することを困難にする。その結果，自分たちがマジョリティとして享受してきた環境が，マイノリティには手が届かない「特権的」なものであったことに気づくことも

できない。マイノリティに対する差別解消のための施策が行われていることに対して，フェアでないと感じてしまうのだ。

　日本において，ヘイト・スピーチデモを繰り返す人々は，在日コリアンが日本人にはない「特権」をもっているという認識のもとに，「在日特権を許さない市民の会」（「在特会」）という彼らの組織を立ち上げている。これまで何度となく指摘されているように，在日コリアンは差別を受けてこそあれ，特権などない。それにもかかわらず，なぜ「在特会」に集まる人々は，在日コリアンが「特権」をもっていると言うのだろうか。

　安田浩一は，ここには，「上から見下すような差別」だけでなく，「下から見上げるような差別」があるという（安田 2017: 136）。「上から見下すような差別」とは，日本人である彼らが，在日コリアンに対して抱く，「怖い」「汚い」「貧乏」等の偏見のことである。かつて在日コリアンは就職差別等のために「普通に就職することすらできなかった」ので，廃品回収のような現場仕事で必死に生きるしかなかった。このような就職差別がある在日コリアンの現実を見ないまま，現場仕事で必死に生きる在日コリアンを外から「見下す」とき生まれるのが「怖い」「汚い」「貧乏」などの「上から見下す差別」である。しかし，安田は「在特会」の人々には，それだけでなく「下から見上げる差別」もあるという。それは次のようなものだ。

　「第一に，在日への『うらやましさ』や誤解に基づいた『不平等感』があります。第二に，その『うらやましさ』は，在日に『特権』があるから生じるものだと理解する。第三に『特権』に対して文句を言うためネタになるような情報を見つけだす」（安田 2017: 138）。つまり，「在特会」が言うところの「特権」という認識の萌芽は，「日本人である自分」がもっていないものを在日コリアンがもっていたりすることに気づいたとき，自分が「うらやましさ」を感じてしまうことにある。そのとき，彼らは在日コリアンをまさに「見上げている」のである。しかし，もしこのとき，日本人である自分のほうが上だというような「無意識の特権意識」をもっていると，この「うらやましい」という感情が「自分が損をしている」という感情になり，そこから「この状況は『不平等』だ」という意味づけが生まれる。その結果，在日コリアンには「特権」があるはずだと信じるようになる。そのネタを必死に探せば，何かしら見つかる。そ

うしてネット上に，まったくのフェイクである「在日特権」なるものが，つくられていく，というのだ。自分の「無意識の特権意識」に気づかないことが，マイノリティに対するアンフェアという認識を生んでいくのである。

　この「うらやましさ」ゆえに生じる「下から見上げる差別」は，「周辺化に対する抵抗」が生み出すものである。これまでマジョリティだった人が「周辺化」を被ると，その過程の中で，自分たちの声が社会に届かないという経験をする。この経験は，実のところ，マイノリティの人々が経験しているものと，共通性をもっている。けれども，「周辺化される」ことに強い怒りを感じ，「周辺化」の経験を否定してしまえば，マイノリティの状況理解や共感への機会は失われ，マイノリティ施策に対する反感を強化することになる。「周辺化される」ことへの不安と怒りは，実のところかつて自分がもっていた「特権」との比較において生み出されているものなのに，その自覚化が抑止されることで，「周辺化」されることへの怒りは，マイノリティに向かってしまい，「右翼ポピュリズム」に引き寄せられてしまう。「右翼ポピュリズム」には，底流に反平等主義や反フェミニズムが流れている。それに影響されて，移民労働者だけでなく，有色人種や女性，障がい者，性的マイノリティ等，多様なマイノリティの人々をも叩くことになる。それらの人々を叩くことで，自分たちの「周辺化」に抵抗し，自分たちをマジョリティに位置づけ直そうとするのである。まさにそこにこそ，マイノリティとの間の分断を生み出す要因があるのではないか。

　もしこのようなことが言えるとすれば，「右翼ポピュリズム」に引き寄せられる人々には，生活困窮に対する不満や不安だけでなく「周辺化される」ことへの不安が存在すると言いうるだろう。「周辺化される」ことへの不安と怒りこそが，「怒りと憎悪の政治」を生み出していると。

▷複雑化する属性とアイデンティティ

　グローバリゼーションは，一方において移民労働者の増加をもたらすとともに，他方において国内の経済格差を拡大し，国内の政治的分断状況をもたらした。EU内においても，イギリスやアメリカにおいても，「右翼ポピュリズム」が台頭し，政治的分断状況を生み出している。この状況は今後どうなっていく

のだろうか。今後分断を乗り越えていくことはできるのだろうか。以下では，終章において「これからのフェミニズムの方向性」を検討にするにあたり，本章の考察から言いうることを，まとめておくことにする。それは，おそらく今後，人々の差異はさらに大きくなり，複雑化していくであろうということである。その要因は2つある。1つは，人々の国境を越えた移動の加速，2つ目は，経済的階層の格差の拡大である。

　グローバリゼーションのスピードに関しては，前章で見たように，今後は各国の国内の政治情勢や，国際関係などによって，コントロールされていくだろう。けれども，長い目で見たとき，グローバリゼーションは確実に進んでいくはずである。そうであるならば，先進国に外国人労働者たちが増加していく状況は，今後も続くだろう。国民国家内の民族構成・人種構成は，これまで以上に複雑化していくだろう。

　他方，グローバリゼーションとAI化に伴い，先進国の未熟練労働者の賃金は，一貫して下方圧力にさらされるようになる。逆に，グローバル市場経済において勝者となった多国籍企業の経営者・管理職や，多国籍企業にさまざまな知識やサービスを提供する専門職の人々の収入は，世界市場によって，大きく増加していくに違いない。つまり国内の経済格差は今後も拡大していく可能性のほうが大きい。むろんこの格差拡大をそのまま放置すれば，政治的支持は離れていくだろうから，一定の格差是正策がとられる可能性も高い。にもかかわらず，人々の間の階層間格差は，一定持続するだろう。

　この2つのことから，今後の先進国においては，民族的多様性も階層格差も増大し続けると予想する。人々の間の差異は，ますます大きくなっていくはずである。

　そもそも人を特徴づける属性は無数考えられる。つまりいつの時代にも，人は複数の属性やアイデンティティをもつ存在である。けれども，ここで言うところの，人々の間の差異の増大とは，民主主義社会において政治的イシューとなるような差異の増大という意味である。先述したように，ジョーンズは，中流階級が労働者階級の人々を攻撃する際，「白人」という人種的特性が強調されたことを指摘している。人種問題や移民問題が政治的イシューになったからこそ，これまで問題化されなかった労働者階級の人種的特性（白人）が，カテ

ゴリーとして利用され，「白人至上主義」「人種差別主義」というレッテル貼りに利用されたのである。このジョーンズの例のように，これからの先進国の政治的利害状況は，年齢や性別，障がいの有無等，複数のさまざまな属性やアイデンティティと関係するようになっていくだろう。そのとき，複合的かつ複雑な属性やアイデンティティをもつ人々は，政治的イシューによって自分のポジショナリティが揺らぐ経験をもつことが普通に起こるようになると考える。そのポジショナリティの揺らぎの感覚は，本章で見たように，「排外主義」にも「マイノリティへの共感」にも結びつく可能性をもっている。後者が増えていくとするならば，それはフェミニズムにとっても，明るい未来の可能性を拓くはずである。

注 ————————————

1) 齋藤英之は，日本における「戦後合意」は，「55年体制」がそれにあたると言う。ただし，日本の「55年体制」は，①欧米においては社民政党と保守主義政党の政権交代を伴っていたのに，日本では自民党が一貫して政権を担ってきた，②ヨーロッパのように労働組合と社民政党の二人三脚によって「普遍的福祉国家」が築かれたわけではなく，日本では，「大企業内の労使関係を反映した企業内福利制度」に大きく依存した福祉制度がつくられた，③欧米では，政労使が政策形成する恒常的な機関が生み出されたが，日本では生み出されなかったなどの点で，欧米の「戦後合意」と大きく異なっているという。しかし，それにもかかわらず「各々に機能的に対応するものが存在していた」ことによって，「55年体制」は「戦後合意」として機能したとする（齋藤 2003: 82）。

2) 日本は移民に関する移民法が存在せず，一時的滞在しか想定しない入管法が事実上の移民法として機能してきた。その結果，国内で働く外国人労働者の労働条件や生活環境は，著しく劣悪な状況が続いている。このような法的あり方は，事実上，ヨーロッパの「反移民政策」を主張する極右政党が求める方向と一致しており，その意味で日本の政府の移民政策はヨーロッパの極右政党と同じだと考えられる。しかしその結果，移民問題がヨーロッパと比較して大きな政治的イシューにはなっていない。本文における直接的な強い排外主義的傾向は見出しにくいという記述は，そうした状況を述べており，日本における移民政策がリベラルであると述べているわけではない。

3) 伊藤昌亮は，日本の「排外主義」が，サブカルチャーの「反リベラル」的（反朝日新聞的）態度と歴史修正主義，ナチサブカルチャーなどから，「嫌韓・嫌中」や「在特会」になっていくまでを，丁寧に追っている（伊藤 2019）。

4) アメリカのバックラッシュについては，Faludi（1991＝1994）を，日本のバックラッシュについては多くの文献があるが，総括的には石（2016）を，参照のこと。

5) 「社会実情データ図録」(honkawa2.sakura.ne.jp/3820.html　2021 年 7 月 14 日取得)。
もっとも，日本における外国人居住者比率は，2021 年でも総人口の 2.1% にすぎず，ヨーロッパ諸国と比較すると格段に少ない。

6) 田中によれば，「英国の製造業雇用者数が雇用全体に占めるシェアは 1975 年の 33% から 93 年には約 20% へ激減した。(中略) 2015 年には約 10% と，米国と並んで G7 最低レベルとなった」という (田中 2019: 39-40)。

7) 「脱物質主義的価値観」に，「女性の地位」や「マイノリティの権利」等の問題を含めてしまうことには，筆者は強い違和感をもつ。ここには，マジョリティにとって「物質的」問題でない問題はすべて「生き方の問題」「心の問題」と定義してしまう「無意識の偏見」が，作用しているように思う。私見によれば，「女性の地位」という問題には，「専業主婦を選ぶか共働きを選ぶか」等の「生き方」に関わる問題も含まれるが，そうした「生き方の問題」の背後には，女性の雇用環境や労働条件，社会保障・社会福祉などの「物質的」問題が厳として存在している。マイノリティ問題も同様である。マジョリティにとっては，自分の「良心」の問題だから「脱物質主義的価値観」なのかもしれないが，マイノリティにとっては，自分の命にも関わる問題なのである。もしかすると，物質主義 - 文化主義等の対立概念の適用には，ポジショナリティが関わっている可能性がある。この問題は，後で再考する。

8) 吉田が「反リベラルなニュー・ライト」に与えている「権威主義」という特徴は，イデオロギーそのものが「個人主義的か - 権威主義的か」という軸で見たときの特徴であり，そのようなイデオロギーに対する個人の態度における「権威主義」-「反権威主義」とは，区別されるべきだと，思われる。後に考察するように，リベラルな「個人主義」的な政治イデオロギーを学校で教員によって押しつけられていることに「反権威主義的」に反発する個人も多い。

9) イギリス労働党やアメリカ民主党では，その後経済的リベラリズムへの方針転換への批判が強まり，左派の勢いが強まったという。イギリス労働党では，2015 年から 2020 年まで，左派のジェレミー・コービン氏が党首となった。またアメリカ民主党では，左派のバーニー・サンダース氏が一定の支持を集め，2020 年の大統領選においても，存在感を示した。

10) 田中の論文は，Brexit を理解するには「格差・福祉争点」が必要だということを主張する意図で書かれているが，このような意図が成立するということは，逆に，一般にはそのように思われていないということを，前提としていることを示す。

11) 「周辺化」という概念は，ここでは主に，心理主義的に用いる。マイノリティも実際にはすでに「周辺化」されており，議論の主題の中心から外されて，関心を向けられることが少なく，忘れ去られていることが多い。マイノリティが社会運動をせざるをえないのは，すでに「周辺化」されているので，声をあげない限り，気づかれないからである。心理主義的な「周辺化」概念とは，これまでマジョリティだと自認していた人々が，このようなマイノリティと同じような状況に陥るときの不安や混乱などの心理状態をさすことにする。

12) ディープ・ストーリーとは「あたかもそのように感じられる」物語のことだとホッ

クシールドは言う。(Hochshild 2016＝2018: 191)

13) ウエストファリア体制とは，主権国家からなる国際政治体制のこと。この体制が確立された1648年のウエストファリア条約に基づいてこのように呼ばれる。主権国家とは，国家より上位の権力を認めない国家のこと。

14) ポジショナリティとは，自分の所属集団や社会的属性が個人の政治的立場や意見に影響を与えることを意味する。

終　章

これからのフェミニズムの
方向を考える

終章においては，これまで検討してきたことを振り返り，これからのフェミニズムの方向性について検討する。まずこれまでの本書の議論を振り返ってみよう。

▷これまで何を論じてきたか

第1章では，この50年間の変化を振り返り，女性の大学進学率の増加や就業率の増大，性別役割分業意識を否定する意識の高まり等，大きな変化があったことを確認した。しかしこのような変化にもかかわらず，現在でも大きな男女間格差があること，特に日本では非常に大きな男女間格差があることも確認した。ここから，現代においても未来社会に向けたフェミニズムが必要であると論じた。

第2章では，「第二波フェミニズム」を牽引したフェミニズム理論はどのような社会状況において生まれた理論なのかを検討した。第二波フェミニズムを生んだ1960〜80年代の社会は，現代とは大きく異なった社会であった。この変化を分析し，対応できるフェミニズム理論が必要とされていると主張した。そのためにまず，これまでのフェミニズムが，どのように社会の変化に応じて理論的に変化してきたのかを見た。フェミニズム誕生期から今日までのそれぞれの時代におけるフェミニズム理論の展開を追い，そのうえで，第二波フェミニズム理論は，基本的に先進国の製造業が圧倒的な優位性をもち，性別役割分業家族が一般化していた時代を背景として生まれた理論であることを確認した。

第3章では，第二波フェミニズム以降，現代までの先進国に起きた変化をグローバリゼーションの進展に求め，先進国において産業空洞化・サービス労働化・移民増大・賃金抑制・雇用流動化・共働き増加・家族の不安定化・格差拡大・経済成長率鈍化等の社会変化が起きていることを確認した。その結果，先進国では「女性の社会参加」と「雇用流動化」が同時に進むことになった。ここから，「女性の社会参加・職業参加の増大」は，一部の女性の社会進出を実現したけれども，多くの人々に「家庭も職場も不安定な」流動化する社会をもたらしていると言いうるような状況があることが，見えてきた。

第4章では，グローバリゼーションと第二波フェミニズムとの関係に関する，ナンシー・フレイザーの論を検討した。フレイザーは，社会民主主義がネオリ

ベラリズムによって揺るがされているときに，第二波フェミニズムは文化主義の立場をとるなど，ネオリベラリズムの勝利に手を貸す「ネオリベラリズムの侍女」になり下がったと否定的に評価した。このフレイザーの第二波フェミニズム批判の検討を通して，①グローバリゼーションの時代において，福祉国家政策は維持できるのか，それとも世界各国は同様に「小さい政府」をめざすネオリベラリズム的施策をとらざるをえないのか，②産業空洞化と移民増大に苦しむ先進国において，なぜ旧労働者階級の人々は，「リベラル離れ」を起こし，右翼ポピュリズムに引き寄せられたのか，③「ネオリベラリズムの侍女」になり下がったフェミニズムとは，何をさしているのか，またこれからのフェミニズムは，どのような方向性をもつべきか，という3つの問いを立て，それぞれ第5章，6章，終章で論じることとした。

　第5章では，第4章で立てた①の問いに基づき，これまでの福祉国家をめぐる議論を追った。その結果，グローバリゼーションに対応する福祉国家施策は多様であり，ネオリベラリズム的施策は，イギリスやアメリカなどによって選択されたエスピン＝アンデルセンのいうところの自由主義的福祉レジームとして位置づけられること，またイギリスやアメリカでも，実際には従来の社会保障や社会保険等を大幅に削減することはできなかった，つまり「小さい政府」は実現できなかったことを示した。ダニ・ロドリックは，ハイパーグローバリゼーション，民主主義，国民的自己決定の3つは同時に満たすことはできないという世界経済の政治的トリレンマがあるとし，グローバル民主主義の実現がいまだ見えない今，とりうる唯一の妥当な選択肢は，ハイパーグローバリゼーションを抑制し，民主主義と国民的自己決定を満たす道しかないとした。このロドリックの論は，先進国においてグローバリゼーションに反対する政治的動きが目立ってきている今日において，説得力があると論じた。またフレイザーは，第二波フェミニズムが家族賃金批判や福祉国家のパターナリズム批判を行ったことを批判したが，このフレイザーの批判は，必ずしも適切ではないことを示した。つまり福祉国家をパターナリズムではない方向に変革してきた北欧などの試みが存在しており，福祉国家のパターナリズム批判は，福祉国家を否定することにも，社会民主主義を否定することにもならない場合もあるからだ。

　第6章では，日本や欧米諸国において右翼ポピュリズムがなぜ台頭するのか

という問題を検討した。労働者階級の人々が，移民に自分の職を奪われるのではないかなどの恐れから，移民排斥や人種差別主義に流れ，右翼ポピュリズムを支持するようになったという言い方が一般化しているが，その背景には経済的な格差拡大があるという見方を提示した。労働者階級の人々は，産業空洞化による失業や雇用流動化に苦しみ，その苦境を改善してくれる政党を求めたが，イギリスやアメリカでは，社会民主主義政党が大きく方針を転換し，経済政策においてネオリベラル化していった。その結果，労働者階級の人々の一部は，社会民主主義政党離れ・リベラル離れを起こし，その一部は右翼ポピュリズム支持になった。しかし，その「リベラル離れ」を，中流階級や主流メディアは，労働者階級が人種差別主義や排外主義を支持している証拠と解釈し，あからさまに侮蔑した。この主流メディアや中流階級からの労働者階級に対する侮蔑は，労働者階級の中流階級に対する敵意を強めることになり，分断を強化した。他方，労働者階級の人々は，「マイノリティの人権擁護」という価値観を掲げる中流階級の「偽善性」と，実際に苦境にあるマイノリティの人々とを区別することができず，中流階級の「偽善性」に対する反発から，マイノリティの人々との連帯をも，否定しがちになったこと，またその背景には，多くの労働者階級の人々が，マイノリティではなく自分たちこそ，「この国の本当の国民である」といったマジョリティ意識をもっており，それがマイノリティとの連帯を妨げていることも示した。

　これらの考察を経て本章では，グローバリゼーション時代における先進国のフェミニズムは，どのような方向性をもつべきか検討することを試みる。また特に，日本に焦点を当て，これからのフェミニズムのあり方について，どのようなことが言いうるのか考える。

▷フレイザーが批判する第二波フェミニズムは，どのようなフェミニズムか

　これからの先進国のフェミニズムの方向性について検討するにあたり，まずフレイザーの第二波フェミニズムに対する批判を，手掛かりにしてみよう。第4章で論じたように，フレイザーは，「国家的に基礎づけられた社会民主主義がグローバルなネオリベラリズムの圧力の下で揺らぎだ」したそのときに，第二波フェミニズムは，「文化主義的な想像力に事実上とらえられ」，特に文化主

義的傾向を強めた結果、「自由市場政策の略奪にも、その結果として現れた右翼ショーヴィニズムの高潮にも対抗することができなかった」（Fraser 2008＝2013: 140）と論じた。そして、第二波フェミニズムがネオリベラリズムに肩入れしたこととして、以下の3点を挙げた。①家族賃金批判をしたこと、②「政治経済的批判を強化」すべきときに「文化主義」をとったこと、③福祉国家的パターナリズム批判を行ったこと。

　しかしフレイザーが具体的に第二波フェミニズムのどんな点を批判しているのかについては、第4章で確認したように、わかりにくかった。

　確かにフレイザーは、第二波フェミニズムの中の「ネオリベラリズム寄り」の立場を批判している。しかし、第二波フェミニズムのどんな点が「ネオリベラリズム寄り」なのかということに関しては、少なくとも次の2つの対象がある。まず、ネオリベラリズムと同じく、「消費や雇用のマーケットにおいて女性が力をつけること」を女性解放と考えるフェミニズム。「リーン・イン」フェミニズムや「ポスト・フェミニズム」「ネオリベラル・フェミニズム」等と呼ばれるものがそれにあたる。それとも先進国労働者が失業や格差拡大に見舞われたときに、社会経済的問題に焦点を当てるのではなく、「文化主義」的な批判に終始したフェミニズムを批判しているのだろうか。フレイザーの議論においては、この2つの異同は必ずしも明確化されていない。その結果、どんな第二波フェミニズムが「ネオリベラリズム寄り」なのかということがわかりにくくなっている。その2つは、決して同じではないからだ。

　本書も、基本的には、ネオリベラリズム的な施策とフェミニズムが求める社会変革の方向性は対立するという認識に立っている。そのことは、第5章、第6章で検討したとおりである。その意味において、フレイザーが第二波フェミニズムの中の「ネオリベラリズム寄り」の立場を批判すること自体には、違和感はない。しかし、何が「ネオリベラリズム寄り」の立場なのかということに関して、十分な議論がなく、あいまいなままに残されていることに関しては、強い疑念と警戒心をもつ。基準があいまいなままの議論は、本書の考察に役立たないだけでなく、しばしば批判対象を恣意的に拡大することを許容してしまうからだ。

▷「利敵行為」という批判の仕方の問題点

なぜフレイザーの批判にはあいまいさがつきまとうのか。おそらくそれは，批判の仕方に問題があるのだと思う。つまり，フレイザーは，ネオリベラリズムを「敵」とし，「敵」と同じ要素がフェミニズムにあるかどうか，あるいは政治状況的に「利敵行為」になる論点かどうか等の視点で，フェミニズム批判を行っているが，このような批判の仕方は，フェミニズム外在的な議論になってしまいがちである。そもそも，何が「敵」の本質的要素なのかということは，「敵」をどう見るかによって変わってしまう。多くの場合，1つの社会的勢力や政治的イデオロギーを共有する集団は，その内部に，多様な集団を含み込んでいることが多い。その結果，その主張の中に，多義性や多面性をもっているのが普通である。そのような多義性・多面性をもつ「敵」と同じ要素をもつかどうかで，フェミニズムを批判するなら，当然にもその批判対象は限りなく拡大してしまう。あるいは二項対立的概念の枠組みで「敵」を単純化して把握し，一方の項に当てはめたとすれば，「敵」を見誤ることになる。つまり，いずれにせよ，「敵」との関係でフェミニズムを評価するのではなく，フェミニズム内在的に議論することが必要なのである。

ここまで考察してきた例を挙げて具体的に見てみよう。フレイザーは，ネオリベラリズムの福祉国家批判に加担したかどうか，あるいはネオリベラリズム的施策に焦点を当てて反論したかどうか等の基準で，第二波フェミニズム批判を行った。ネオリベラリズムに対する「利敵行為」を行っているかどうかによって，フェミニズムを批判したのだ。

このような批判の視点では，当然にも，フェミニズムにとって必要不可欠な論点であっても，その論点がネオリベラリズムの主張に力を貸すものであれば，フェミニズムの問題点として批判されてしまう。家族賃金批判や福祉国家のパターナリズム批判は，私見では，フェミニズムにとって必要不可欠な論点である。しかしフレイザーは，家族賃金批判や福祉国家のパターナリズム批判が，ネオリベラリズムの福祉国家批判に加担する機能を果たしたとして，批判してしまう。本書では，その批判は，「福祉レジーム」が違う各国において一様に言いうることでないことを明らかにした。そのときの「政治状況」，つまりネオリベラリズム対社会民主主義の政治状況において，ネオリベラリズム側に利

用されるからという理由で，家族賃金批判やパターナリズム批判を問題視するのであれば，このような批判は，もともと異なる政治状況にも普遍的に妥当する主張ではありえないはずである。政治状況が流動的であれば，「敵寄りの立場」もまた，その時その時で変わってくるのであるから。つまり，「敵」を決めて「敵」に近いフェミニズムを批判し切り捨てるという思考法自体が，フェミニズム理論にとって，もっとも重要な理論の発展方向を閉じてしまいかねないリスクをはらんでいると考える。

▷ネオリベラリズム・フェミニズム・「個人主義」

　そのようなリスクをはらむ論点の1つが「個人主義」である。ネオリベラリズムを「敵」と見定め，それと同じものを含むフェミニズムを批判するという論法から，フレイザーは，「女性が雇用や消費のマーケットで力をつける」「企業で男性と同様に出世する」ことなどを女性解放と同一視するフェミニズム（「リーン・イン」フェミニズム）を，ネオリベラリズム的フェミニズムとみなし，それを「ネオリベラリズムの侍女」になりさがったフェミニズムだとして，強く否定する。ここから，フレイザーが，ネオリベラリズムを，市場経済を前提とし，「能力主義的達成」「個人的自立」「個人の選択肢の増大」などを是とする経済思想・社会思想として把握していると言ってよいだろう。しかし，このような「敵」の把握の仕方は，妥当なのだろうか。

　すでに第4章で見たように，ネオリベラリズムは，表面的には，女性の社会参加や職業進出を強く推奨しているかのように見えながら，実際には「ケア」の「家族主義的・地域主義的解決」を求める新保守主義と，強く手を組んでいる。一見ネオリベラリズムは，性別に関わりなく業績主義的な評価を行うことで，より効率的な企業経営を推し進めることを主張しているかのような言説を振りまく。「大事なのは会社の利益です。性別に関わりなく能力のある人を管理職にするのは，会社の利益にかなっている」とでも言っているかのように。つまり利益優先のネオリベラリズムは，それゆえに，ジェンダー平等を志向すると言わんばかりなのだ。それだからこそ，「合理的に考えれば性差別は無用となるはず。もうフェミニズムはいらない」と考えるポスト・フェミニストも生まれるのだ。しかし実際には，ネオリベラリズムは，「伝統的家族」や「伝

統的地域共同体」の維持を志向する新保守主義と手を結んでいる。「市場においては徹底した自由放任を主張する一方で、ネオ・リベラルたちは保守的な価値観に賛同する」（衛藤 2015: 26）のだ。

　「家族の価値」の実現等「キリスト教的伝統社会の復活」をめざす政策と、グローバリゼーションの推進・法人税率引き下げ・福祉切り捨て等のネオリベラリズム的政策を、同時に行うことは「個人主義」対「共同体主義」という二項対立的価値観からみれば矛盾しているように思えるかもしれない。しかし、この両者はいずれも、国家の領域の最小化をめざす点において、共闘しうる。「教会と国家は、これまで、同じ領域において、共在しながら争ってきた」（Walby 2009: 173）。ネオリベラリズムもまた、国家が介入する領域の最小化をめざしている。つまりこの両者は、「小さな国家」をめざすということにおいて、共闘しうるのだ。「自由主義と保守主義という一見不可解な結合も、『小さな政府』の当然の帰結とみるならば」当然のこととなる[2]（衛藤 2015: 27）。

　このことを、もう少し考えてみよう。先述したように、フレイザーによれば、そもそもフェミニズムには、両義性があった。女性解放運動は、同時に異なる2つの可能な未来を指向していた。1つは、ジェンダーの解放が参加型民主主義や社会的連帯と同時に実現する社会であり、もう1つは女性に男性同様の個人的自立のための資源や増大する選択肢、能力主義的達成を可能にするという約束であった。この両義性ゆえに、その後の資本主義の性格の変貌（国家管理型資本主義からグローバル資本主義への変貌）に従って、前者を放棄し後者のほうに引きつけられてしまったと、フレイザーは分析する。つまり、そもそもフェミニズムの中にあった「個人的自立のための資源や選択肢の増大、能力主義的達成」を志向する傾向が、ネオリベラリズムの台頭によって勢力を増し、第二波フェミニズムを乗っ取ってしまったとするのである。

　しかし、ネオリベラリズムと手を組んだ新保守主義の視点から見れば、「敵」はまさにニュー・ディール政策以降、戦後社会まで支配したリベラリズムということになる。この見方からすればフェミニズムもまた、リベラリズムの延長線上にある思想と位置づく。そして反社会主義、反社会民主主義の立場から見れば、フェミニズムの「個人主義」的傾向こそ、「小さな政府の実現」に必要な「家父長制的家族」の破壊をもくろむ元凶ということになる。フェミニズム

の「個人主義的傾向」を非難するのは、「参加型民主主義や社会的連帯」を求めるフレイザーのようなフェミニストだけではない。「家父長制」支持者もまた、フェミニストを身勝手で強欲な「個人主義者」として批判するのだ。つまり、フレイザー的なフェミニズムの「個人主義」批判が流布することは、フェミニズムに対する「家父長制」支持者からの批判を勢いづかせることにもつながりかねない。

　では、フェミニズムは「個人主義」をどう考えるべきなのか。私は、フレイザーの「リーン・イン」フェミニズム批判には、実のところ、2つの意味があると、考える。1つは、「女性の能力主義的達成を応援する」ことしかしないフェミニズムに対する批判。この意味での批判はよくわかる。能力主義的達成は一般に競争的状況で生じる以上、すべての女性が「能力主義的達成」を実現することはありえない。そうであれば、このようなフェミニズムを「99%のための」フェミニズムではないと批判するのは、当然である。しかし「リーン・イン」フェミニズム批判には、フェミニズムに対する批判とは別に、「個人的自立のための資源や増大する選択肢、能力主義的達成」を志向するという「女性の生き方」に対する批判も読み取れる。少なくともこのような解釈を慎重に排除する配慮は、フレイザーにはうかがえない。「家父長制」支持者は、こちらの批判の意味、つまり女性の「個人主義的な生き方」に対する批判的含意に反応する。フェミニズムに対する「個人主義」的だという非難は、そもそも、女性が「個人」であろうとすること自体を身勝手と非難する近代家族の「家父長制的ジェンダー観」に基づく価値判断を基礎としている。そして、そのような「身勝手な女」の集まりであり、「恥知らずにもそのような身勝手な女の生き方を奨励する」フェミニズムを批判する人々も、多く同調者としてしまうのだ。しかし、男性ではなく「個人主義」的な女性のみを「身勝手」と批判することは、まさに近代社会における女性抑圧構造の一部なのである。

　第二波フェミニズム理論は、「自由」や「平等」を基本的価値観とする近代社会において、なぜ性差別が執拗に維持されてきたのかを、性別役割分業観・公私二元論・ジェンダー観などから解明してきた。女性は「自分を犠牲にしても子どものために尽くすべきだ」「女性の幸福は家族の幸福」等の性別役割分業観、「自由」や「平等」は公的領域における価値観であり、私的領域におい

ては妥当しないという公私二元論，女性には理性がなく自立的判断ができない等のジェンダー観などが相まって，女性が家庭内で無償労働を行い，その結果職業的活動ができなくなったとしても，家庭内で夫等からの暴力を受けたとしても，何ら問題ではないと思われてきたのである。男性が「個人」として自立できることは重要であっても，女性が「個人」として自立できることは求められないだけでなく，「自分勝手」だという非難を招いた。このような考え方はかなり弱まったとはいえ，現代社会においても健在である。そして実際には，ネオリベラリズムと手を組んでいるキリスト教原理主義や伝統主義においても，今なお非常に強固に主張されている。フェミニズムに対する「個人主義」的だという批判は，まさにこのような近代家族の「家父長制的ジェンダー観」に基づく批判をも手繰り寄せてしまう危険性をもっている。

　そうであれば，「リーン・イン」フェミニズムの限界性自体には合意できても，女性個人が「男性同様の個人的自立のための資源や増大する選択肢，能力主義的達成」等を志向する「個人主義」者であることを，批判の対象とするべきではないことは明らかである。男性も含めてすべての人に「個人的自立のための資源や増大する選択肢，能力主義的達成」を認めないような社会をめざすのではない限り，「ジェンダー平等」をめざす以上，女性個人の「個人主義」志向を認めるのは当然のことである。

　むろん，「能力主義的達成」を（その定義にもよるが），すべての人に約束することは不可能であるから，「個人的自立のための資源や選択肢の増大」を，個人の能力主義的達成によってのみ実現させようとするフェミニズムがあるとすれば，それは「すべての女性に個人的自立のための資源や選択肢の増大を約束すること」とは矛盾する。おそらく，フレイザーらが問題としているのは，個人としての女性が「個人的自立のための資源や増大する選択肢」を求めることではなく，「女性すべてに，能力主義的達成によって，男性同様の個人的自立のための資源や増大する選択肢を手にすることができる」かのように約束するフェミニズムなのだと思う。すべての女性が「個人的自立のための資源や選択肢の増大」を享受できるためには，「参加型民主主義や社会的連帯」が必要なのだとフレイザーらは，考えているのだと思う。しかしそのことを，「個人的自立」等の概念で示してしまうと，「個人主義」対「集合体主義」，「個人主義」

対「共同体主義」，「個人主義」対「家族主義」等の既存の二項対立的な評価軸を呼び寄せてしまうことになる。その結果，本来フェミニズムのプログラムの妥当性をめぐる議論なのに，女性個人の生き方の評価をめぐる議論をも引き寄せてしまう。

「個人主義」をめぐる議論が厄介なのは，「個人主義」を「家族主義」との対立で考えると，それぞれの立場が個人の利益にとってもつ意味も，ジェンダーによって大きく異なってしまうことも，大きな理由である。近代の性別役割分業観のもとでは，家族に対するケア責任は，ジェンダーによって異なって割り振られている。つまり，男性にはケア責任はないとされるにもかかわらず，女性には家族へのケア責任が割り当てられているのだ。この近代の性別役割分業観を前提として，ケア責任を「家族主義」的に考えるとすれば，男性は家族成員に対するケアを免れるだけでなく，女性からケアされることも期待できることになる。他方女性は，家族成員に対するケア責任を負わされるだけでなく，自分に対する他からのケアも期待しにくいことになる。このように，「家族主義」的ケア責任論は，ジェンダーによってまったくその意味を異にする。

たとえば，ある男性が「家族主義」的ケア責任を主張した場合，それは，家族の女性が提供してくれる無償の家事労働・ケア労働を自分が享受できることを望ましいと思うためかもしれない。他方，ある女性が「個人主義」的ケア責任を主張した場合，それは現在すでに行っている他の家族成員に対する無償のケア責任を軽減するため，あるいは自分もまたケアを享受したいと思うためかもしれない。この両者を，「個人主義」対「家族主義」という価値軸で比較した場合，はたして男性は「家族主義」であるが女性は「個人主義」であると評価してよいのだろうか。この男性の「家族主義」の主張は，「個人的利益を得る」ための主張なのだから，「個人主義」的動機に基づいていると言ってもよいだろう。その点では女性もまたケア責任を免れようとしているのだから，「個人主義」的動機という意味で同じだと言ってよいだろう。しかし，この例の場合のように，実際の行動では，男性は他の家族成員のケアを行っておらず，女性は他の家族成員のケアをすでに現在行っていることが起こりうるのだ。つまり，ケアを「個人主義」的に行うべきか「家族主義」的に行うべきかという問いによって，その個人が「自分の利益を考えているか」ということを測るこ

とはできないし，その人が実際に「家族のケア」にどの程度時間を費やしているか（つまり実際にどの程度コミットしているか）を測る物差しにもなりえないのだ。近代的な性別役割分業意識が残る中で，「個人主義」や「家族主義」「共同体主義」などの変数を使用することは，細心の注意を必要とするのである。

▷ネオリベラリズム・フェミニズム・国際的連帯志向

　フェミニズムの中にネオリベラリズムと共通の要素を見出し，それを批判するというような批判の仕方は，フェミニズムが国際的連帯を強調するとともに，国連などの国際機関において影響力をもっていることや，国連の国際機関が，世界各国に対してジェンダー平等を実現するよう要請していること等に対して，ネオリベラリズム＝グローバリズムと同一視するゆえの批判も，生み出すことにもなる。実際フレイザーは，ネオリベラリズムと第二波フェミニズムの親和性に対して，以下のように指摘しているという。「第2波フェミニズムは公正の範囲を国民国家の外に広げようと試み，国際的な場を舞台として女性の人権のための闘いを繰り広げた。だがその試みは資本主義の行政的需要とぴったり符合するものとなった。資本のグローバル化は国境を越えて組織化を進め，フェミニストのキャンペーンはそれと重なり合うように，運動のグローバル化に伴う中心と周縁とのギャップの増大を生み出した」（菊地 2019: 26）。

　しかし，このような評価は妥当なのか。確かに，第二次世界大戦後の先進国から世界的に広がった第二波フェミニズム運動は，1970年代から，国連などの国際機関において，「ジェンダー平等」や「リプロダクティブ・ライツ」などの「女性の人権」問題を提起した。特に，1979年国連総会採択の「女性差別撤廃条約」は，現在締約国が189カ国に上り，多くの国々で，「ジェンダー平等」や「女性の人権」の確立に大きな役割を果たしている。「セクシュアル・マイノリティの人権」問題に関しても，同じく国連は，大きな役割を果たしている。女性や性的マイノリティは，多くの国々の「伝統的秩序」において，抑圧されてきた。それゆえ「性の平等」を実現するためには「伝統的社会の秩序」を「敵」に回さざるをえなかった。そのためには，国際世論に訴え，国際条約を味方につけることが必要だったのである。

　もし「自国の伝統秩序を守る」ことを「反グローバリズム」，「伝統的秩序を

破壊する」ことを「グローバリズム」と位置づけるならば，フェミニズムは「グローバリズム」の側に位置づけられることになるだろう。家族や職場，地域社会，国民国家などの共同性を解体させているのが「国際社会」や「国際機関」等の「グローバルな勢力」だと定義してしまえば，フェミニズムはまさに，グローバル資本主義のイデオロギーであるネオリベラリズムと同じく「グローバルな勢力」の一派ということになる。

　しかし，ネオリベラリズムとフェミニズムを「国境を越えた組織化」という共通点をもって等置し，それゆえに否定するとするならば，それは「個人主義」に関する論と同じ意味で，危ない批判の仕方だと考えてよいのではないか。なぜなら，「国境を越えた組織化」には多様な機能があるのであり，それを区別しないで「一緒にして否定する」ことは，グローバリズムに歯止めをかけるためにも，むしろ有害となるからである。

　本書ではグローバリゼーションを，「ヒト・モノ・カネ・情報等が国境を越えて流通すること」「国境を越えた相互行為が増大すること」「世界の相互依存性が強まること」等の過程を意味するものと定義した。グローバリズムについては，このようなグローバリゼーションを推し進めるべきだとするイデオロギーとした。この定義からすれば，グローバリゼーションは，国境を越えた相互行為であるから，国外だけでなく自国内にも必ず行為者がいることになる。さらに第3章では，グローバリゼーションにいくつかの区分を導入した。まず「市場経済の飛躍的拡大と国境を越えた相互影響・相互依存関係の増大」を狭義の経済的グローバリゼーションと定義した。経済的現象は，人間が関わるものであり，人間が関わる現象はいかなるものでも，経済的側面だけでなく，社会文化的側面も，政治的側面もある，多面的現象である。モノやお金の流れだけでも，人々の考え方や価値観を変え，権力のあり方を変えていく。ましてや国際労働力移動や，多国籍企業による途上国での工場建設等の経済的グローバリゼーションは，人の移動が伴うことによって，さまざまな影響が生まれる。

　経済的グローバリゼーションが主な駆動力となって，異なる文化間の文化的接触の増大，国境を越えたコミュニケーションの増大，さらには海外出張や海外旅行等による人の移動の増大，経済的要因や政治的理由に基づく移民・難民の増大，それに伴う人々の意識の変容等が生じる。このような変化を，社会

的・文化的グローバリゼーションとしてとらえよう。人・モノ・情報の移動は，当然にもその移動や集積に関わるさまざまな組織を生み出す。マスメディア等の情報産業・大学や語学学校等の教育産業・科学者が組織する国際学会・旅行業界・国際交流団体・国際支援団体・国内の外国籍住民支援団体等である。このような組織が形成され，情報が国境を越えてやりとりされたり，留学生が増加したり，国際共同研究が非常に多く行われるようになったり，海外旅行ツーリスト人口が増加したり，国際交流事業が増加したり，国内の外国籍住民の支援を行う NPO/NGO 組織が活動を活発化させたりすること，またこうしたことによって，社会意識が変わっていくことなどもまた，社会的・文化的グローバリゼーションの1つのあり方としてとらえられるかもしれない。

さらに，市場経済の拡大やモノ・人・情報の移動の増大はさまざまな問題を引き起こす。それらの問題の中には当然，政治的次元での解決を必要とする問題もある。したがってグローバリゼーションは当然，政治的側面にも大きな影響を与える。けれども現在のところ，現代社会の政治的共同体は，国家であり，主権国家と同じ権力を行使しうるグローバルな政府は存在していない。国連はあくまで，国家間の話し合いの場であり，国際条約を採択することができるが，その参加資格は，個人ではなく，国家単位である。個人は国連に直接に代表を送ることもできないし，国連に税金を払っているわけでもない。国連の分担金を支払っているのはあくまで，国家なのである。したがって，国家領域を超えた問題の解決は，外交次元の問題となる。また国連等の国際機関の果たす役割も大きくなっている。

それゆえ，国家の政治に，国家外の主体が影響を与える傾向は，増大している。このように，国家の政治に，外交や国際機関などが一定の力を及ぼすようになる傾向の増大を，政治的グローバリゼーションと定義することができるだろう。政治的グローバリゼーションに対しては，各国からは，国内政治に対する干渉（内政干渉）として非難することもよく生じる。イギリスの EU 離脱は，EU によるイギリス国内の政治への拘束に対する反発が，1つのきっかけになっている。しかし，現代では，各国政府は，自国内の人権問題に関する国際社会からの批判に関しては，「内政干渉」としては退けることができないという国際的規範がある程度は形成されていると言ってよいのではないだろうか。国

内のマイノリティは，国家内において，差別や抑圧の危険性にさらされている
からである。女性差別に関わる問題や，LGBTの問題などに関して，国際社
会から日本社会に対して常に批判があるのも，このような国際規範に基づいて
いる。

　経済的グローバリゼーション，社会的・文化的グローバリゼーション，政治
的グローバリゼーションは，いずれも国境を越えた相互行為の増大という意味
では共通であるが，相互行為主体も相互行為の目的も非常に多様である。経済
的グローバリゼーションの加速は，社会的・文化的グローバリゼーションや政
治的グローバリゼーションの加速を引き起こすが，逆に経済的グローバリゼー
ションを抑制するため，あるいは経済的グローバリゼーションによって生じた
社会問題を解決するためにも，政府間の「国際協調」や，国境を越えた民間団
体の連帯が必要になる。

　たとえばトマ・ピケティは，グローバリゼーションによる格差拡大の要因の
1つを，タックスヘイブンなどを利用した多国籍企業の税負担回避策や，多国
籍企業を自国にとどめるための国民国家間での法人税減税競争に見出している
（Piketty 2013＝2014）。つまり，法人税率等に関わる「国際的ルール」がないこ
とが，経済的グローバリゼーションを加速させ，福祉切り捨て等のネオリベラ
リズム的国内政策を強化したのだ。言い換えれば，経済的グローバリゼーショ
ンによる格差拡大をもたらしているものは，政治的グローバリゼーションの遅
れ，つまり政治領域がいまだ基本的に国民国家の範囲にとどまっていることに
見出すことができる。[3]

　また，ダニ・ロドリックは，ハイパーグローバリゼーション（経済的グロー
バリゼーション）・民主主義・国民的自己決定は，トリレンマの関係にあること
を指摘し，民主主義と国民的自己決定を選択すれば，ハイパーグローバリゼー
ションを犠牲にせざるをえないと指摘した（第5章参照）。その中で，経済的
グローバリゼーションを部分的に実現していくためには，各国の国内事情から経
済的グローバリゼーションを抑制することを承認する「国際協調」路線をとる
しかないと主張している。

　これらのことから考えれば，ネオリベラリズムの経済的グローバリズムと，
第二波フェミニズムの「国際協調」を，グローバリズムとしてひとくくりにす

るべきでないことは明らかだろう。確かにフェミニズムの中にも、「西欧白人中産階級女性のフェミニズム」が、「非西欧フェミニズム」や「労働者女性フェミニズム」を周辺化するという、経済における「中心と周辺」に対応するような対立もある。けれどもマイノリティの「国際的組織化」が、経済的グローバリゼーションに対抗するため、あるいは経済的困窮や格差拡大によって生じた国内におけるマイノリティに対する抑圧に抵抗するうえで、必要とされている側面もあるのだ。

　2016年は、世界の政治風土が「反グローバリゼーション」に転換した年だと言われている。アメリカや日本、さらにはヨーロッパにおいても、外国人労働者や難民問題が大きな政治問題になり、「自国民第一主義」という名の「排外主義」が跋扈している。その背景にあるのが、経済的グローバリゼーションによる先進国労働者の失業や貧困化・格差拡大によって、経済的困難に直面した人々が、外国人排斥や移民・難民排斥等を主な内容とするポピュリズムに引き寄せられているという問題である。このことは第6章で論じたとおりである。

　しかし2016年の政治的対立においては、問題はあたかも、「自国の伝統的秩序を守る」のか「グローバリゼーションによって自国の伝統的秩序を破壊されてしまうのを放置するのか」という、二者択一にあるかのように主張された。そこでは、「自分の生活を苦しめる格差拡大や貧困化」は、「自国の伝統的秩序を攻撃する」外国や外国につながる人々によって引き起こされているかのように描かれた。それゆえ、貧困化や格差拡大に苦しむ人々は、「自国を守る」という意味における「反グローバリゼーション＝ナショナリズム」に賛同するべきであり、この意味での「反グローバリゼーション＝ナショナリズム」に賛同しない人々はみな、「グローバリゼーションに加担している人々」とみなされてしまうことにもなった。

　しかし敵と味方を、国境線によって分ける見方は、グローバリゼーションの問題を見誤らせるものである。これまで論じてきたように、グローバリゼーションは、先進国企業の行動変容や、それを望んだ先進国政府の政策が引き金となって引き起こされており、本当の「敵」は国内に存在しているのだ。国内の格差拡大にせよ、貧困化にせよ、税制や労働政策・福祉政策の変更、すなわち先進国内部のネオリベラリズム的政策こそが、重要な要因なのだ。むろん格差

拡大や貧困化でより苦境に陥ったのは，国内の労働者であった。しかし，実際には，（マイノリティ施策に反発している）中流白人男性労働者よりも，女性や黒人などのマイノリティの人々のほうが，より苦しい状況に置かれたのだ。さらに，このような経済的グローバリゼーションの結果引き起こされた社会的問題を解決するためには，たとえば，法人税をもとのように引き上げることができるような国際環境の形成，つまりは国際協調こそが求められているのであり，その意味で「国際協調」は，経済的グローバリゼーションが引き起こした社会問題の解決のためにこそ，一層進められなりればならない。その視点から見れば，「反グローバリゼーション」という名のもとに，国境の外に「グローバリゼーション」を体現する「敵」を見出し，排外主義を煽ることこそが，解決の方向を見誤らせ，問題を持続させているとすら，言いうるように思う。

▷ネオリベラリズム・フェミニズム・文化主義

　フェミニズム以外の他の思想を単純化して把握し，「加担している」かどうか等の視点で，フェミニズムを評価しようとすれば，結局フェミニズム理論の是非を，単純化した無理な基準で論じてしまうことになる。第二波フェミニズムにおける理論的格闘の歴史が示しているとおり，フェミニズム理論は，このような二項対立的な理論構成を「脱構築」することによってこそ，展開されてきた。文化対経済，自然対文化，男対女，理性対感情，公と私，近代と前近代，個人と共同体等，多くの二項対立的な概念枠組みは，近代社会においてはジェンダー不平等の存在を押し隠す機能を果たしてきた。つまり二項対立的な概念枠組みでフェミニズム理論の是非を評価してしまうことは，フェミニズム理論が解明しようとしてきた，この二項対立的概念枠組みが果たした実際の抑圧的機能を，またしてもフェミニズムに適用することになってしまう危険性をはらんでいると思う。

　そのもっともよい例が，「文化主義」批判である。第二波フェミニズムがネオリベラリズムに肩入れしたこととしてフレイザーが挙げた3点の中で，①家族賃金批判と③福祉国家的パターナリズム批判については，第5章で論じたので，本章では②の，「文化主義」という論点を検討してみよう。

　本書においては，フレイザーが第二波フェミニズムの「文化主義的傾向」を

批判したのは，それが「社会民主主義」対「ネオリベラリズム」という政治状況において，「敵を勝たせる間違った戦術」であったという判断からだという解釈を行っている。この解釈は，フレイザーが，いわゆる「文化主義」自体に対しては，決して否定的な評価をしていないことからも，妥当だと思われる。

　よく知られているように，フレイザーは，社会運動の方向性を論じるために，「承認」と「再分配」（「文化主義」と「経済主義」）という類型を導入した。「再分配」の政治とは，経済的な不平等の是正をめざす運動であり，労働運動や社会主義の運動などがその典型である。「承認」の政治とは，劣等性の表象を押しつけられたマイノリティ集団が，適切な社会的評価を求める運動である。フレイザーは，実際の社会運動においては，「再分配」の政治と「承認」の政治双方が使用されており，「承認」の政治と「再分配」の政治が循環的に相互に関連し合って平等をめざす社会運動がなされているという。「承認」と「再分配」という概念装置は，このような過程をむしろ明確に記述するためにこそ，必要なのだと。このようなフレイザーの記述からは，「文化主義」（＝「承認」の政治）に対する否定的評価は見出せない。

　けれどもフレイザーは，この2つの政治が緊張関係にあり，一方の使用が他方の使用を抑制する効果をもつことがあるとし，その具体例として，第4章で論じた，1990年代の第二波フェミニズムの「承認」の政治への偏向を挙げた。つまり「承認」の政治への偏向という批判は，グローバリゼーションによる格差拡大や貧困問題に対して「再分配」の政治を行うべきときに，「承認」の政治にとらわれて，それを抑制してしまったという点に置かれている。

　ではこの分析は，妥当なのか。このことを検討するに際して，「文化主義」に対する2つの解釈をなしうることを，まず指摘しておこう。フレイザーが「文化主義」という言葉を使って述べていることは何なのか。それには，2つの解釈が可能である。1つの意味は，もちろん，フレイザーが述べている，社会運動の目標における「承認」と「再分配」という意味だろう。先述したように，「承認」は，「劣等性の表象を押しつけられたマイノリティ集団が，適切な社会的評価を求める運動」である。他方，「再分配」は，「経済的な不平等の是正をめざす運動」である。

　しかし，「文化主義」という言葉には，社会運動の目標とは別のもう1つの

含意もある。それは，社会理論上・方法論上の差異を示す概念である。単純化すれば，人間行動の基本モデルを経済的合理性に置くのか，シンボルを使用したコミュニケーションに置くのか，という対立である。前者であれば，経済的利益・不利益を分析することが，もっとも重要な方法論となる。人々は，そのような利益・不利益によって，行動を決定するだろうからである。他方，後者においては，経済的利益・不利益よりも，どのようなシンボルを用いてコミュニケーションがなされているかを重要視する方法論となる。

　フレイザーは，前者だけでなく後者の意味でも，「文化主義」という言葉を使っているのではないか。それはフレイザーが，第二波フェミニストたちに対して，「文化主義的な想像力に事実上とらえられ」たと批判していることに現れている。ここで「事実上とらえられた」という記述は，この「文化主義的な想像力」が，人々に一定の作用を及ぼして問題をとらえる力を一定の範囲に限定する作用をもっていると，フレイザーが考えていることを示している。つまりここでは，「文化主義」とは，経済的利益を求めるかどうか等の一時的な動機の型ではなく，人々の認識を方向づける持続力をもつもの，つまり枠組み＝方法論として，把握されているのだ。だからこそ，フレイザーは，一方の使用が他方の使用を抑制する効果をもつことがあるとし，グローバリゼーションによって格差拡大が生じたときにも，第二波フェミニズムが「承認」の政治にとどまり，「再分配」の政治に移行しなかったことを批判したのであろう。

　そうだとすれば，問題は「文化主義」ではなく，「文化主義的な想像力にとらえられ」てしまうこと，つまり自分の枠組み＝方法論の相対化が困難であることにこそあるはずだ。逆に言えば，「文化主義」と「経済主義」が二項対立になっており，どちらかしか選べないようになっていることこそが，問題なのだと言ってもよいだろう。「文化主義」対「経済主義」（＝「承認」の政治対「再分配」の政治）が，あたかも「価値選択」のように置かれており，どちらかを選択すると，他方とは対立せざるをえないかのように置かれていること自体が，「承認」の政治と「再分配」の政治の間の，状況による適切な「移行」を妨げているのではないだろうか。

　私見によれば，方法論的な意味での「文化主義」と「経済主義」は，マイノリティの状況を理解するためには，どちらも不可欠である。なぜなら，マイノ

リティの人々の経済的主張（＝「再分配」の政治の主張）は，しばしば，マイノリティに対する「劣等性の表象」の押しつけによって，非正当化されているからである。多くの場合，マイノリティは，何を主張する場合にもまず，自分たちがマジョリティと「同じ資格で存在」していることを，マジョリティに「承認」させなければ，その声を「聞いてもらうことができない」位置にいる。だからこそ，たとえ主要な主張が「再分配」であっても，「承認の政治」をも闘わざるをえないのである。

　マイノリティの人々が，「承認」の政治を求めるのは，多くの場合，彼らが「アイデンティティ」や「差異」など「文化主義」的価値観をもっているからではない。そう考えてしまうこと自体が，まさに，マジョリティの視点からの「誤認」ではないかと思う。第6章で，イングルハートが「新しい社会運動」を，「脱物質主義的価値観」としてとらえていることを紹介した。つまりイングルハートは，「新しい社会運動」を，「生き方の問題や，女性の地位，マイノリティの権利，環境問題やインターネットを含む科学技術による倫理上の問題，そして何よりも個人の尊厳の問題」の解決を求める「脱物質主義的な価値観」に基づく運動と規定したのだが（吉田 2020），その規定に関しては，第6章注7）で，違和感（「脱物質主義的価値観」に，「女性の地位」や「マイノリティの権利」等の問題を含めてしまうことに対する違和感）を示した。確かにマジョリティにとっては，女性や有色人種の問題は，自分の経済的利益にはならない問題であり，つまりは「正義」や「正義」にどう向き合うかという「個人の生き方」の問題，つまりは「脱物質主義的価値観」に基づく問題として位置づくことであるかもしれない。また，ベティ・フリーダンが問題提起したアメリカ中流の専業主婦の「名前がない問題」は，「個人の生き方」の問題である側面が強かったかもしれない。しかし，多くのマイノリティにとって，（「女性の地位」を含む）「マイノリティの権利」という問題は，「生き方の問題」だけには収まらない現実的な問題なのだ。それはまさに命の問題であった（"Black Lives Matter" 運動！）。あるいは，今日明日どう食べるかという経済的問題であったり，子どもをどう養うことができるかという問題であったりしたのだ。しかし，マイノリティにとってまさに「死活問題」ですらあるそれらの問題を，マイノリティが問題提起できるためには，まず自らがマジョリティと同じく，感情をもち怒りや喜び

を感じ正義と不正義を認識できる存在であることを「認めて」もらうことが必要になってしまう。マイノリティは通常，いかに発言しても，その言葉が聞かれない・聞き届けられない存在であるからだ。「承認」の政治とは，マイノリティにとっては，まさにそのような位置にある政治なのである。

　日本社会においては現在でも，女性労働者の待遇改善を実現するうえでもっとも大きな問題は，「既婚女性労働者は被扶養者」という位置づけにある。このことは先に論じたとおりである。つまり，女性たちが「再分配」の要求を行ったとしても，「被扶養者」という位置づけを変えない限り，その声はかき消されてしまうのだ。少なくとも，日本社会において，グローバリゼーションによる女性の貧困化や非正規労働者化などの問題は，近年まで無視されてきた。女性たちの「再分配」の要求は，ジェンダーによって容易に阻止されうるのだ。[4]
日本の女性たちにとって，固定的ジェンダー批判やジェンダー観批判とは，「再分配」の政治に女性の声を届けるためにこそ必要な，主張なのである。

　また，ネオリベラリズムによる格差拡大に直面した女性や労働者階級の人々が，なぜ右翼ポピュリズムに引き寄せられたかという問題に対する回答として，「再分配」の政治をしなかったからだというような主張をするフレイザーにも，やや疑問を感じる。第6章において見たように，右翼ポピュリズムに引きつけられた人々が怒りを感じているのは，決して経済的な不利益だけではない。むしろ，リベラル派からの「差別主義者」というレッテル貼りこそが，非和解的対立を引き起こしているように思える。

　まとめよう。フレイザーの「文化主義」的偏向という批判は，「文化主義」に対する批判としてではなく，その枠組み＝方法論を「相対化」しえていない問題として，位置づけられる必要がある。人間行動のモデルにおいて，「文化主義」と「経済主義」のどちらを選択するかという問題は，価値観の選択としてのみ置かれるべきではなく，枠組み＝方法論次元の問題としても，位置づけられるべきである。グローバリゼーション時代のマイノリティ問題は，どちらの方法論も必要とする，複雑な問題である。それゆえ，フレイザーの「文化主義的偏向」批判は，「文化主義」的方法論をとるフェミニズムに対する批判としてではなく，「文化主義的想像力」にとらえられている＝方法論の相対化を欠いていることによって，グローバリゼーションがもたらした格差拡大や女性

の貧困等に対して十分対応できないフェミニズムにこそ，向けられていると考えるべきである。

　以上，個人主義・国際的連帯指向・文化主義という3点に関して，ネオリベラリズムとの関連で第二波フェミニズムに向けられているフレイザーの批判に対して，考察を行った。この考察から，求められるフェミニズムの方向については，ネオリベラリズムという「敵」との対比からフェミニズム批判を行うという外在的な批判ではなく，フェミニズムに内在的な批判であるべきだということになるだろう。ではフェミニズムに内在的な批判とは，どのような試みであるべきなのか。

▷「第二の近代」の問題に対応できるフェミニズム

　一般に理論内在的に批判を行う場合，理論の論理的矛盾や不整合点等を指摘するなどの方法がとられるが，本書は，このような「理論内在的」な批判を行うことが主題ではない。本書では，社会理論の目的を「人々が生きる特定の状況」を「見える」ようにすること，「どのような方向をめざすべきかに関して人々にヒントを与え」ることにこそあるとする。本書では，この立場から，フェミニズム理論を，近代における女性のあり方を対象とし，その問題の解決のために生まれた社会理論として位置づけた。そして，「第一の近代」から大きく変容した「第二の近代」においては，その社会の女性の社会的状況を十分に分析する力がある社会理論が必要だという認識のもと，今起きている問題を検討してきた。ここから考えれば，フェミニズム内在的に，第二波フェミニズム理論の問題点を論じるということは，それが「第二の近代」において生じている女性に関わる社会現象や社会問題を，どこまで「解明」できるかという視点から，考察し評価するということになるだろう。

　そのために，まずこれまで各章で論じた「第一の近代」から「第二の近代」による女性の生活に関連した変化を，見てみよう。

　第1章では，①性別役割分業観に反対する人の増加，②女性の大学進学率の向上，③女性の就業率の上昇，④女性管理職比率の向上・男女間賃金格差の縮小，⑤女性の政治参加の度合いの増加，⑥男性の家事労働・ケア労働の分担の度合いの増加，⑦女性に対する暴力の社会問題化，⑧性的マイノリティに対す

る差別や人権侵害の社会問題化，等を論じた。

　第3章では，①先進国の経済成長低下と中進国による追い上げ，②先進国製造業の空洞化とサービス経済化，③先進国における格差拡大，④高度資本主義からの「労働者・消費者」の放逐，⑤安定した「家族」と「職場」の崩壊，⑥アイデンティティの不安定化，⑦国際労働力移動の増大等の変化を論じた。

　第5章では，「第二の近代」における福祉国家政策は，先進各国で違いがあったことを論じた。つまり「格差拡大」や「家族」と「職場」の不安定化に直面した人々が，そのまま生活不安・貧困に結びついてしまう国と，そうではない国とが分かれた。あるいはベックの言葉を使うなら，「家族」や「職場」に結びつけられた社会保障から「公的な社会福祉」「制度化された個人主義」に移行した国と，移行しないまま社会から排除されてしまう国の違いと言ってもよいだろう。

　第6章では，①格差拡大による国内の政治的対立激化，②国内における「左翼」勢力のリベラル化，③右翼ポピュリズム勢力の台頭，を論じた。

　以上の中で第3章以降挙げた変化はグローバルな世界全体の変化であり，フェミニズム理論に，これらすべてを解明する性能を求めることは，明らかに過剰な要求である。しかしそれにもかかわらずこれらの変化をも挙げたのは，ある理論が自分たちの生きている状況を，どこまで「見えるように」してくれるかという判断には，女性に関わる変化だけでなく，他の変化も関係してくるからである。

　もし第二波フェミニズム理論が「現実を見えるように」してくれるうえで不適合だとするならば，それは，人々がもっとも切実に悩んでいる問題に対する答えや，何かわからないままに強く感じている不安等を「見える」ようにする言葉を，見つけるために役に立たないと感じる場合だと思う。そのとき，その理論は不適合なのだ。フェミニズム内在的に第二波フェミニズムを批判するということは，その理論が，どこまで現代に生きる人々の不安や問題を適切にとらえているのかということを基盤にして評価することであると，私は思う。むろん，何を問題とするか，どんな不安を感じているのか等は，さまざまな見解がありうるだろう。その見解が異なれば，異なる評価が可能だろう。けれども，その中に多くの人々の心をとらえる見解や評価があれば，いずれその方向にお

ける解明の試みが多く生まれ，理論が革新されていくことになる。

　以下では，上で論じたようなことが起こることを期待して，「第二の近代」における社会現象や社会問題，特に女性に関わる社会現象や社会問題の理解や解明に関し，第二波フェミニズムのどこが不適合なのかについて，私見を示そうと思う。この試みは，あくまで「主観的」かつ「恣意的」な1つの見方にすぎない。しかしそうだとしても，今後人々の，特に女性の，不安や疑問を解明する試みに発展する可能性があることを信じて，書いておくことにする。

▷「鉄の檻」と「液状化する社会」

　まず，「第二の近代」が「第一の近代」と，どう違うのか。とりあえず社会学においてかなり共有されているイメージを提示しておこう。それは，「第一の近代」が「鉄の檻のような社会」だとすれば，「第二の近代」は「液状化する社会」だと見る見方である。前者は，よく知られたマックス・ウェーバーによる近代資本主義社会の比喩であり，後者はこれもまたよく知られたジグムント・バウマン（Bauman 2000＝2001）による現代社会の比喩である。前者は，細部まで厳格に定められた規則によってがんじがらめになり自由も逃げ場もない監獄のような社会のイメージだとすれば，後者は自分が立つ足場すら液状化し姿勢を立て直すことすら困難な社会である。

　もしこの比喩がある程度妥当だと仮定すれば，それぞれの社会で何が人々にとってもっとも差し迫った問題になると考えられるだろうか。むろん，人はそれぞれ大きく違う。変化しないことに安定を感じる人もいれば，退屈や不自由を感じる人もいる。何1つ変化しないものはなく，目まぐるしく変わっていく社会に，責任を負い続ける重圧から逃れられる自由や，着替えるように簡単に次々と新しい自分を試せる楽しさを感じる人もいれば，寄る辺なき不安に飲み込まれてしまう人もいる。パーソナリティや価値観だけでなく，青年期なのか老年期なのかによっても違うだろう。また次に論じるように，マジョリティなのか，マイノリティなのかによっても違うだろう。けれどもあえて乱暴に言えば，「第一の近代」においては，どうしたら「鉄の檻」から逃げ出せるかということがもっとも差し迫った問題であったとすれば，「第二の近代」においては，どうしたら安心して自分の身を置ける足場を見つけられるかということこ

そが，もっとも差し迫った問題になると言ってよいだろう。

　「第二の近代」をこのようなものにした要因は，先に挙げた変化の中に見出すことができる。まず，先進国の経済的優位性の低下。経済的優位性の見通しは，ある程度将来の経済的安定性に対する見通しを支える。逆に，先進国の経済的優位性が大きく揺らぐという将来予測は，未来においてもこれまで享受してきた「先進国」国民であることによる経済的な豊かさを，今後も享受できるかどうかに対する不安を高めることになる。この不安をさらに高めているのが，中進国・新興国の猛追である。日本も欧米にものすごい勢いで追いついたように，追う者は追う者であることの有利性を利用して，猛烈な勢いで追い上げてくる。このことは，「追われている」国に住む多くの人々に，不安や焦りを与える。とりわけ日本は，この30年間ほとんど給料が上がらず，周囲のアジア諸国に1人当たりGDPや1人当たり所得においても，追いつかれ追い抜かされている。自分自身の生活は今のところ大丈夫だと思っている人ですら，心のどこかに今後どうなるのだろうかという不安を抱え込んでいる。

　格差拡大や失業・転職・経済的困窮も，不安を生む。先進国の産業空洞化は，労働者やその家族に，非常に大きな影響を与えた。工場移転などによって，安定した製造業の職は少なくなり，一部の労働者は失業や転職を余儀なくされた。第二次産業から第三次産業への産業構造の転換が，仕事の質の転換をもたらした。第三次産業に多いサービス業の職は，労働時間が変則的で，収入も変動しやすく，安定性がない。それに拍車をかけているのが，AIによる職の喪失だ。その結果，安定したアイデンティティの基礎になるような「職」は少なくなった。この職業の変化が，「性別役割分業」を前提とする家族の成立を困難にした。共働き革命は，フェミニズムの影響と同じくらい，産業構造の変動の影響を受けた結果だった。共働き化に伴う男女間の意識格差や，女性の自立意識の高まり，性愛至上主義の影響もあり，離婚が増え，家族は安定しにくくなった。

　さらに，グローバル化に伴う国境を越える移動労働者の増大が，社会の流動化という認識を一層強めることになった。自国内に，言語や文化を異にする居住者が増加した。そこに，地域社会が自分の親しんだ地域ではなくなってしまったという疎外感をもつ人も生まれた。労働者と消費者が主に国内であった資本主義からグローバル資本主義に変化することによって，労働者階級の政治的

力は相対的に減少した。さらにソ連崩壊に伴って，これまで自分たちの利益を
代弁してくれると信じていた政党が，「ネオリベラル化」した。一部の国では，
経済的な所得再分配政策が弱められ，社会福祉も削減された。職場・家族・地
域社会の安定性の喪失に加え，最後の支えになるはずだった社会保障・社会福
祉すら，頼れるものではなくなった……。このようなさまざまな要因が，「液
状化する社会」を生み出したのだ。

　上記の諸要因はそれぞれ個別に，あるいは重なり合って，人々に作用した。
その結果，人々の「不幸」は多様化した。「不運にも」失業した人や，妻に逃
げられた人，転職した職場でパワハラにあった人，病気になったのに保険の範
囲では十分な治療が受けられない人。他者と異なる「不幸」を抱えたまま，非
常に狭い範囲でしか「不幸による悲しみ」を共有できない社会。その小さな
「共有できる空間」すら容赦なく壊してしまう「液状化する社会」。そこで人々
は，「公的な」世界への出口を閉ざされ，「個人」として「液状化する社会」を
群れ歩く。人々は，それぞれの問題を話し合おうとする動機づけすら奪われた
まま，一時的な「不安を忘れるための」事象に熱中し時間をやり過ごす。「液
状化する社会」とは，「個人化した」社会なのだ。

　　いまの生活状況に普遍的な（と同時に，もっとも苦しい）特質は，不安定
　　性・不確実性・危険性だといえよう。（中略）不安定性（身分・権利・生活
　　の），不確実性（永続性と将来の安定の）と，危険性（身体と，自己と，財産と，
　　近隣と，共同体の）の三層からなる現象である。（中略）不安定さは，あら
　　ゆる生活の，特に労働と雇用によってなりたつ生活の，もっとも基本的な
　　状況となっている。労働によってなりたつ生活はすでに不安定だが，不安
　　定度は，いまでも，年を追うごとに深刻化している。（中略）新しい職が
　　消えてなくなっているのであり，単純に，すべての人たちにいきわたるだ
　　けの数の雇用は存在しない。技術革新・合理化自体が，仕事の数をへらし，
　　仕事を奪う。（中略）解雇された人たちの生活がいかに不安定で，みじめ
　　なものであるかは，想像にかたくない。むしろ問題なのは，すべての人間
　　が解雇の，少なくとも心理的な影響を，一時的でわずかかもしれないが，
　　うけていることにある。構造的失業がおこった世界では，絶対に安心でき

る人間はひとりもいない（Bauman 2000＝2001: 208-09）。

　むろん，「安定性」から「不安定性」へという記述が当てはまる人々は，主
に，先進国の「第一の近代」の時代に，その国の国民であり，しかもある程度
社会の主流にいた人々にすぎない。たとえば今国境を越えてくる国際移動労働
者が，先進国の「第一の近代」の時代に，「安定性」を享受しえていたかを考
えれば，そうでないことはすぐわかる。彼らの多くは，植民地だった母国で，
不当な政治的抑圧を被り，民族独立のための戦乱に巻き込まれたりしていただ
ろう。独立後も，主要輸出品であった第一次産業産品が先進国からの輸入工業
製品と比較して不当に低く価格設定されるなどの経済的搾取を受け，貧困に苦
しんだことも多かったはずだ。政治的植民地化や新植民地主義的な経済的搾取
は，地域社会や家族生活を破壊してしまうこともあったはずだ。先進国に移動
しても，先進国労働者よりも低賃金で働かなければならなかったり，ホスト国
の移民政策や労働者政策に翻弄されたりで，安定した生活を送れるという安心
感は得にくいだろう。それでも彼らの多くは，「第二の近代」が「第一の近代」
と比較して，ずっと「不安定な」社会だとは，思わないと想像する。
　おそらくジェンダーに関しても，同様な違いがあるはずだ。以下ではこの点
も加味して，女性の視点から見た「第二の近代」を考えてみよう。

▷「女性の生き方の多様化」と「働く女性の増加」

　では日本の女性にとって「第二の近代」は，「第一の近代」からどう変わっ
たのか。表面に見えるもっとも大きな違いは，「女性の生き方の多様化」と
「働く女性の増加」である。
　「第二の近代」においては，性別役割分業を正当化するジェンダー規範はか
なり弱くなった。たとえば1960年代当時，既婚女性が働き続けるとすれば，
暗黙に「なぜ働くのか」という問いに答えることを要請されていた。結婚しな
い女性は，「なぜ結婚しないのか」を聞かれ，子どもをもたない女性は「なぜ
子どもをもたないのか」を聞かれることになった。あるべき女性の生き方は
「家庭で家事・育児に従事する専業主婦」であり，その範型から外れる女性は，
暗黙に世間からなぜそうしないのかと「責められて」いたのだ。だから「働く

既婚女性」は，「職場では残業できないことを同僚に謝り，家では家事が十分でないことを家族に謝る」ことが当たり前だった。第二波フェミニズムの中で，「キャリアウーマン」や「結婚しない女」が「新しい女性の生き方」として，取り沙汰されたことは，そのような「生き方」をすることが，そうすると宣言してからしかできないほど，「珍しい」生き方だったことを示していると言えるだろう。

　しかし，今は「結婚しない」女性は大勢いる。離婚も増加し，ひとり親の家庭も増加した。「結婚するかどうか」「子どもをもつかどうか」「離婚するかどうか」は「個人の自由」だと考える人が増えた。

　また女性は「第一の近代」においてよりも，ずっと多く働くようになった。結婚しても「共働き」は普通のことになった。男性と同等に働く専門職女性等，高い地位に就く女性の数が増えた。他方，既婚女性が大量に労働市場に参加するようになることで，働き方も多様化した。多様化した働き方の中には，不安定な労働や低賃金労働も多く含まれており，これらの仕事を転々とする女性も増加した。高給を得られる専門職女性や管理職女性などと，低賃金で不安定な職に就く女性の分断が起きている，と言ってもよいだろう。

　　　1970年代の第一次石油危機以降の経済不況の中で男性の経済力が低下し，女性が家計の支え手として浮上し，女性の就業率が上昇した。それに加えて，単身化や結婚制度の衰退，離婚率の上昇によって，経済主体としての女性の社会的位置づけが大きく変化した。家族を支えてきた男性正社員という働き方が揺らぐ中で，女性が家計を支えるか，女性が自力で生きていかなければならない時代に入ったのである（宮本 2015: 2-3）。

　「女性の生き方の多様化」と仕事における「階層格差」は，女性の生活の安定性に大きな影響を与えた。性別役割分業が一般化していた「第一の近代」では，女性の生活費は，未婚期に一時的に働いて自活することがあっても，成人するまでは親に，結婚後は夫によってまかなわれるのが普通だと考えられていた。つまり女性は生涯の大部分を家族による生活保障によって生きるのが普通だと考えられていたのである。「第二の近代」では，家族による生活保障が弱

まった。雇用の安定性が喪失したことで，父親や夫の経済力が弱くなる世帯が増加した。経済的に困窮した世帯では子どもの学費が払えず進学をあきらめ，親をアルバイトで支える子どもが増えた。「共働き」世帯が増加した。未婚・離婚も増加した。父親や夫によって経済的に扶養されるという生活保障は，リスクが高いものになったのである。

　その結果，男性の経済力の低下を補うためもあり，多くの女性が働くようになった。けれども，得られる収入には男女格差がある。女性が雇用労働者として得られる収入の平均は，男性よりもずっと低い。むろん，高い収入を得る女性もいるが，生活できるかどうかギリギリの収入の女性，職が不安定な女性も多い。女性向けの職には，生活が保障されないような労働条件の職が多いからだ。その背景には，女性は扶養される存在であるという考え方がある。特に日本社会は，女性労働に，そのような位置づけを与えてきた。「戦後日本社会では，女性労働は，女性が属する家族に包摂されていることが前提で組み立てられていた。」山田昌弘はこのような女性労働の位置づけを，「女性労働の家族依存モデル」と呼ぶ（山田 2015: 28-29）。「第一の近代」において前提とされていた「女性労働の家族依存モデル」が，まったく状況が異なった現在においても維持されている（それどころか，拡大している）のが，日本の特徴である。

　その後，1980年代に入ると，先進工業国で貧困が急速に増加した。「アメリカでは，1980年代以降，大都市で製造業が縮小し，慢性的に失業や半失業の状態に置かれる人々が増えた。（中略）産業構造の転換に加えて，新自由主義政策への転換，そして全体としてのコミュニティの弱体化などが背景にあった。その過程で，『貧困の女性化』が一大特徴となった。その中核は過去30年にわたって増加してきたシングルマザーであった」（宮本 2015: 2）。産業構造の転換の打撃をもっとも受けたのは，若い層，特に経済的にもっとも弱い人々，学歴に恵まれない人々だった。特に，シングルマザーの家庭が増えていったのである。

　家族による生活保障を「家族による包摂」，労働による生活保障を「労働による包摂」と呼ぶことにすると，[6]「第二の近代」においては，女性の生活保障は大きく変わった。形式的に言えば，「家族による包摂」と「労働による包摂」をともに享受している女性，「家族による包摂」の女性，「労働による包摂」の

女性，「家族による包摂」も「労働による包摂」もともに欠いている女性という4種類の女性がいることになる。一方には，経済的に安定した親世帯や高給取りの夫をもち，自分も高給の安定した職に就いている女性もいるし，「性別役割分業」世帯の専業主婦もいる。働いてゆうゆうと安定した生活を楽しむシングル女性もいれば，働いてもなかなか十分な収入が得られず不安な生活を送るシングル女性やシングルマザーもいる。女性間の格差は，男性以上に大きいと考えられる。

その中でも特に厳しい状況にあるのが，「家族による包摂」からも「労働による包摂」からも排除された女性である。近年日本社会では，貧困状態に陥っている若年女性のルポルタージュが多く出版されている。「若年女性の貧困」が，ようやく明らかになってきたのである。「社会の中で，まともな仕事からも，さらに，親や夫という家族からも，そして社会保障からも排除され，貧困の中で問題のある仕事をせざるを得ない状況に追い込まれ」（山田 2015: 26）ることすら起きているのだ。2020年以降のコロナ禍は，こうした貧困に追い込まれている女性の状況を，さらに悪化させている。

生き方の違い，未既婚や仕事，働き方の違いだけではない。「第二の近代」においては，人種・出身地域・文化・宗教などの違いや，SOGI（性的指向と性自認）の違いをもつ人々が増加する。多様性が大きくなっているのである。

▷「専業主婦願望」をどう見るか

「第二の近代」における女性の状況をどう考えればよいのか。おそらくここにこそ，今日のフェミニズムのもっとも難しい問題があると思う。この状況の評価をめぐって，「第二波フェミニズムの評価」や「これからのフェミニズムの方向性」についての考え方が，分かれてしまうのだと思う。

「女性の生き方の多様化」や「働く女性の増大」は，見方によっては，まさに第二波フェミニズムが目的としてきた社会状況であるように見える。「女性だからといって家事や育児だけに縛られる必要はない」「女性が働くのは当たり前」。こうした第二波フェミニズムの価値観からすれば，「女性の生き方の多様化」や「働く女性の増大」は，まさにその方向に沿った変化であるように見える。

しかし一方では，女性の仕事も不安定化している。いや，男性よりもずっと不安定化していると言ってもよいだろう。安心できる人は1人もいないという構造的失業社会において，多くの女性労働者が，自分の仕事が続くのかどうか不安を感じている。中でも「家族による包摂」からも「労働による包摂」からも排除されている女性たちは，先が見えない絶望的な不安の中にいる。そうした問題をどう考えるのか。

　「第二の近代」においては，職が不安定化することによって，「労働による包摂」をあきらめ，「家族による包摂」を求める女性，たとえば「専業主婦願望」をもつ女性も生まれる。それをどう見るのかということは，これからのフェミニズムを考えるうえでもっとも違いがわかりやすい論点となってくるだろう。

　第二波フェミニズムは性別役割分業家族が一般的であった「第一の近代」において生まれている。けれども，そもそも「第一の近代」における家庭は，女性にとって決して安定した場ではなかったことが，強調されるべきだろう。家庭で父親や夫の恣意のままに置かれることは，合理的規則によって計算可能で予期可能な生活を送ることとは異なる。女性たちが「家庭に縛られたくない」のは，暴力におびえることなく暮らしたいため，他者の状態や意思に振り回されることから逃れたいためでもあるのだ。同じ「自由を求める」にしても，女性と男性とではまったく違うのである。そこから考えれば，女性が「家族による包摂」から排除されたことで，今貧困化しているとしても，それは「家族による包摂」によってではなく，「労働による包摂」によって解決するべきことになるだろう。なぜなら，「第一の近代」においては，性別役割分業によって女性は家族に拘束され，無償の家事・育児を強要され，その結果自立できなかった（にもかかわらず，それを女性の「無能」「無能力」のせいにされてきた）。それゆえ，性別役割分業の撤廃を求めたのが，第二波フェミニズムだった。そこから考えれば，女性が「家族による包摂」から排除されることは，単に否定するべきことにはならない。本来女性は「夫による扶養」などに頼らなくても，自立できるべきなのだ。それゆえ，「家族による包摂」からの排除がそれを必要としない社会に結びつくなら，むしろ望ましい方向であるはずだ。確かにこれまで父親や夫によって扶養されてきた女性が，経済的に自立するのは大変だろう。ましてやシングルマザーであれば，その大変さは想像するに余りある。し

かしそうした問題は，雇用における男女平等の実現と，社会保障・社会福祉等の施策の充実化によって対応するべきことである……。この立場は，大きな方向性として考える限り，基本的に妥当であろう。

　しかし女性の貧困という問題を「家族による包摂」ではなく「労働による包摂」や社会保障・社会福祉の方向で考えていくべきだという立場は，あくまで「これからの社会変革の方向性」を示すうえでの基本的立場であり，今「家族による包摂」を求める個人としての女性を見るうえでの立場とは区別されるべきである。この区別をせず，「専業主婦願望をもつ女性」や「別れた夫のもとに戻ろうとする女性」等を，「家族による包摂」を求める「古い家父長制社会の価値観にとらわれた女性」「性別役割分業的価値観にとらわれた女性」等と解釈してしまってはならないと思う。なぜなら，そう解釈してしまうことで，「第二の近代」という「液状化する社会」を生きる女性たちの不安や苦境を直視せずに彼女たちの状況を，「古い家父長制社会の残滓」という「見慣れた事実」に変えてしまうことになるからである。そのように見てしまえば，貧困化する若年女性たちの生活も，特別な問題として，他の女性たちの問題と切り離されてしまうだろう。つまり，「液状化する社会」を生きる女性たちの問題が，見事に覆い隠されてしまうことになる。

　「第二の近代」では，女性だけでなく男性もまた「労働による包摂」から排除される。男性の場合「家族による包摂」には否定的な評価が伴いがちであり，「労働による包摂」から排除された男性たちを苦しめている。「第一の近代」における性別役割分業観は根強く残存しており，実際には「多様化している」男女を，性別役割分業的ステレオタイプをもとに，評価しがちなのだ。男性は，女性に対し「庇護された甘やかされた存在」というイメージをもちがちだし，女性は男性を「稼ぎ手」役割を基準に評価しがちである。それゆえ，男女間のコミュニケーションはしばしば混戦してしまい，相互了解が困難になる傾向がある。相互了解のためには，男女とも多様化している現状を共有することが不可欠になっているのである。

　今多くの女性と男性は，「労働による包摂」も「家族による包摂」も信頼できないまま，不安の中にいる。「労働による包摂」や社会保障・社会福祉の充実の方向で社会変革していくべきだとしても，それはこれからの話であり，今

頼れるわけではない。女性のその今の不安を認識できないとすれば，まさにそこにこそ，第二波フェミニズム理論の「不適合」があるのだと思う。むろん，フレイザーを含め多くのフェミニストがこの問題に気づき問題提起している。しかし，それにもかかわらず，「自由」や「自立」のみを評価する第二波フェミニズムの価値観は，若年女性の不安に気づきにくくする「色眼鏡」となっているのではないだろうか。

▷ポスト・フェミニズム

その意味で，第二波フェミニズムとポスト・フェミニズムは，とてもよく似ている。第二波フェミニズムの「自由」や「自立」を求める価値観は，「女性の生き方」を評価する価値観として使用されるとき，ポスト・フェミニズムに導かれてしまう。先述したように，「第一の近代」における最大の問題は，「自由」の獲得であった。この観点から女性の生き方を見れば，将来に経済的不安を感じる女性たちも，「自由」や「自立」をめざすべきだということになる。自分の生活を他者に頼ろうとすることこそ，問題なのだと。しかし，まさにこの第二波フェミニズムの「自由」や「自立」を評価する価値観は，「自分で考えること」「自分で選択すること」を高く評価することにもつながる。

拙著『ジェンダー秩序』において展開したように，「フェミニズム言説」が一定の影響力をもって社会に流布すると，「理想の女性像」は「自立的な女性」というイメージを含むように変化する。その女性像からすると，「女性が自分で考えること」や「自分で決めること」こそが，重要なことになる。つまり「性別」にとらわれて自分の行動を制限する女性や，他者が示すままに自分の生き方を決める女性は，否定的に評価されるようになる。その結果，第二波フェミニズムが描き出そうとした「抑圧された女性の姿」を自分と重ねることが困難な女性が増加する。その一部は，「フェミニズム離れ」「フェミニズム嫌い」を起こすと考えられる（江原 2001: 408-22）。

「自由」や「自立」を強調するのであれば，女性が自分の生き方を選択するのも「自由」であるはずだ。「働こうが働かないでいようが自由なはずだ」「結婚しようがしないでいようが自由なはずだ」。ここからすれば，「男性の経済力を当てにして結婚する」のも，「仕事で自活して生きる」のも，自分で選択し

てよいはずだ。もしフェミニストが，他の女性の生き方に対して，「家父長制
秩序への従属だ」とか「家父長制に騙されているのだ」とかケチをつけるとす
るなら，それ自体が抑圧ではないか。女性が少なくともその時点で自分で決め
た生き方に対して，勝手な解釈を押しつけるフェミニズムこそ抑圧的なのだと
いうことになる。「女性はもう自由であり自分で決めている。女性ならこう生
きるべきだと決めているのはフェミニズムのほうである」。ここから「失敗し
ても自己責任」までは，ほんの一歩である。「いくら反対しても私は私が決め
た道を行く」と主張する女性は，そのまま「結果は私が責任を負う」と啖呵を
切ることになることが多いからだ。そして「フェミニズムはもういらない。ジ
ェンダー平等はもう達成している。成功も失敗も自由のうちである。失敗した
なら自己責任をとって当たり前」というポスト・フェミニズムが完成する。し
かしまさにそれは，弱者切り捨てのネオリベラル・フェミニズムとなる。

　見方を変えれば，「自由な女性」「自立的女性」を目標とする第二波フェミニ
ズムが，ポスト・フェミニズムに導いたことにもなるだろう。その「自由」
「自立」などを高く評価する価値観が，「家父長制的社会」からの脱却のためで
あろうが，ポスト・フェミニズムであろうが，「家族による包摂」からも「労
働による包摂」からも排除された生活基盤の不安定性におびえる女性たちの存
在を覆い隠すように作用してしまうのであれば，それはフレイザーの第二波フ
ェミニズム批判，つまり第二波フェミニズムは「ポスト・フェミニズム＝ネオ
リベラリズムの侍女に成り下がった」という批判の妥当性を，別の角度からで
はあるが，示すことにもなるだろう。

▷「性別カテゴリーの潜在化」

　「第二の近代」においては，女性の生き方は多様化する。つまり「女性だか
らといってしなければならないこと」や「してはいけないこと」が少なくなる。
しかし，そのことは，ある人が何かの行動をしたとき，その行動を説明する変
数として「性別」のもつ説明力が低下するということでもある。この現象を，
「性別カテゴリーの潜在化」と呼ぶことにしよう。

　「性別カテゴリーの潜在化」を生み出した直接の要因の1つは，女性運動か
らの性差別批判であった。第2章で論じたように，女性運動は，女性の行動を

制限するさまざまな法社会や社会規範を1つひとつ問題として，変革を迫った。その性差別批判を受けて，女性・男性という性別カテゴリーを直接的な根拠としてなされる性差別は，かなり少なくなった。「女性であることで被る不利益がなくなる・少なくなる」と言っているわけではない。「見えにくくなる」「わかりにくくなる」と言っているのだ。代わりに，多くの性差別は，間接的な差別となっていく。

　たとえば女性労働者は，育児責任と両立しにくいために残業時間が少ないとする。もし労働時間が長いことを業績評価の要素とするならば，女性は男性よりも劣ることになる。しかし，労働時間の長さの違いによる業績評価は，性別による評価ではない。労働時間が長い女性もいるし，短い男性もいるだろう。あくまで個人の労働時間によって評価しているのであり，性別によって評価しているわけではない。性別によって労働時間の長短に傾向性があるとしても，それはあくまで労働時間を規定する潜在的要因にすぎないということになる。これは間接的な差別として従来扱われてきた差別だと言っていいだろう。「第二の近代」においては，間接的な差別が多発する。なぜなら，性差別禁止の社会規範が広くいきわたったのに，実際にはミソジニー（女性嫌悪）や性別役割分業など，男女で暗黙に異なる社会規範を課す慣習も今なお強く維持されているからである。表立っては行うことができない性差別は，「性別カテゴリーが潜在化」した間接的な差別の形で，行うことができるのだ。

　しかし「性別カテゴリーの潜在化」は，差別する側だけでなく，差別される側である女性にも大きな影響を与える。女性の生き方が多様化することによって，女性は自分がなぜそうするかを「女性であること」に求めにくくなった。「女性でもそうしない人がいる」からだ。たとえば性別役割分業。女性が主に家事・育児を行っている場合，かつては「女性だから」そうなのだと言えたのだが，今は「夫の仕事の都合」でそうなのだとか，「私の個人的事情」でそうなのだというように，「個別的事情」や「個人的事情」が前面に出てくるようにようになる。「女性である」ことだけでは，生き方が多様化してしまえば，適切な理由にはならないからである。このように個別的事情や個人的事情によって説明される性別役割分業（夫婦の間で家事・育児等の負担が圧倒的に妻に偏ってなされることと定義しよう）を「個人化された性別役割分業」と呼ぶことにし

よう。「第二の近代」では，性別役割分業は「個人化された性別役割分業」に変化するのである。

「第二の近代」の「性別カテゴリーの潜在化」の傾向は，さまざまな書類から性別記載欄を削除する試み等にも見ることができる。性別記載欄削除は，性差別防止だけでなく，セクシュアル・マイノリティ差別防止からなされることも多い。「性別二元論」自体を問題とする認識も強まっていることもあり，性別カテゴリーの日常的使用を否定する風潮も強くなっている。

また，「性別カテゴリーの潜在化」や「個人化された性別役割分業」は，「あからさまな差別」是正の試みから生じるだけでなく，女性の生き方の多様化が必然的に生み出す側面もある。女性の生き方が多様化すれば，「同じ女性でもいろいろな人がいる」ことが誰の目にも明らかになるため，「女性だから」という理由づけが難しくなるのだ。「女性だから差別されている」という主張が難しいと感じるのは，「性差別など，もうない」と言いたい人だけではない。「性差別は，まだしっかりある」と思っている人も，それをどのように言っていくことができるか難しいと感じることが多くなる。表面的には性別カテゴリーが見えなくなったり，性別役割分業のほとんどが「個人的事情」や「個別的事情」によるものになったりしているときに，性差別や性別役割分業が「今もある」ことを，誰もが納得できるように言うことは，誰にとっても難しいのだ。だからこそ，それができるフェミニズム理論が必要なのである。

第二波フェミニズム理論の「第二の近代」に対する「現実不適合性」の1つは，この「性別カテゴリーの潜在化」「個人化された性別役割分業」を十分考慮した理論化が不十分な点にある。ここで問題にしているのは，間接的な差別が生じている問題に関して「実際に女性に不利な差があるかどうか」を判定できる理論の性能だけではない。その意味であれば今も多くの社会科学が，統計的分析等によって，実際に「女性が不利」になっていることを示すことができる性能をもっている。しかし，実際に「女性が不利」になっているだけでなく，それが「不正義」であることをも言えなければ，「性差別」であるということを言ったことにはならない。今必要なのは，「不利」が「不正義」であることを示すことができる性能をもつフェミニズム，あるいはその「不正義」を正すことによってどんなことができるのかを示しうる性能をもったフェミニズムで

ある。

　「性別カテゴリーの潜在化」は，性別による「不利」や「不正義」がないということを意味しない。確かに現在は，「女性であること」を理由として，「不利」な状況に置かれることは少ないかもしれない。しかし，従来女性が担ってきたさまざまな活動を代替するに十分な機能を備えた社会制度変革がないまま，「性別カテゴリーの潜在化」が行われれば，結局「誰か」がその活動を引き受けなければならないことには変わりがない。たとえば，家庭内で性別役割分業において「性別カテゴリーの潜在化」つまり「個人化された性別役割分業」の状態になったとしても，職場の標準的労働時間や，残業規定などが，「専業主婦の妻をもつ男性労働者」を基準にしたままならば，労働者は，家事・育児など家庭内の仕事を十分にすることができない。結局，誰かにその仕事を押しつけざるをえない。つまり，家庭内における「個人化された性別役割分業」は，職場における標準的労働時間の見直しや家事・育児の社会化など，家庭以外の制度の変革を必要とする。しかも，どの制度においても，「性別カテゴリーの潜在化」だけでは，性別に関連した別の条件を理由とした差別に移行するだけという結果を導きがちなのだ。

　考えてみれば，表面的に「性別」を根拠とした差別をなくしていくことだけでは十分でないことは，当たり前のことなのだ。市民革命後生まれた市民社会では，女性は「女性である」がゆえに，市民権を認められなかった。第一波フェミニズムは，公的領域における「性別」を根拠にした差別と闘った。女性参政権が実現した後においても，女性は，私的領域における「性別」を理由とした役割分業や暴力に直面せざるをえなかった。第二波フェミニズムは，私的領域における「性別」を理由とした「性別役割分業」や，ジェンダーを基盤とした暴力と闘った。しかし「性別役割分業」が「個人化」しても，女性は，性別役割分業を前提としたまま構成されてきたさまざまな社会制度，職場や社会保障・社会福祉制度等に取り囲まれたままである。そこでは，妊娠・出産を支える制度も，保育所も不十分なままである。確かに「性別」を根拠にした差別は表面上は少なくなったかもしれない。けれども，長い近代化の時代においてつくられた，女性が家事・育児などの無償労働を行うことを前提とした制度の多くは，今もそのままなのである。これからのフェミニズムは，表面では性差別

と直結しないように見えるそれらの近代社会制度における「隠された家父長制の残滓」を拾い上げ，是正する性能が必要なのだと思う。

▷ジェンダー平等とインターセクショナリティ

「第二の近代」における「女性の生き方の多様化」や「性別カテゴリーの潜在化」は，ジェンダー平等を論じることを困難にするのだろうか。以下ではインターセクショナリティとの関連性で，この問題を考えてみたい。

先述したように，グローバリゼーションは，先進国の経済的環境と家族生活のあり方を変え，女性の生き方の多様化を引き起こしている。しかしそれだけではない。国際労働力移動が増大し，先進国内の人々の民族・宗教・文化・母語等の構成は複雑化している。つまり「第二の近代」では，同じ女性でも，「人種や宗教が違う」「居住地域が違う」「階層が違う」等，ジェンダー以外のさまざまな属性が違う女性の比率が，確実に増大する。当然，「女性の生き方」や「生き方についての価値観・生活状態も異なってくるだろう。価値観や生活状態が異なれば，当然，何がもっとも重要な問題なのかに関わる優先順位のつけ方も異なってくるだろう。

このことは，多様性が小さかった時代に比較して，先進国内においてすべての女性に共通する問題として何かを提起することを，非常に困難にするように思える。いったい「第二の近代」において，「ジェンダー平等」のために，女性たちが連帯して闘うような社会運動が，形成できるのだろうか。このような疑念が浮かぶのは，至極当然である。

このような疑念や不安感は，インターセクショナリティという概念をめぐる議論の中に見出すことができる。インターセクショナリティとは，複数の属性による差別が重なり合った状態を言い表す言葉である[9]。人種差別主義・性差別主義・階級差別主義・性別二元論・異性愛中心主義等の差別的イデオロギーは，人種・性別・階級などによって，人々を差別的に取り扱うように，私たちに影響を与えている。その結果，マイノリティはさまざまな差別的経験をし，それに対して異議申し立て等の差別反対のための活動を行ってきた。しかし，私たちは皆1人ひとりが，人種・性別・階級・性的指向・性自認等，さまざまな属性や集団所属性をもっている。属性や集団所属性に関わる複数の差別主義が相

互に影響を与える結果，マイノリティの中にも，焦点が当たりやすい人々と，当たりづらい人々が生まれてしまう。たとえば，この概念を生み出したキンバリー・クレンショーは，「性差別のパラダイムは白人女性の経験に基づきがちであり，人種差別のモデルは最も特権的な黒人（＝男性）の経験に基づく傾向がある」と論じているという（堀田 2022: 77）。つまり黒人女性の経験は，性差別のパラダイムでも，人種差別のモデルでも，焦点が当てられないままになってしまう。このような，複数の属性による差別が重なり合って生じる状態を言い表す言葉を，クレンショーは，インターセクショナリティという言葉で言い表そうとしたのである。

　もともと女性問題は，インターセクショナリティの問題を伴いがちであった。階層や民族や人種が異なっても，そのどこにも女性がいる。性別は他の属性や集団所属とクロスするような属性なのだ。その結果，「女性共通の問題」だとしてある問題を提起しても，状況を異にする女性たちから，「自分たちの問題とは言えない」と反発されることも生じる。白人中産階級の女性たちの参加比率が高かった第二波フェミニズムにおいて，「主婦として家事・育児だけに縛られている状態から解放されること」「既婚でも職業生活を維持できること」等が「女性の共通の問題」だという提起が行われたとき，黒人女性や貧困層の女性たちからは，「黒人女性や貧困層の女性たちの多くは，経済的理由から，結婚後や子どもをもった後も，働き続けなければならなかった。そうした女性たちにとって重要なのは，家庭に閉じ込められている状態から解放されることではなく，職場の劣悪な労働条件の改善や，貧困から脱することができる社会政策だ」等の，強い反発が起きた。インターセクショナリティという言葉が，ブラック・フェミニズムから生まれたのも，十分な理由があってのことだったのだ。

　「第二の近代」においては，多様性が増大する。つまり，文化・言語・宗教・民族・人種等を異にする人々が，同じ地域に居住し接する機会が増大する。同じ性別でも，宗教や言語が違うことで，さまざまな対立も生まれてくる。たとえ同じ職場に勤務していたとしても，勤務時間や賃金についての考え方も違ってくるだろう。たとえば，将来母国に帰ることを希望している外国籍の女性労働者にとっては，一生同じ会社で働くことを前提とするような勤続年数を重

視する給与体系は，公平な制度には感じられないに違いない。つまり「第二の近代」において人々は，社会的要求を行う際の自分と他者の意見の違いにより多く気づくようになる。人々の間の意見の相違の背後に，複数の属性や集団所属性があることを，意識せざるをえなくなるのだ。インターセクショナリティという言葉を使うなら，多様性が増大している「第二の近代」では，インターセクショナリティに対する感受性が高まると言ってもよいだろう。

　おそらくそのことは，「第一の近代」におけるのと同じようなフェミニズム運動の仕方を困難にすると，考えられる。先述したように，多様性が増大した社会においては，具体的な賃金や働き方に関わる要求をまとめようとすることは困難性を増大させる。ならばそうした具体的な要求ではなく，より一般的な要求を行えばよいのだろうか。たとえばフェミニズムを，女性という「貶められた」アイデンティティの名誉回復を求める運動として行っていくという方向性は，どうだろうか。おそらくこの方向性も難しい。属性や集団所属性の複合性についての意識が高まっている「第二の近代」においては，「女性というアイデンティティ」の共有性に対する実感が少なくなるので，それの「名誉回復」という主張の訴求力も低くなるからだ。他の「同じ」属性や集団所属性をもつことを根拠とする社会運動も，同様に考えられるだろう。同じ属性をもつ者の間での差異が大きくなることで，連帯可能性は低くなると考えられるからだ。同じ民族だから，同じ女性だから，同じ労働者階級だから等の理由だけで連帯するには，同じ「民族」「女性」「階級」の中にいる人々の間の違いは，あまりにも大きくなってしまったように感じられるのだ。

　けれども，インターセクショナリティという概念に対する関心の高まりは，「複数の属性による差別が重なり合う」ことによって，属性や集団所属性の複数性・複合性に対する認識や感受性が強まったことから生じているだけでなく，この概念が社会運動が直面している困難に，何らかの方向性を示せるのではないかという期待があることから生じているのではないだろうか。私見では，その期待の方向性は，大きく2つあるように思う。1つは，「何がもっとも正しいか」という問いに対して，インターセクショナリティという概念が，（たとえば「誰がもっとも抑圧されているのか」を指し示すこと等によって），回答を与えることができるのではないかという期待。もう1つは，インターセクショナリテ

ィという概念が，属性の違いを超えた差別経験の共通性（たとえば，「周辺化」という経験の共通性）に焦点を当てることによって，異なる属性をもつ人々の共感可能性や連帯可能性を指し示すことができるのではないかという期待である。このいずれも，現在社会問題や差別問題に対する関心が，複数の属性や集団所属性をすべて同じくする人々とだけしか共有しえないようになってしまうのではないか，社会運動や反差別運動がますます小規模化し孤立化してしまうのではないかという不安や困難に対して，それを乗り越えることができる方向性を，指し示しているということができよう。つまりインターセクショナリティという概念は，確固としたアイデンティティをもつことなく，バラバラの個人として「液状化する社会」を生きている我々に，諸社会問題を構造化する見方を提示できることを，期待されているのである。

　むろん，インターセクショナリティという概念が今後どのような方向に展開されるべきか等について論じることは，本書の域を越えている。したがって以下では，インターセクショナリティを，本書の第6章で論じたことに関わらせて論じることに限定する。第6章では，先進国における右翼ポピュリズムの台頭の背後にある，グローバリゼーションによる労働者階級の人々の転職や失業等の経済的生活困難という問題を考察した。そこで見出されたのは，アメリカ南部の人々やイギリス労働者階級の人々が，リベラル側から自分たちに「差別主義者」というレッテル貼りがなされていることに対してもつ激しい怒りであった。その怒りの矛先は，グローバリゼーションによっては経済的打撃をそれほど受けなかった大卒の中流階級の人々が，経済的打撃を受けて苦しむ自分たちを，道徳的に劣っている存在としてさげすむことの不当さに向けられていた。道徳的に劣った存在として労働者階級の人々を描くことによって，中流リベラルたちは，労働者が被った経済的打撃を，あたかも彼らが道徳的に劣っている結果被った自業自得であるかのように描き出した。そのようなレッテル貼りやそれに伴う責任転嫁は卑劣であり，許されるものではないと。

　そのうえで第6章では，レッテル貼りやそれによる責任転嫁を，「周辺化」という概念で把握した。イギリス労働者階級やアメリカ南部の人々が反リベラルに転じているのは，従来マジョリティであった人々が，「周辺化」されることによって感じる痛みのゆえであり，怒りのゆえなのだ。そしてそれはまさに，

マイノリティがマジョリティ中心の社会において感じてきた痛みと怒りと，同じものなのだと。

インターセクショナリティは，「複数の属性による差別が重なり合って生じる状態」という意味で用いられるが，では差別が重なり合って生じる状態の経験とはどのような経験なのか。1つの解釈は，1つの差別よりも複数の差別を受けるほうが「よりひどい」差別になるというような，差別のひどさを示しているとする解釈。もう1つは，自分たちの状況に対して，自分たちの視点から見るのではなく，まったく異なる枠組みによって異なった意味づけを与えられてしまう「周辺化」を複数の差別で受ける経験とする解釈。もし後者の解釈をとるならば，本書第6章で論じたことは，インターセクショナリティの経験に絡めて論じることもできるように思う。

なぜ複数の属性に基づく差別で「周辺化」される経験が，重要なのか。それは「周辺化」という経験の意味を，1つの属性をもつことに還元することなく，さまざまな属性におけるマイノリティの差別の経験として位置づける方向に，転換することを可能にするからである。「周辺化」という経験を，性別や人種，階級等，1つの属性や集団所属性において経験しているだけならば，「周辺化」に対する怒りは，その属性に関するマジョリティの人々にだけ向けられることになるだろう。「憤怒と憎悪」の政治である。むろん，複数の属性に基づいて「周辺化」を経験したら，「憤怒と憎悪」がさらに強まってしまうかもしれない。けれども，その怒りの矛先は，より広い人々に向けられることになる。また複数の「周辺化」を経験することで，差別の理由となる根拠を性別や人種など特定の属性自体に見出すのではなく，いかなる属性による差別であれ，マジョリティがマイノリティに対して行うレッテル貼りや責任転嫁という差別行為の中に，見出すことをも可能にする。このことは，マイノリティの人々が，属性を共有しているかどうかを越えて，さまざまな属性においてマイノリティとされた人々の経験の中に，共有できる経験や共感性を見出すことを，可能にもするはずなのである。

さきほど，「貶められた女性アイデンティティの回復を求める」社会運動の可能性に対して，「女性というアイデンティティの共有」の実感が少なくなっているので，困難だろうと予想した。しかし「第二の近代」においては，「女

性アイデンティティの共有」の実感は困難だとしても、「マイノリティとして差別された経験」の共有は、十分に可能である。現在においても差別はまったくなくなっていないから、性別という属性ゆえに「貶められた」経験は、現在も多発している。しかもそれは多くの場合、「周辺化」の経験でもある。たとえば、会議で発言しようとしてもほとんど無視されていた女性が、よく通る声で苛立ちも込めて発言すれば、「女性は感情的」だという評判がたってしまう。つまり彼女が感情的であることが、会議で無視されがちになる理由とされてしまうのだ。マイノリティが被った不当な差別行為の存在を消去し、それに対するマイノリティの人々の行動自体が、差別の理由とされてしまう、本書で「周辺化」と呼んだ経験がある女性は大勢いる。

　このような「属性ゆえに貶められる」という経験は、差別という社会構造が生み出すマイノリティに対する意味づけをマイノリティ自身に課すことで、差別という社会構造の責任をマイノリティ自身の属性に責任転嫁する差別行為を、経験することだ。このような「周辺化」の経験は、属性やその属性に対するアイデンティティの強さにかかわらず、多くの人々が経験しているのである。つまり「共有されたアイデンティティ」が弱まってきたとしても、「貶められたアイデンティティの回復」ではなく、「貶められた経験」を共有できる可能性は広くあるのだ。異なる属性をもつ人々の間でも、「経験の共有」は可能である。アイデンティティの回復そのものを求めるのではなく、「貶められた経験を共有」することで、「他者を貶めることがない」社会の実現のために連帯することはできるはずだ。このような連帯を可能にするためには、「アイデンティティの非本質化」という第二波フェミニズムの「文化主義」的方法論が、有効に機能するはずである。[10] そうだとすれば、まさにその中に、異なる属性の人々に対しても共感を寄せ、共に連帯して闘いうる社会運動の可能性を、そこに見出すこともできるのではないか。インターセクショナリティという概念は、マイノリティとして差別を受ける私たちもまた、「周辺化」という差別行為と無縁ではないことを指し示している。国内の多様性が増大し、差別の複層性が増している今日において、属性を超えた「周辺化」の経験や「周辺化」行為の認識を可能にしてくれるインターセクショナリティという概念は、確かに重要性を増しているのである。

▷ICT 技術の利用・さまざまな工夫・新しいイシューなど

　また困難さに対応するために，社会運動の方法の次元で，いくつかの工夫が考えられるだろう。1 つの方法は，提起する問題を限定することである。たとえば SNS を使って女性に対するセクハラの告発を行った #MeToo 運動は，問題を限定することで大きな波となることができた。さらにこの運動の巧みさは，インターネットを使用することで自分から「セクハラ告発」という目的を共有したいと思う人のみを運動参加者にすることができる点にもある。従来のマスメディアによる呼びかけ方式では，呼びかける側があらかじめ「問題を共有する範囲」の人々を定義する必要があった。しかし，女性の生き方が多様化している今日では，この定義が非常に難しくなる。#MeToo 運動では，逆に，「私」の経験から出発して，「私も」と言う人がたくさん出ることで，「問題を共有」する。その数や範囲に応じて，「問題を共有する範囲」が決まってくるのである。あらかじめ「問題を共有する範囲」を決めなくてよいという点において，#MeToo 運動は，「第二の近代」に適した運動方法であると，言うことができるように思う[11]。

　具体的に対象者を限定することで，ジェンダー要因と他の属性による要因を区別して問題提起することも有効である。特定の対象者に限定すれば，複雑性はやや緩和されるからだ。たとえば，子どもの父親からの養育費もなく安定した仕事もない経済的に不安定なシングルマザーの状況をどう見るかという問題を考えてみよう。この女性の経済的不安定さの要因の 1 つは，産業空洞化や AI 化などによって構造的に失業を生み出し続ける先進国経済にあることは，これまで見てきたとおりである。先進国における格差拡大という観点から見るならば，この女性の状況を生み出す要因の 1 つは，確実に「階層格差」である。つまりシングルマザーの苦境を生み出している要因の 1 つは，男性と同じく「階層格差」の問題なのであり，その視点から分析がなされるべきだし，「階層格差」を減少させるような施策がなされるべきだという主張は正当であろう。

　このように，複雑性が増大した社会では，ジェンダー平等を論じるにあたっても，ジェンダー以外のさまざまな相違や多様性についての十分な知識が今後ますます必要になっていく。「性別カテゴリーの潜在化」が起きている社会においては，何がジェンダー平等に関わる問題なのかを認識するためにも，それ

が必要不可欠になるのだ。

　しかしもちろん，多くのシングルマザーが抱える不安定な経済的状況は，ジェンダー問題でもある。経済的不安定さに苦しむシングルマザーを例に，ジェンダー不平等の問題を探してみよう。「性別カテゴリーの潜在化」が起きている社会では，ジェンダー平等に関わる問題を「切り出す」ために，一見「性別中立的」に見える社会制度の中に，「性別」に関わる要因を見出すことが必要になる。「潜在化」された性別関連要素を，見えるようにする必要があるのだ。シングルマザーの場合，低賃金や労働条件に関わる問題の一部は，先述したように「階層格差」の問題として論じたほうがよいかもしれない。それに対して，妊娠や出産，子育て等に関わる諸制度には，「階層格差」の問題には還元されない，ジェンダー不平等という要因が関わっていると考えられる。それを明らかにするためには，具体的な制度（養育費に関わる制度や中絶同意書に関わる制度等）を挙げて検討することが不可欠となる。複数の諸制度が関連して問題を生み出していると考えられる場合は，それらを順次変革していくという方向も可能であろう。

　あるいは，より大きな制度改革を可能にする想像力を強化することも重要だと思われる。一般に健康保険や社会保険・社会福祉などの社会保障制度は，人が一生の間に被るであろうリスクに備えるようにつくられている。病気になるリスクに備えるために健康保険があり，失業するリスクに備えるために失業保険がある。要介護になるリスクに備えるために介護保険がある。しかし，女性だけが経験する妊娠・出産というリスク，あるいは親になることによって生じる労働時間の制限というリスクに備える保険はない。おそらく，男性には生じない，あるいは生じにくいリスクであるから，保険がつくられていないのだと思う。しかし，女性の視点からすれば，妊娠・出産・子育ての時期のリスクは，他のどの時期よりも圧倒的に高い。

　まず妊娠にまつわる女性の通常の身体状態とは異なる身体状態がもたらす問題。食事・睡眠・移動・運動等，それまでの通常の行動がしにくくなったりできなくなったりする。その結果，仕事や家事，人間関係等においてさまざまな調整が必要になる。通院のための時間的調整や，出産のための時間的・空間的調整も必要であるし，収入の減少や医療費その他の支出増など，経済的調整も

必要である。何より難しいのが，子どもの出生に伴う家族関係調整である。子どもを喜んで迎えてくれる家族関係が整っている場合もあるし，男性との合意ができず，1人で子育てすることを覚悟しての出産もある。未婚の場合，結婚して出産するという合意がとれたとしても，自分の親や相手の親から結婚に強く反対される場合もあるだろう。出産後はさらに大変である。出産そのものによって女性自身の身体的健康が損なわれるリスクもあるし，精神的・健康面でもかなりのリスクがある。子どもに関しても，さまざまな障がいの有無や病気の有無に伴う問題がある。緊急事態も多い。経済的にも問題がなく，自分の仕事でも産休・育休をとれ，その後も継続できることがわかっており，住宅も子育てに適切な広さや環境があり，子育てに必要なケア提供者が十分確保できており，いざというときの医療体制も十分だという「安心できる」状態にある女性が，どれだけいるだろうか。つまり女性は，妊娠や出産において，健康・財政・仕事・家族関係・住居等すべてにおいて，リスクに直面するのだ。

　第5章で見たように，パターナリズム的な社会福祉や社会保険は，男性の人生において起こりうるさまざまな危機に合わせて，失業保険・健康保険・老齢年金等を準備しているのに，若い女性に起こりうる妊娠・出産・育児などには，何の備えも準備していない。その意味では人生におけるリスクの判定に「性差別」があるのだ。おそらく過去においては暗黙に，妊娠した女性の生活保障は，父親や夫によってなされるべきだという，家父長制的前提があったのだと思う。しかし，「第二の近代」においてはこのような「家族による包摂」から排除されている女性も増加している。そうであれば，このリスクに対する何らかの社会保険や社会福祉制度の創設を求めてもよいはずだ。女性にとって，あるいは子どもを新たにもとうとする人にとって，妊娠・出産・子育ては，複数のリスクが重なり合う「人生の危機」である。この「人生の危機」に対しては，妊娠・出産保険や，親保険が備えられてもよいのではないか。それがないことが，シングルマザーの苦境を生んでいるのではないか。

　しかし，このようなことを言えるためには，保険や福祉などの社会保障制度についての十分な知識が必要になるだろう。先に，ジェンダー以外の問題に対する十分な理解，すなわち理論的仕込みを厚くする必要性を述べたのは，そういうことを意味している。第二波フェミニズム理論の中には，「ジェンダー正

義」という観点から，「ケア労働の平等化」や「ケア労働の社会化」を論じた
ものが少なからずある。それらの理論的蓄積は，十分利用できる女性の資産で
ある。しかし理論はあっても，実際にその「ケア労働の平等化」「ケア労働の
社会化」の試みは，「脱家族化」した福祉国家はともかくとしても，日本やア
メリカでは実現していない。だからこそ，シングルマザーや若年女性が貧困化
しているのだと言ってもよいだろう。そうした問題を解決するためには，これ
までの蓄積を十分利用して，実現のための議論を始めるべきだ。表面的には固
定的性別役割分業が弱まっている現在，このような制度があったらどうなるか
という仮設を置くことで初めて，そのような制度がない今の制度（表面的には
性別カテゴリーが潜在化された性別中立的な制度）の中に，性差別を見ることが可
能になるのだ。これからのフェミニズムに必要なのは，今ない制度を仮設でき
る想像力である。

注

1) ここで，「先進国のフェミニズム」に限定するのは，本書の問題設定が，先進国が産
業空洞化等「追われる国」にあることによる特有の状況（右翼ポピュリズムの台頭等）
においてフェミニズムがどうあるべきかを問題にすることにあるからであり，先進国の
フェミニズムが，それ以外の国のフェミニズムよりも重要性が高いと考えているからで
はない。世界全体への影響力において，現在発展途上にある国々のフェミニズムが，非
常に大きくなることも十分考えられる。

2) もっともアメリカの保守思想の中ではこの2つの立場が対立することも多かった。会
田弘継は，アメリカの保守主義には，伝統主義的な保守主義とリバタリアン運動があり，
この2つは反共思想として東西冷戦時代には共闘しえたが，1980年代からたびたび対
立を繰り返したことを指摘している（会田 2019）。また，「従来の福音派やキリスト教
原理主義者たちは，政治には不干渉であることが信条だった」が，60年代の公民権運
動やフェミニズム運動などによって「伝統的な価値観」が揺らいだことに衝撃を受け，
70年代後半ごろから，共和党に接近するようになる。80年代には，人工妊娠中絶の是
非をめぐる問題で，反フェミニズム運動を繰り広げ，90年代には支持母体として共和
党内に存在感を得るようになる。ジョージ・ブッシュ（息子）政権時代においては，ブ
ッシュは演説においてしばしばキリスト教の「家族の価値」尊重派の主張を引用したこ
とで，知られている（堀江 2019: 171）。つまり，ネオリベラリズムが保守派と手を組ん
だもう1つのメリットは，保守派がフェミニズムを「家族の敵」としていたために，経
済的困窮などによって引き起こされたさまざまな社会病理（家族解体・犯罪・非行・ド

ラッグ・売春等）を，フェミニズムに責任転嫁できることにあったという推論も，可能になる。おそらくフレイザーは，この敵側の戦略の見事さに，フェミニズムの闘い方のまずさを見出したのだと思われる。フレイザーからすれば，「文化主義的想像力にとらえられた」第二波フェミニズムは，「女性の自己決定権」や「性的マイノリティの権利」を前面に掲げることになり，「人工妊娠中絶反対」や「同性婚反対」を主張して「家族の価値」の擁護を主張する宗教右翼の論点に，まさに自らはまっていったということになる。つまり，実際には宗教右翼と結びついた共和党のネオリベラリズム的政策が，労働者の格差拡大と貧困化をもたらしているのに，彼らは，その責任を，「家族の価値」に反し，「個人主義的な出世意欲に燃えた」フェミニストに押しつけることに成功したのだ。フェミニズムと宗教右翼や共和党の「家族の価値」をめぐる文化主義的全面衝突が，共和党の貧困層を直撃する経済政策を覆い隠してしまったことで，多くの貧しい人々（そこには女性も多く含まれていた）が共和党に票を投じる結果となったのだと。

3）　同じことは，まさに現在，新型コロナウイルス感染拡大を食い止めるための闘いについて言うことができる。確かに，新型コロナウイルスの感染拡大は，経済的グローバリゼーションが引き起こした側面がある。人がこのように大量に高速に移動しない時代であれば，感染拡大の勢いはより小さかったであろう。しかし感染拡大を止めるためには，移動の制限への協力，治療薬・ワクチン・医療物資等の配分に関する国際的協調が不可欠である。WHOの活動への支援や国際協調なしに，各国が自国第一主義に基づいて行動すれば，感染拡大の終息は遅くなるに相違ない。

4）　筆者は，1990年代半ば以降，日本社会において非正規化が進行していく中で，その影響が特に女性に及んだにもかかわらず，「女性の貧困化が見えない」構造がつくられ，社会問題化しなかった構造について，「女性労働の家族依存モデル」と「女性の経済的自立モデル」の拮抗から分析した（江原 2015: 45-72）。

5）　筆者は，このような社会理論観・フェミニズム理論観を，現実と地図の関係として把握している。本書における立場も，基本的に変わっていない（江原 2009: 2-3）。

6）　「包摂」（inclusion）とは，「安定した生活が保障される」という意味である（山田 2015: 9）。

7）　筆者は，「フェミニズムが生み出した若い女性たちの意識の変化」の1つとして，「自分の行動に『女性だから』という理由を見出すことに対する嫌悪感」を挙げている（江原 2001＝2021: 411）。

8）　書類からの「性別記載欄削除」という施策は，一方では性差別防止や性的マイノリティ差別防止等の効果ももつが，他方においてジェンダー平等の実現のための諸施策（ポジティブ・アクション等）の実施やジェンダー平等の実現に関する調査検証を，困難にする等のマイナスの影響もある。書類上から「性別記載欄」を削除しても，外見やライフスタイル等に基づく偏見がなくなるわけではないので，差別防止効果も限定的である。しかしそれにもかかわらず，「性別記載欄削除」を要望する声はかなりある。

9）　インターセクショナリティについては，多様な定義があるが，ほぼ以下のような意味で使用されているという。「インターセクショナリティとは，交差する権力関係が，様々な社会にまたがる社会的関係や個人の日常的経験にどのような影響を及ぼすのかに

ついて検討する概念である」(Collins & Bilge 2016＝2021: 16)。

10)　コリンズとビルゲは，インターセクショナリティの批判的研究の中に，社会構築主
義の影響を見出している（Collins & Bilge 2016＝2021）。

11)　実際の＃MeToo 運動の台頭には，ジャーナリストの人々の献身的な営みがあったこ
とも忘れるべきではない（Kantor & Twohey 2019）。

あとがき

　これからのフェミニズムはどんなフェミニズムであるべきなのか。ここまで考察してきたことからは，現象の中にある複数の要因の交錯を読み解くことができる性能をもつフェミニズムが必要だという，ほとんど当たり前と思われるようなことを言ったにすぎない。何でそんなことのために，こんなに時間をかけて長く書いてきたのかと自分でも思う。

　本書は，20世紀末から今日まで，目まぐるしく変わる世界の中で，自分の中にあるフェミニズムに対するさまざまな疑問を整理してみようという問題意識から書かれている。その意味では，読んでくださる方の問題意識とは重ならない場合もあるのではという不安も感じている。その方々からすれば，本書が全体として何を論じてきたのか，何を言えたのか，わかりにくい方も多いのではないか。以下では，そんな人のために，自分の中の疑問を表に出して，それに対して本書で行った考察とそこから導かれるささやかな答えを整理してみたい。そうすることで，本書を閉じたいと思う。

　世界は大きく変わってしまった。ソ連崩壊以降さまざまなことが起きた。急速なグローバリゼーション，9・11，「テロ」との闘い，移民増大，ポピュリズムの台頭，トランプ現象，コロナ禍，ロシアのウクライナ侵攻。日本ではバブル崩壊，阪神・淡路大震災，就職氷河期，フェミニズムに対するバックラッシュ，ヘイトスピーチの横行，東日本大震災……。なぜこんなことが起こるのだろうと，愕然とすることが多かった。バックラッシュやヘイトスピーチ等の背後には，「先が見えない不安」があった。不安や焦りがある場合，異なる他者に対して共感する余裕はなくなってしまう。それどころか，その不安を抑えるために「問題を生み出している敵」を異なる他者であるマイノリティの中に見つけて攻撃するのだ。その攻撃対象が「ジェンダー・フリー」であり「マイノリティ」だった。

　しかし，しばらくして，自分の中にも同じような不安があることがわかってきた。「先が見えない」のは，自分も同じなのだ。「失われた20年」「失われた30年」「停滞した日本」「韓国やシンガポールに追い抜かされた日本」等，

人々を焦りに駆り立てるような記事ばかりが雑誌やインターネット上に並ぶ日本社会。そこに生きていると、知らず知らずのうちに「不安や焦り」を掻き立てられてしまうのだ。

　私が感じた疑問は、次のような問いだった。グローバリゼーションによって、企業が国家を選ぶ時代が来た。多国籍企業は本社を置く場所を世界の中で自由に移動できるようになった。だから法人税率を下げなければならない。労働法制を緩和し、福祉は最小にしなければならない。そうしなければ、「日本はつぶれてしまう」と、ネオリベラリズムは、それがあたかも普遍的な真理のように迫ってくる。本当なのだろうか。もしそうならば、日本には、福祉国家を維持できるような経済力がなくなってしまうのではないだろうか。ならば、充実した福祉政策を前提にしてジェンダー平等を実現することを未来に求めることは、グローバリゼーションの時代には無理なのであろうか。

　さらにこの疑問は、フェミニズムに対しても降りかかることになった。ナンシー・フレイザーの第二波フェミニズム批判には、衝撃を受けた。ネオリベラリズムによる格差拡大や雇用の流動化に直面しても「文化主義」路線をとり、政治経済的問題に関心を寄せなかった第二波フェミニズムとは、まさに自分のことのように思えた。なぜ自分は、グローバリゼーションやネオリベラリズムによる格差拡大に直面しながらも、将来的には、男女平等の雇用と「ケアの平等化」も含む充実した福祉施策によって、ジェンダー平等を実現できるようになると思っていたのだろう。

　結局のところ、第二波フェミニズムは、先進国が製造業において圧倒的に優位だった時代における家族と働き方を前提にして、理論を構築したのではないか。そうであれば、1990年代にグローバリゼーションとネオリベラリズムに直面したとき、第二波フェミニズムが十分対応できなかったことも理解できる。

　つまり、第二波フェミニズムは、国民国家単位の経済を前提とした認識上の甘えをもっていたのではないか。「労働力再生産を必須の機能要件とする国民国家単位の経済」と「近代国民国家の、（近代人権思想・近代平等主義を含む）正義のフレーム」を前提としていたからこそ、国家による労働力再生産機能維持とジェンダー正義の実現を予想したのではないか。しかしグローバリゼーションは、この2つの前提を共に壊してしまう力をもっているのだ。そうであれば

ジェンダー平等はいったいどうなってしまうのだろうか。

　本書ではこんな大きな，しかも漠然とした疑問に答えようと，いくつかの考察を行ってきた。その結果得られたささやかな答えは，以下のようなものであった。まずネオリベラリズムが行った主張は，それほど普遍的ではないことが明らかになった。グローバリゼーションが進行する世界では，国際協調がない限り，関税や法人税率などを決める国民国家の裁量は大きく制限されることになる。しかし，民主主義制度をとる国民国家が，経済の完全なグローバリゼーションを実現することは不可能である。世界政府が実現する可能性が非常に低い今日では，民主主義制度をとる以上，経済の完全なグローバリゼーションはありえない。つまり国民国家には，一定程度の裁量権が残ることになる。つまり，福祉国家の余地はあることになる。しかし，民主主義制度でない場合は，国民国家と経済の完全なグローバリゼーションが両立しうることにも注意するべきだろう。そうだとすれば，今のところ，男女平等の雇用と充実した福祉施策によってジェンダー平等を実現しうる可能性はあることになる。確かにグローバリゼーションは，国家内の労働者や消費者を，生産の不可欠の要素から放逐してしまう傾向をもっている。そのため，「家族による包摂」から排除された女性や子どもが多く生まれており，労働力再生産が危機に陥っているにもかかわらず，ジェンダー平等はなかなか実現しなかった。第二波フェミニズムの社会理論は，グローバリゼーションの影響力を，見誤ったと言えるであろう。

　けれども，それはジェンダー平等の実現が不可能であることを意味しない。確かにグローバリゼーションは先進国に深刻な政治的分断を生んでいる。この分断は，ジェンダー平等の実現にとって大きな障害になるだろう。しかし，分断を乗り越える方法がないわけではない。グローバリゼーションは確かに世界を変えた。しかしジェンダー平等が実現できなくなったわけではないのである。

　こんなささやかなことを考えるだけでも，かなりの時間を要してしまった。最初から最後まで，ずっとお付き合いいただいた有斐閣の松井智恵子さんに，心から御礼申し上げたい。

　2022 年 8 月

　　　　　　　　　　　　　　　　　　　　　　　　　江原由美子

参考文献

◆ 第1章

浅井亜希, 2019, 「スウェーデンのジェンダー／家族政策に関する国際比較研究の視点」『東海大学紀要文化社会学部』2019年第1号, 185-93。

Friedan, Betty, 1963, *The Feminine Mystique*, W. W. Norton.（三浦冨美子訳, 1965, 『新しい女性の創造』大和書房。）

井上輝子・江原由美子編, 1991, 『女性のデータブック』有斐閣。

井上輝子・江原由美子編, 2005, 『女性のデータブック（第4版）』有斐閣。

吉川徹, 2018, 『日本の分断——切り離される非大卒若者たち』光文社新書。

北岡孝義, 2010, 『スウェーデンはなぜ強いのか——国家と企業の戦略をさぐる』PHP新書。

黒澤昌子, 2011, 「米国におけるワーク・ライフ・バランス」『RIETI Discussion Paper Series』11-J-038, 2011年3月, 独立行政法人経済産業研究所。

森島久代, 2004, 「アメリカにおける女性麻酔科医の現状」『日臨麻会誌』24（10）:617-25。

内閣府, 2020, 『少子化社会対策白書（令和2年版）』。

内閣府男女共同参画局, 2011, 「メディアにおける女性の参画に関する調査 報告書」。

NHK放送文化研究所編, 2020, 『現代日本人の意識構造（第9版）』NHKブックス。

労働政策研究・研修機構, 2014, 『データブック国際労働比較2014』。

労働政策研究・研修機構, 2018a, 「諸外国における育児休業制度等, 仕事と育児の両立支援にかかる諸政策——スウェーデン, フランス, ドイツ, イギリス, アメリカ, 韓国」資料シリーズNo. 197。

労働政策研究・研修機構, 2018b, 『データブック国際労働比較2018』。

◆ 第2章

Coontz, Stephanie, 1992, *The Way We Never Were: American Families and the Nostalgia Trap*, Basic Books.（岡村ひとみ訳, 1998, 『家族という神話——アメリカン・ファミリーの夢と現実』筑摩書房。）

江原由美子・金井淑子編, 1997, 『フェミニズム（ワードマップ）』新曜社。

Friedan, Betty, 1963, *The Feminine Mystique*, W. W. Norton.（三浦冨美子訳, 1965, 『新しい女性の創造』大和書房。）

三成美保, 2005, 『ジェンダーの法史学——近代ドイツの家族とセクシュアリティ』勁草書房。

中村伸子, 1987, 「19世紀第4四半期におけるイギリス女性労働と労働運動——Women's Protective and Provident Leagueの活動に関連して」『三田学会雑誌』79（6）:614-32。

中村敏子, 1987, 「『淑女から人間へ』——イギリスにおける女性の権利拡大運動の思想的前提（1）」『北大法学論集』38（2）:49-75。

小野良子，2014，「〈女らしさの神話〉とハリウッド・シェイクスピア——1967 年の『じゃじゃ馬馴らし』」『英米評論』28，中井紀明教授退任記念号，桃山学院大学総合研究所。

Pinker, Steven, 2011, *The Better Angels of Our Nature: Why Violence Has Declined*, Penguin Books.（幾島幸子・塩原通緒訳，2015，『暴力の人類史』（上・下）青土社。）

吉田恵子，2007，「イギリス両大戦間の女性労働——雇用労働からの後退と失業保険」『情報コミュニケーション学研究』3，明治大学：1-14。

吉田尚子，2003，「イギリスの女性運動——慈善運動・女性参政権運動・女子労働・女子教育」『城西評論』創刊号：1-25。

◆ 第3章

Bauman, Zygmunt, 2000, *Liquid Modernity*, Polity Press.（森田典正訳，2001，『リキッド・モダニティ——液状化する社会』大月書店。）

Beck, U., Giddens, A., & Lash, S., 1994, *Reflexive Modernization: Politics, Tradition and Aesthetics in the Modern Social Order*, Polity Press.（松尾精文・小幡正敏・叶堂隆三訳，1997，『再帰的近代化』而立書房。）

江原由美子，2001，『ジェンダー秩序』勁草書房。（再録：2021，『ジェンダー秩序 新装版』勁草書房。）

Elson, Diane, 2007, "The Changing Economic and Political Participation of Women: Hybridization, Reversals, and Contradictions in the Context of Globalization," I. Lenz, C. Ullrich and B. Fersch（eds.）, *Gender Orders Unbound?: Globalisation, Restructuring and Reciprocity*, Verlag Barbara Budrich.

Esping-Andersen, Gøsta, 1989, *The Three Worlds of Welfare Capitalism*, Polity Press.（岡沢憲芙・宮本太郎監訳，2001，『福祉資本主義の三つの世界——比較福祉国家の理論と動態』ミネルヴァ書房。）

今枝法之，2009，「U・ベックの『個人化』論について」『松山大学論集』21（3）：303-30。

Koo, Richard C., 2018, *The Other Half of Macroeconomics and The Fate of Globalization*, John Wiley & Sons.（川島睦保訳，2019，『追われる国の経済学——ポスト・グローバリズムの処方箋』東洋経済新報社。）

正村俊之，2009，『グローバリゼーション——現代はいかなる時代なのか』有斐閣。

大沢真理，1993，『企業中心社会を越えて——現代日本を〈ジェンダー〉で読む』時事通信社。

Piketty, Thomas, 2013, *Le capital au XXIe siècle* Editions du Seuil.（山形浩生・守岡桜・森本正史訳，2014，『21 世紀の資本』みすず書房。）

Rosling, Hans, 2018, *Factfulness*, Hodder And Stoughton.（上杉周作・関美和訳，2019，『FACTFULNESS（ファクトフルネス）——10 の思い込みを乗り越え，データを基に世界を正しく見る習慣』日経 BP 社。）

Sassen, Saskia, 1996, *Losing Control?: Sovereignty in an Age of Globalization*, Columbia University Press.（伊豫谷登士翁訳，1999，『グローバリゼーションの時代——国家主権のゆくえ』平凡社選書。）

Sassen, Saskia, 2014, *Expulsions: Brutality and Complexity in the Global Economy*, The Belknap Press of Harvard University Press. (伊藤茂訳, 2017, 『グローバル資本主義と〈放逐〉の論理――不可視化されゆく人々と空間』明石書店。)

Sennet, Richard, 2006, *The Culture of the New Capitalism*, Yale University Press. (森田典正訳, 2008, 『不安な経済／漂流する個人――新しい資本主義の労働・消費文化』大月書店。)

友枝敏雄・山田真茂留編, 2007, 『Do! ソシオロジー――現代日本を社会学で診る』有斐閣アルマ。

◆ 第 4 章

Arruzza, C., Bhattacharya, T., & Fraser, N., 2019, *Feminism for the 99%: A Manifesto*, Verso. (惠愛由訳, 菊地夏野解説, 2020, 『99％のためのフェミニズム宣言』人文書院。)

Esping-Andersen, Gøsta, 1999, *Social Foundations of Postindustrial Economies*, Oxford University Press. (渡辺雅男・渡辺景子訳, 2000, 『ポスト工業経済の社会的基礎――市場・福祉国家・家族の政治経済学』桜井書店。)

Fraser, Nancy, 2008, *Scales of Justice: Reimagining Political Space in a Globalizing World*, Polity Press. (向山恭一訳, 2013, 『正義の秤(スケール)――グローバル化する世界で政治空間を再想像すること』法政大学出版局。)

Fraser, Nancy, 2013, "How Feminism Became Capitalism's Handmaiden-and How to Reclaim It: A Movement that Started Out as a Critique of Capitalist Exploitation Ended up Contributing Key Ideas to Its Latest Neoliberal Phase," Published on "The Guardian" Website in 14 Oct. 2013. (菊地夏野訳, 2019, 「フェミニズムはどうして資本主義の侍女となってしまったのか――そしてどのように再生できるか」『早稲田文学』2019年冬号, 筑摩書房。

菊地夏野, 2019a, 『日本のポストフェミニズム――「女子力」とネオリベラリズム』大月書店。

菊地夏野, 2019b, 「憧れと絶望に世界を引き裂くポストフェミニズム――『リーン・イン』, 女性活躍, 『さよならミニスカート』」『早稲田文学』2019年冬号, 筑摩書房: 4-12。

木本喜美子, 2000, 「企業社会の変化と家族」『家族社会学研究』12 (1): 27-40。

大嶽秀夫, 2017, 『フェミニストたちの政治史――参政権, リブ, 平等法』東京大学出版会。

佐藤成基, 2018, 「グローバル化のなかの右翼ポピュリズム――ドイツ AfD の事例を中心に」『社会志林』65 (2): 95-115。

下平好博, 2020, 「ポピュリズム政党の台頭に関する実証研究」『社会学研究紀要』40 明星大学人文学部社会学科: 1-50。

辻康夫, 2016, 「承認の政治と再配分の問題――ジレンマは存在するか」『北大法学論集』67 (3): 348 [45] -12 [81]。

上野千鶴子，1990，『家父長制と資本制——マルクス主義フェミニズムの地平』岩波書店。

◆ 第 5 章

Cameron, David R., 1978, "The Expansion of the Public Economy: A Comparative Analysis," *American Political Science Review*, 72 (4): 1243-61.

江原由美子，2011，「『依存批判』の射程」エヴァ・フェダー・キテイ／岡野八代・牟田和恵編著・訳『ケアの倫理からはじめる正義論——支えあう平等』白澤社発行，現代書館発売。

Esping-Andersen, Gøsta, 1999, *Social Foundations of Postindustrial Economies*, Oxford University Press.（渡辺雅男・渡辺景子訳，2000，『ポスト工業経済の社会的基礎——市場・福祉国家・家族の政治経済学』桜井書店。）

Fraser, Nancy, 1997, *Justice Interruptus: Critical Reflections on the "Postsocialist" Condition*, Routledge.（仲正昌樹監訳，2003，『中断された正義——「ポスト社会主義的」条件をめぐる批判的省察』御茶の水書房。）

Kittay, Eva F., 1999, *Love's Labor: Essays on Women, Equality, and Dependency*, Routledge.（岡野八代・牟田和恵監訳，2010，『愛の労働あるいは依存とケアの正義論』白澤社発行，現代書館発売。）

Lenz, Ilse, 2007, "Gender at the Crossroads: Modernization and the Changing National Gender Order in Japan," C. Derichs & S. Kreitz-Sandberg (eds.), *Gender Dynamics and Globalisation: Perspectives on Japan within Asia*, LIT Verlag.

Mies, Maria, Veronika Bennholdt-Thomsen, & Claudia von Werlhof, 1988, *Women: The Last Colony*, Atlanic Highlands, Zed Books.（古田睦美・善本裕子訳，1995，『世界システムと女性』藤原書店。）

岡野八代，2012，『フェミニズムの政治学——ケアの倫理をグローバル社会へ』みすず書房。

Pierson, Christopher, 1991, *Beyond The Welfare State?: The New Political Economy of Welfare*, Basil Blackwell, Oxford.（田中浩・神谷直樹訳，1996，『曲がり角にきた福祉国家——福祉の新政治経済学』未來社。）

Rodrik, Dani, 2011, *The Globalization Paradox: Democracy and the Future of the World Economy*, W. W. Norton.（柴山桂太・大川良文訳，2013，『グローバリゼーション・パラドクス——世界経済の未来を決める三つの道』白水社。）

Sassen, Saskia, 2014, *Expulsions: Brutality and Complexity in the Global Economy*, The Belknap Press of Harvard University Press.（伊藤茂訳，2017，『グローバル資本主義と〈放逐〉の論理——不可視化されゆく人々と空間』明石書店。）

Tronto, Joan C., 2015, *Who Cares?: How to Reshape a Democratic Politics*, Cornell University Press.（岡野八代訳・著，2020，『ケアするのは誰か？——新しい民主主義のかたちへ』白澤社発行，現代書館発売。）

上野千鶴子，2011，『ケアの社会学——当事者主権の福祉社会へ』太田出版。

吉田徹，2020，『アフターリベラル——怒りと憎悪の政治』講談社現代新書。

渡辺雅男，2004，「福祉資本主義の危機と家族主義の未来」『季刊経済理論』41（2）：3-14。

◆ 第6章

Faludi, Susan, 1991, *Backlash: The Undeclared War Against American Women*, Crown Publishing Group.（伊藤由紀子・加藤真樹子訳，1994，『バックラッシュ——逆襲される女たち』新潮社。）

Fraser, Nancy, 2008, *Scales of Justice: Reimagining Political Space in a Globalizing World*, Polity Press.（向山恭一訳，2013『正義の秤〔スケール〕——グローバル化する世界で政治空間を再想像すること』法政大学出版局。）

Hochschild, Arlie Russell, 2016, *Strangers in Their Own Land: Anger and Mourning on the American Right*, The New Press.（布施由紀子訳，2018，『壁の向こうの住人たち——アメリカの右派を覆う怒りと嘆き』岩波書店。）

伊藤昌亮，2019，『ネット右派の歴史社会学——アンダーグラウンド平成史 1990-2000 年代』青弓社。

Jones, Owen, 2012, *Chavs: The Demonization of Working Class*, Verso Books.（依田卓巳訳，2017，『チャヴ——弱者を敵視する社会』海と月社。）

河野真太郎，2020，「EU 離脱の原点——『イギリス版ファシズム』という黒い歴史」https://gendai.ismedia.jp/articles/-/71952（2021 年 7 月 17 日アクセス）。

Rodrik, Dani, 2011, *The Globalization Paradox: Democracy and the Future of the World Economy*, W. W. Norton.（柴山桂太・大川良文訳，2013，『グローバリゼーション・パラドクス——世界経済の未来を決める三つの道』白水社。）

齋藤英之，2003，「ポピュリズムと現代日本政治」『上智短期大学紀要』23：75-100。

佐藤成基，2018，「グローバル化のなかの右翼ポピュリズム——ドイツ AfD の事例を中心に」『社会志林』65（2）：95-115。

下平好博，2020，「ポピュリズム政党の台頭に関する実証研究」『社会学研究紀要』40 明星大学：1-50。

石橋，2016，『ジェンダー・バックラッシュとは何だったのか——史的総括と未来へ向けて』インパクト出版会。

田中素香，2019，「Brexit プロセスに見る英国民分断について——複数争点の視角から」『証券経済研究』106：33-53。

安田浩一，2017，『学校では教えてくれない差別と排除の話』晶星社。

吉田徹，2020，『アフター・リベラル——怒りと憎悪の政治』講談社現代新書。

◆ 終　章

会田弘継，2019，「保守思想とアメリカ政治の現在——ポピュリズムとの相克」『世界平和研究』No. 222（2019 年夏季号）。

Bauman, Zygmunt, 2000, *Liquid Modernity*, Polity Press.（森田典正訳，2001，『リキッド・モダニティ——液状化する社会』大月書店。）

Collins, Patricia Hill & Bilge, Sirma, 2016, *Intersectionality*, Polity Press.（下地ローレンス

吉孝監訳・小原理乃訳，2021，『インターセクショナリティ』人文書院。）

江原由美子，2001，『ジェンダー秩序』勁草書房。（再録：2021，『ジェンダー秩序 新装版』勁草書房。）

江原由美子，2009，「知識批判から女性の視点による近代観の創造へ」天野正子・伊藤公雄・伊藤るり・井上輝子・上野千鶴子・江原由美子・大沢真理・加納実紀代編集委員，斎藤美奈子編集協力，江原由美子解説『新編 日本のフェミニズム2 フェミニズム理論』岩波書店：1-44。

江原由美子，2015，「見えにくい女性の貧困——非正規問題とジェンダー」小杉礼子・宮本みち子編『下層化する女性たち——労働と家庭からの排除と貧困』勁草書房：45-72。

衛藤幹了，2015，「新自由主義の時代におけるフェミニズム，市民社会」『大原社会問題研究所雑誌』No. 683/684。

Fraser, Nancy, 2008, *Scales of Justice: Reimagining Political Space in a Globalizing World*, Polity Press.（向山恭一訳，2013，『正義の秤（スケール）——グローバル化する世界で政治空間を再想像すること』法政大学出版局。）

堀江有里，2019，「キリスト教における『家族主義』——クィア神学からの批判的考察」『宗教研究』93（2）：163-89。

堀田義太郎，2022，「インターセクショナリティと差別論——行為集合としての差別と社会集団」『現代思想 特集 インターセクショナリティ——複雑な〈生〉の現実をとらえる思想』2022，vol.50-5，青土社：74-89。

Kantor, Jodi & Twohey Megan, 2019, *She Said*, Penguin Press.（古屋美登里訳，2020，『その名を暴け——#Metoo に火をつけたジャーナリストたちの闘い』新潮社。）

菊地夏野，2019，『日本のポストフェミニズム——「女子力」とネオリベラリズム』大月書店。

宮本みち子，2015，「序章 課題の設定——労働と家庭からの排除と貧困」小杉礼子・宮本みち子編『下層化する女性たち——労働と家庭からの排除と貧困』勁草書房：1-20。

Pikketty, Thomas, 2013, *Le Capital au XXLe siècle*, Éditions du Seuil（山形浩生・守岡桜・森本正史訳，2014，『21世紀の資本』みすず書房。）

Walby, Silvia, 2009, *Globalization and Inequalities: Complexity and Contested Modernities*, Sage.

山田昌弘，2015，「女性労働の家族依存モデルの限界」小杉礼子・宮本みち子編『下層化する女性たち——労働と家庭からの排除と貧困』勁草書房：21-44。

吉田徹，2020，『アフター・リベラル——怒りと憎悪の政治』講談社現代新書。

事項索引

人名索引

◆ 著者紹介

江原由美子（Ehara Yumiko）

東京都立大学名誉教授
1952 年横浜生まれ。お茶の水女子大学・東京都立大学・横浜国立大学等において，社会学教員として勤務。2021 年 3 月，横浜国立大学退職。博士（社会学）
主要な著書
『生活世界の社会学』1985，新装版 2000（勁草書房）
『女性解放という思想』1985（勁草書房），増補版 2021（ちくま学芸文庫）
『フェミニズムと権力作用』1988，新装版 2000（勁草書房）
『ジェンダーの社会学――女たち／男たちの世界』（共著）1989（新曜社）
『ラディカル・フェミニズム再興』1991（勁草書房）
『女性のデータブック――性・からだから政治参加まで』（共編）1991〜第 4 版 2005（有斐閣）
『装置としての性支配』1995（勁草書房）
『フェミニズムのパラドックス――定着による拡散』2000（勁草書房）
『ジェンダー秩序』2001，新装版 2021（勁草書房）
『自己決定権とジェンダー』2002（岩波書店）
『ジェンダーと社会理論』（共編）2006（有斐閣）
『争点としてのジェンダー――交錯する科学・社会・政治』（共著）2019（ハーベスト社）
　　　　　　　　　　　　　　　　　　　　　　　　　　　　　　ほか

持続するフェミニズムのために
　　――グローバリゼーションと「第二の近代」を生き抜く理論へ
For Persistent Feminism: Survive Globalization and the "Second Modernity"

2022 年 10 月 10 日　　初版第 1 刷発行

著　　者　　江　原　由美子

発 行 者　　江　草　貞　治

発 行 所　　株式　有　斐　閣
　　　　　　会社
　　　　　　　　　　　　　　　　　郵便番号 101-0051
　　　　　　　　　　　　　　東京都千代田区神田神保町 2-17
　　　　　　　　　　　　　　http://www.yuhikaku.co.jp/

印刷・株式会社精興社／製本・大口製本印刷株式会社

★定価はカバーに表示してあります

ISBN 978-4-641-17478-8